"十四五"职业教育国家规划教材

新编21世纪高等职业教育精品教材

人力资源管理系列

绩效管理实务

（第四版）

主　编　杨明娜　贾朝莉　杨　兴

中国人民大学出版社
·北京·

图书在版编目（CIP）数据

绩效管理实务/杨明娜，贾朝莉，杨兴主编. --4版. --北京：中国人民大学出版社，2021.7
新编21世纪高等职业教育精品教材. 人力资源管理系列
ISBN 978-7-300-29604-3

Ⅰ. ①绩… Ⅱ. ①杨… ②贾… ③杨… Ⅲ. ①企业绩效-企业管理-高等职业教育-教材 Ⅳ. ①F272.5

中国版本图书馆CIP数据核字（2021）第132242号

"十四五"职业教育国家规划教材
新编21世纪高等职业教育精品教材·人力资源管理系列
绩效管理实务（第四版）
主　编　杨明娜　贾朝莉　杨　兴
Jixiao Guanli Shiwu

出版发行　中国人民大学出版社
社　　址　北京中关村大街31号　　　　邮政编码　100080
电　　话　010－62511242（总编室）　　010－62511770（质管部）
　　　　　010－82501766（邮购部）　　010－62514148（门市部）
　　　　　010－62515195（发行公司）　　010－62515275（盗版举报）
网　　址　http://www.crup.com.cn
经　　销　新华书店
印　　刷　北京昌联印刷有限公司　　　版　　次　2008年7月第1版
开　　本　787 mm×1092 mm　1/16　　　　　　　2021年7月第4版
印　　张　14.25　　　　　　　　　　　印　　次　2023年12月第6次印刷
字　　数　329 000　　　　　　　　　　定　　价　39.50元

前　言

21 世纪的竞争是经济的竞争，是科技的竞争，是智力的竞争，人们越来越认识到企业想要立于不败之地，必须有一套科学合理的绩效管理系统。有效的绩效管理不仅可以促进企业的发展，而且还可以促进员工的全面成长。《国家职业教育改革实施方案》提出了“三教”改革的任务。“三教”改革中，教材是基础，改革的落脚点是培养适应行业企业需求的复合型、创新型高素质技术技能人才，目的是提升学生的综合职业能力。职业教育作为就业教育，一定要提升学生的综合职业能力，培养学生对岗位的职业胜任力，在这个基础上再培养学生的可持续发展和全面发展的能力。因此，本教材以党的二十大会议精神为指引，以“基于工作过程的课程设计与开发”“任务驱动”等为指导思想，有机融入思政元素，本着“实用为主，够用为度”的原则，重构教材内容。

基于以上思考和高职高专学生的实际，本教材在编写过程中着重突出以下几点：

1. 教材编排按照课程教学要求，每个项目开篇明确了包括“知识目标”“能力目标”“素养目标”在内的“学习目标”，以便对学生的学习进行引导；每个项目开篇都有“知识导图”，帮助学生对每个项目的内容有一个整体把握。

2. 教材内容深入浅出，语言通俗易懂。每一个任务都设置了“案例导入”，既便于教师的教学，又能够激发学生的学习兴趣。教材中“实例分享”“知识拓展”“直通职场”“思政园地”的设置，以及以二维码形式呈现的阅读材料，有利于学生更好地理解相应的知识点。

3. 教材理论联系实际，突出实践性。每个项目的教学内容结束后，既有“复习思考题”，检验学生对理论知识的掌握程度；又有“实训项目”，拓展学生将理论应用于实践的能力。

本教材内容可按照 32～48 学时安排，推荐学时分配：项目一为 2～4 学时，项目二为 4～6 学时，项目三为 6～8 学时，项目四为 6～8 学时，项目五为 6～8 学时，项目六为 4～8 学时，项目七为 4～6 学时。教师可根据专业人才培养方案的相关课程灵活安排学时。

本教材由杨明娜撰写大纲，对全书进行统稿与定稿。具体编写分工如下：杨明娜编写项目一，钟雪美编写项目二，陈玲编写项目三，何桃编写项目四，杨兴编写项目五，罗倩文编写项目六，贾朝莉编写项目七。

本教材可作为各高等职业学院、高等专科学校以及普通高校相关专业的通用教材，也可作为从事人力资源管理工作人员的岗位培训教材。

由于编者水平有限，本教材中难免存在不足之处，恳请广大读者和同行提出批评意见，以便再版时修改。

编　者

2021年5月

目　录

项目一

绩效管理入门

> 所谓企业管理，就是绩效管理。

学习目标

知识目标

1. 了解绩效管理的五个组成部分、绩效管理系统的设计；
2. 熟悉绩效管理的地位和作用、对绩效管理的认识误区；
3. 掌握绩效、绩效管理和绩效考评的基本概念。

能力目标

1. 能够正确认识绩效管理问题、分析绩效管理问题和解决绩效管理问题；
2. 能够熟练应用绩效管理系统设计模式。

素养目标

1. 培养科学管理方法与实践精神相结合的能力；
2. 培养探索追求真知的责任感和使命感。

知识导图

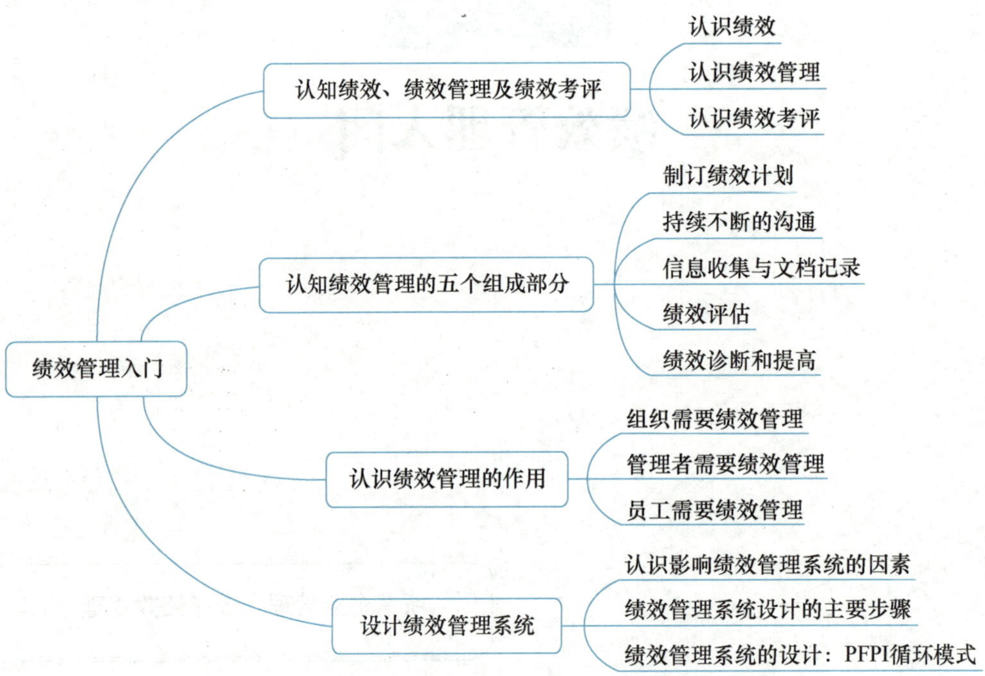

任务一 认知绩效、绩效管理及绩效考评

案例导入 什么样的企业是好企业

什么样的企业是好企业？这是一个看似简单的问题。然而，站在不同的角度却会得出不同的结论。

在企业所有者心目中，好企业应该有比较高的投入产出比；在企业管理者心目中，好企业代表着职位的晋升和收入的增加；在员工心目中，好企业涵盖了待遇、收入、发展前景、培训、工作环境和企业文化氛围等诸多因素；在社会公众以及政府心目中，好企业代表了能提供大量就业机会、遵守劳动法规、有良好的纳税记录、对环境保护和社会公益事业作出贡献，等等；在消费者和经销商心目中，好企业则代表在产品质量、品牌、售后服务和定价等方面具有优势；在供应商心目中，好企业意味着订单的数量大和持续性高，以及付款及时、安全。

总之，无论站在何种角度，有高利润和高销售收入，同时尽量降低成本，减少制造费用、销售费用、财务费用等支出都是一个企业生存并不断成为好企业的先决条件。同时，企业只有承担并很好地履行了社会、经济、文化等各种责任，以及对员工的负责，才会成为真正有竞争力的企业。

问题：

绩效管理在好企业中起着什么样的作用呢？

一、认识绩效

阅读书籍《幸福企业才是最好的企业》

绩效（performance）的内涵一般包括两个方面：一是工作的成果，即工作的成绩和经营的成果，如工作的效率（效果）和经营的利润等；二是工作中的行为表现和工作的过程，如影响员工工作成果产生的行为、技能、能力和素质等，是员工达到的阶段性结果以及在达到过程中的行为表现。

因此，绩效既包括对静态结果的反映，也包括对动态过程的监督。注重结果的绩效，具有鼓舞性和奖励性，但在形成结果前难以发现不当行为，无法获得员工个人活动信息，不能进行及时指导和帮助，易导致短期效益产生。注重行为和过程的绩效，能及时获得员工个人活动信息，有利于对员工进行指导和帮助，但会增大管理难度，在过分强调方法和步骤中易忽略工作结果。绩效是工作结果和工作中的行为表现（过程）两者相辅相成，结果是工作的最终目标，行为表现（过程）则会影响和控制目标的实现。用公式可以作如下表述：

结果(做什么)+行为表现(如何做)=高绩效

（一）绩效不能与业绩混淆

把绩效等同于业绩，实际上是把绩效考核简化为对某几个财务指标的考核。实际上，对一个员工的绩效考核并不简单地是指几个财务指标的完成情况，它还包括很多其他内容。如来自客户的指标、来自管理方面的指标和来自学习发展的指标等。只有这样，才能比较全面、正确地评价一个人对于组织的贡献和价值。

理解绩效的五种不同观点

从员工的角度看，绩效就是经过考评并被组织认可的员工的工作行为、表现及结果。

从组织的角度看，绩效就是组织工作任务在数量、质量和效率等方面完成的情况。

（二）绩效的分类

在企业中，按照考察内容和管理方法的不同，绩效一般又分为组织绩效、团队绩效和个人绩效三个层次，如图1-1所示。组织绩效强调集体性绩效，通常包含工作数量（产量）、工作质量（盈利）、工作时间（进度）和工作成本等内容。团队绩效是包含个体在内的团队的绩效，一般重视的是业绩、客户满意、产品与服务质量、生产力、时间和成本等。个人绩效是员工个体的绩效，通常既表现为员工的工作结果，也表现为员工的工作过程，如员工的素质、技能、培训、薪酬和职务说明等。组织绩效来源于各团队绩效的整合和放大，而团队绩效又来源于员工个体创造的合力。追本溯源，各个层次的绩效都来源于员工的个人绩效。当然，员工个人的成功不能脱离组织和团队的导航，否则员工个人的成功难以长久，更无个人绩效可谈。

绩效的特性

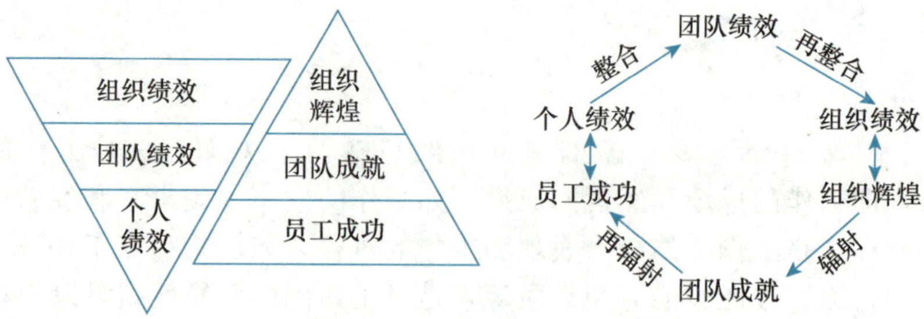

图1-1　绩效的分类

二、认识绩效管理

20世纪70年代，美国管理学家奥布里·丹尼尔斯（Aubrey Daniels）提出“绩效管理”（performance management）这一概念。绩效管理是通过把每一个雇员或管理者的工作与集体的整体使命联系在一起，来强化一个公司或组织的整体经营目标。绩效管理的重要工作之一，就是将企业的战略逐级分解到部门和个人。只有每个级别和层次的绩效管理工作形成一个有机的整体，一个企业才能有良好的绩效表现。

绩效管理作为一种管理思想和方法论，其根本目的是不断促进员工发展和组织绩效改善，最终实现企业战略目标。研究者主要有两种取向：其一是组织取向，认为绩效管理是管理组织绩效的一种体系，旨在实现企业发展战略，保持竞争优势；其二是个体取向，认为绩效管理是指导和支持员工有效工作的一套方法，旨在开发个体潜能，实现工作目标。绩效管理的不同目的和内容如表1-1所示。

表1-1　绩效管理的不同目的和内容

目的	内容
战略目的	(1) 员工的工作活动与组织的战略目标联系在一起 (2) 通过提高员工的个人绩效来提高公司整体绩效
管理目的	(1) 对员工的绩效表现给予评价以及相应的奖惩，以激励员工 (2) 发现、培养和提拔专业骨干和管理人才 (3) 将绩效考评结果作为企业进行薪酬决策、晋升决策、解雇决策的重要依据

续表

目的	内容
开发目的	(1) 发现员工工作中的不足，有针对性地进行培训，使员工能够更加有效地完成工作 (2) 不断提高员工的知识、技能和素质，以促进员工个人发展 (3) 不仅指出员工绩效不佳的方面，更重要的是找出导致绩效不佳的原因

(一) 绩效管理的特性

1. 系统性

绩效管理是一个完整的系统，而不是一个简单的步骤，它涵盖了个人、部门和组织之间的联系。同时，绩效管理是一种管理手段或方法，它将体现管理的所有职能，即计划、组织、指导、协调和控制。所以，必须用系统的观点看待绩效管理。

2. 目标性

绩效管理十分强调目标管理，如“目标＋沟通”的绩效管理模式就被广泛提倡和使用。只有绩效管理的目标明确了，管理者和员工的努力才会有方向，他们才会更加团结一致，共同致力于绩效目标的实现，共同提高绩效能力，从而更好地服务于企业的战略规划和愿景目标。

3. 强调沟通

沟通在绩效管理中起着决定性的作用。具体来看，制定绩效指标要沟通，帮助员工实现目标要沟通，年终考评要沟通，分析原因、寻求进步要沟通。因此，绩效管理的过程就是员工和管理者持续不断沟通的过程。若缺乏沟通，企业的绩效管理就将流于形式。企业进行绩效管理就需要致力于管理沟通的不断提高和改善，全面提高管理者的沟通意识与沟通技巧，最终提升企业的管理水平和管理者的管理素质。

4. 重视过程

从绩效的定义可知，绩效管理不仅强调工作结果，而且重视达成目标的过程。绩效管理是一个循环过程，在这个过程中不仅关注结果，更强调目标、辅导、评价和反馈。

(二) 对绩效管理的认识误区

1. 误区一：认为绩效管理就是对人进行管理

绩效一词的英文原意是“表现”，也就是说，现代企业管理中的绩效管理本意应该是对人的工作表现的管理。这就意味着，在考核对象方面，打破了传统的对人的德、能、勤、绩的考核。现代绩效管理更强调的是，对一个人来说，组织并不是其生活的全部；而作为组织，对一个人进行考核，也并不需要考核他的全部，只需考核这个人与组织目标达成相关的部分。

2. 误区二：认为绩效管理主要就是为了发奖金、调工资

为什么要进行绩效管理？这是一个经常会被忽略的问题。对此，中下层员工的回答是：“为了发奖金、调工资！”而从国际企业实际的情况来看，绩效管理至少有两大目的：第一，绩效发展，即绩效管理要帮助员工的绩效发展，促进他们在绩效方面不断提升和改

善。第二，为人事决策提供依据，即绩效管理的结果是用来与奖金、薪酬及人员的任用、晋升等人事决策挂钩的。如果在进行绩效管理系统设计时，主要的出发点都是如何根据考核结果进行利益分配，就会使得绩效管理起不到应有的作用。

3. 误区三：认为绩效管理只是人力资源部门的工作

绩效管理仅仅被视为人力资源管理的一种工具，是人力资源部门应该考虑和应该做的事情。例如，很多企业都可能遇到过类似的情况，年底的时候，人力资源部门加班加点赶出一套绩效考核制度和考核表发下去，结果却招致各部门怨声载道："这些表格根本不符合我们的实际情况。"其实，人力资源部门只是为真正的绩效考核者在考核时提供技术支持或管理的平台。绩效管理中两个关键角色——直线经理（主管经理）和人事经理的职责是有很大的区别的（见表 1-2）。

表 1-2　绩效管理中两个关键角色的职责

直线经理（重细化、实施）	人事经理（重设计、宣传、组织、培训）
制定部门绩效目标	开发和制定绩效管理系统
控制绩效实施	为考评者和被考评者提供培训
参与绩效考评	监督和评价系统的实施
提供绩效反馈	提供系统运行的服务和支持
参与结果运用、改善和指导	总结、汇总、分析和反馈

4. 误区四：认为绩效管理就是进行绩效考评

简单地将绩效管理等同于绩效考评是一种比较普遍的理解。其实，绩效考评是绩效管理中不可或缺的一部分，而非全部。如果将绩效管理片面地认定为绩效考评，往往会导致绩效管理系统和企业的战略目标之间不能有效地联系起来，使得管理者与员工之间缺乏持续双向的沟通，从而阻碍绩效管理的良性循环。

5. 误区五：认为绩效管理是一种额外的工作

不仅普通员工，许多管理者也认为，绩效管理只是他们开展日常工作之余的额外工作，这就会导致绩效管理工作无法正常开展。

在企业具体的管理工作中，除了避免上述绩效管理认识的误区外，我们还应明确：绩效管理不是简单的任务管理，不是迫使员工工作的棍棒，不是管理者权力的炫耀，不是只在绩效低下时才使用，不是一年一次的填表工作。同时，员工绩效管理确实是企业绩效管理系统的一个重要组成部分，但绩效管理研究的内容却远远超出了单纯员工绩效管理的范围。

实例分享

都能得 A

美国管理学家肯·布兰查德在大学授课的时候，总是在上课的第一天就把期末考试的题目告诉学生，然后用一个学期的时间去教授他们问题的答案。每个努力的学生都在期末考试中得到了 A 的成绩。

这个案例为我们形象地描述了绩效管理系统的作用就是：在明确目标的指引下，用正确的行动达到管理者想要的结果。也许员工今年的业绩没有得到“A”，但关键是员工现在走在了正确的道路上。也许通过员工的努力，配合管理者的指导，明年就可以得“A”。也就是说，只要目标明确了，行动对路了，绩效管理就会让每个员工都得“A”。显然，绩效管理通过把每一个员工或管理者的工作与集体的整体使命联系在一起，来强化一个公司或组织的整体经营目标。

（三）绩效管理的基本构成元素

阅读书籍《一分钟经理人》

绩效管理有两个基本构成元素：过程中看得见的行为和由行为导致的可测量的财务数据。行为与数据之间是因果关系。绩效管理是通过对过程的行为（因）的调整来达到对期望的数据（果）的管理，这就是绩效管理的预防性管理。同时，绩效管理也可作为连接战略（财务数据）和执行（行为）的桥梁（见图 1-2）。正是预防和桥梁这两个特性，构成了绩效管理的竞争优势。

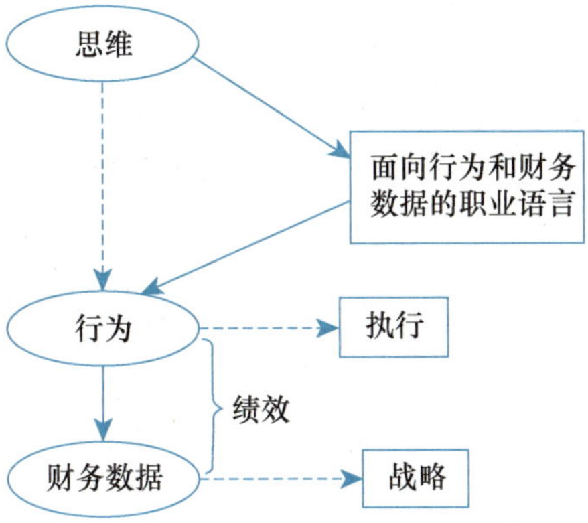

图 1-2 绩效管理的基本构成元素之间的关系

看得见的行为和可测量的财务数据的语言被称为行为数据语言（硬指标），它是指已经发生的事实、客观信息和数据、看得见的具体行为和听得到的具体话语。这些数据与事实应该是没有经过接收者任何假设、推理和演绎等主观判断和处理的，是接收者听到后不用经过猜想、假设就能落实到行为的“硬”语言。

实例分享

场景沟通表达

1. 实例背景：酒店顾客交代服务生

“请马上给我送一包针线，我要用。”客人说。

“好的，马上送到。”服务生答。

方法：用表达数据的方式澄清疑惑。故可以改为：

(1)“请5分钟内给我送来一包针线。”客人说。

(2)作为酒店管理者，有责任澄清客人的具体需求。因此，服务生可以说：“好的，我会在××分钟之内送到您的房间。”这样，既可以主动地管理客人的要求，也同时消除了客人因为等待而引起的困惑。

2. 实例背景：上司对绩效未达标的下属评估

“这个月你在销售上没有尽力。”上司说。

下属很委屈，心想：“我怎么没有尽力啊，起早贪黑、拼死拼活，如果不是生产出问题，我的销售目标早已完成了。”下属说：“老板，因为……原因，所以我才未达标。如果公司能……，我早就达标了。”

方法：用反馈到的可观察的数据和量化的差距来澄清疑惑。故可以改为：

上司说：“你这个月销售目标是500万元（标准），而你实际完成了300万元（数据），与目标还有200万元的差距。”

3. 实例背景：主管到工作现场检查工作

“走廊怎么这么脏，是谁干的？为什么还不打扫？”主管问。

下属中有人跑过来解释：“那是因为……，所以地上脏了，没有打扫。”这显然不是主管要的答案。

方法：通过表达管理者想要的行为和行为结果来澄清疑惑。故可以改为：

主管说：“请在10分钟之内处理地上的垃圾（想要的行为），按照……要求摆放桌椅（想要的结果）。”

4. 实例背景：上司给下属的绩效评估

“我知道你的问题是自由散漫，喜欢索取，而不想好好工作。”上司对下属说。

显然，这句话在感觉上极不中听。

方法：通过反馈数据和量化的差距来表达想要的量化行为结果。故可以改为：

上司说：“我注意到你在最近4周里迟到6次，你的迟到次数超过公司纪律所允许的5次，我希望你在下一个月里迟到不要超过1次。”

（四）绩效管理在人力资源管理中的重要地位

人力资源管理包括人力资源规划、人员招聘选拔、人员配置、岗位管理、薪酬管理、绩效管理、员工培训与开发等环节，其中岗位（position）管理、绩效（performance）管理和薪酬（pay）管理的“3P”构成了人力资源管理的核心。企业实施科学的人力资源管理离不开“3P”，而绩效管理是其中的难点。

1. 岗位管理

岗位管理是整个企业管理的基础性工作，一般分为岗位设计、岗位分析和岗位评价三个步骤。第一步是开展岗位设计，确定新企业的机构、岗位及流程。而对于老企业而言，则应根据企业发展状况对现有的岗位和流程进行优化。第二步是进行岗位分析，形成岗位说明书。岗位说明书应该包含的内容有：该岗位在组织中的地位，该岗位与其他岗位之间的工作关系，该岗位的职责、任务和工作目标，该岗位的工作环境、条件以及该岗位的入职要求等。为了使上述内容规范、明了，岗位说明书一般采用表格的形式。第三步是进行岗位评价，即对各个岗位在组织中的作用、价值作出评价，为薪酬管理提供依据。

2. 绩效管理

绩效管理是人力资源管理中难度最大的一项工作。绩效管理工作除了要设计一套科学、合理与可操作性强的绩效考评指标体系外，还需加强对考评人员的培训，减少考评的误差，做好考评结果的沟通，以及减少因考评引发的矛盾。最关键的是要运用考评结果，将其与奖惩、薪酬、企业计划和战略挂钩，让绩效管理这一难度最大、耗时最长的工作，真正为企业发展作出贡献。

3. 薪酬管理

薪酬管理反映了企业决策者的价值观，若能经过长期积淀，还能形成特定的企业文化。对企业而言，薪酬是企业的运营成本，但成本不能超出员工创造的价值，否则企业就会亏损。薪酬管理是兑现员工对组织绩效目标贡献的奖励，是进行绩效循环的基本保障，企业如何进行薪酬管理关系到人力资源管理的成败。

人力资源管理中的 3P 彼此紧密相关，构成一个整体（见图 1－3）。其中，岗位管理既是人力资源管理的基础，又是做好绩效管理和薪酬管理的前端性工作；绩效管理是人力资源管理中的难点；薪酬管理则是关系到人力资源管理成败的关键。

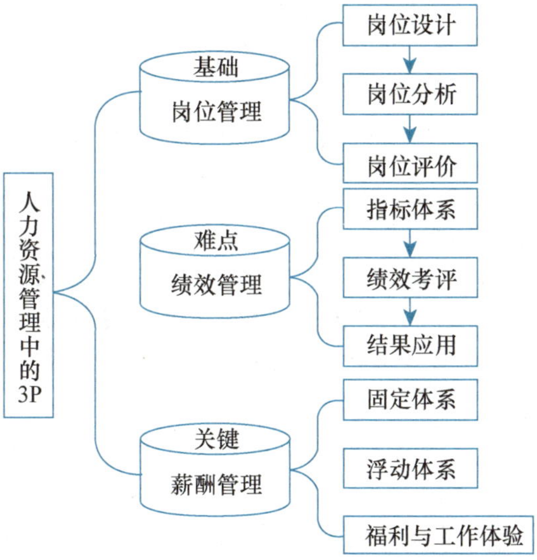

图 1－3 人力资源管理中的 3P 模型

岗位设计和分析是绩效管理的重要基础环节。管理层通过岗位分析，设计每个职位的工作职责以及它所提供的重要工作产出，并据此制定对这个职位进行评估的绩效指标体系，最后按照绩效指标体系确定对该岗位的员工进行绩效考评的标准。

绩效是决定薪酬的一个重要依据。但在不同的企业中、不同性质的工作岗位上、不同的薪酬体系设计下，由绩效决定的薪酬构成和比例也有所不同。通常，岗位评估决定薪酬中比较稳定的部分，而绩效则决定薪酬中变化的部分（绩效工资、奖金等）。

人员选拔流程包括对人的“潜质”部分进行测评和对“显质”部分进行评估。尽管两者有时会采用表面上相似的手段（如考评量表），但考核目的却不相同。为了对员工进行全面的考察，可将这两种考评手段结合采用，以共同提供员工个体的特征信息。

培训与开发是绩效考评之后的重要工作。主管经理需要根据被考评者的绩效现状，结合其个人发展意愿，并与被考评者共同制订绩效改进计划和未来发展计划。而人力资源部门则应根据员工目前绩效中有待改进的方面，去设计整体的培训开发计划，并帮助主管经理和员工共同实施培训开发（见图 1-4）。

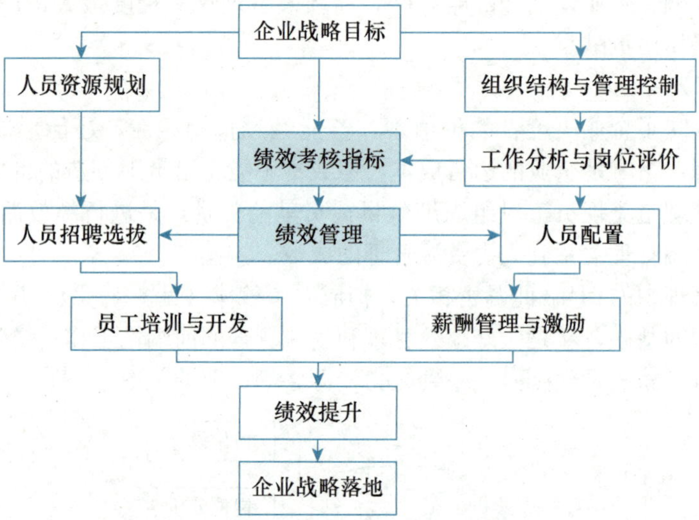

图 1-4　绩效管理是人力资源管理的核心

实例分享

齐威王赏罚分明

战国时期，齐国的齐威王在考察官员的时候，发现他的亲信都说阿城大夫的好话，又齐说即墨大夫的坏话。于是，齐威王就委派一个心腹大臣到阿城和即墨去实地考察，详细了解两地的情况。

得到心腹大臣的汇报后，齐威王召见即墨大夫，对他说：“你担任即墨大夫以来，我几乎天天都听到关于你的坏话。”即墨大夫不由得紧张起来。齐威王笑了笑，继续说道：“可是，我派人到即墨一看，你那里良田无际，百姓丰足，街道有序，整个齐国的东部安宁和平。看来，你是因为不会巴结人而名声不好啊！”说完，齐威王赏给即墨大夫一万户的封邑。

齐威王接着又召见阿城大夫，对他说：“你治理阿城以来，天天都有人在我的耳朵边说你的好话。”阿城大夫听后心里暗喜。齐威王突然脸色一沉，又说道：“可是，我派人去阿城一看，你那里田地荒芜，百姓贫苦；不仅如此，前不久，赵国和卫国来犯，你不是不去救援，就是浑然不知！你只知道用重金贿赂我的亲信大臣，让他们在我的面前说你的好话。”看着跪倒在地、面如土色、浑身发抖的阿城大夫，齐威王发火了：“把这个贪官给我拉出去，处死！”同时，齐威王又下令把那些收受贿赂、吹捧阿城大夫业绩的大臣们也一起处死。

齐威王明察秋毫、赏罚分明，齐国朝野为之震惊。各级官吏再也不敢欺上瞒下了。从此，齐国大治，成了数一数二的强国。

如今，在任何一家有一定规模的企业里，都有像阿城大夫、即墨大夫这样的中层管理干部，也不乏像被齐威王处死的受贿大臣那样的人。齐威王制定了绩效考评的相关制度和措施，也有执行绩效考评的官员，但是，他还是差一点儿就被蒙蔽了。其实，在企业的管理过程中，拥有好的制度固然重要，但如果没有优秀的执行者，没有有效的二次监督，有时候绩效考评还是会走样。

三、认识绩效考评

绩效考评（performance appraisal）出现于 20 世纪 70 年代，是现代企业不可或缺的管理工具，它是一种周期性地检验与评估员工工作表现的管理系统。

（一）绩效考评的定义

绩效考评也称绩效评价、绩效考核或绩效评估，简称考绩，即通过运用科学的考核标准和方法对员工的工作绩效进行定期的考评，激励和发掘员工的潜力，以帮助企业达到预期的工作目标。简言之，是对员工的工作进行系统的评价。如考核员工本职工作应该干的事干得如何，应该完成的任务完成得如何。绩效考核的目的是，通过考核提高每个员工个体的效率，最终实现企业的目标。

绩效考评是一系列相关概念的总和，包括工作要项、绩效标准、评估、评估面谈、在职辅导等。有效的绩效考评，不仅能确定每位员工对组织的贡献情况，还可在整体上对人力资源的管理提供决定性的评估资料，从而改善组织的反馈机能，提高员工的工作绩效，甚或激励士气，也可作为公平合理地酬赏员工的依据。

需要注意的是，绩效考评指标体系的设计要有清晰的行为导向性，能明确地告诉员工应该做什么和不应该做什么。同时，绩效考评指标应根据企业发展的不同时期而有所侧重，要考虑岗位的类别、级别，要让员工了解评价的结果，并及时地予以反馈，这样才能真正起到激励的作用。

（二）绩效考评在人力资源管理中的重要地位

事实上，人力资源管理中许多环节的决策、调整和操作都需要以绩效考评为依据（见图 1－5）。员工配置、绩效考评、人才培养和激励政策是保证企业人力资源管理有效性的四个关键系统。在这四个系统中，绩效考评是最为重要的，它是其他三个系统赖以建立的基础。

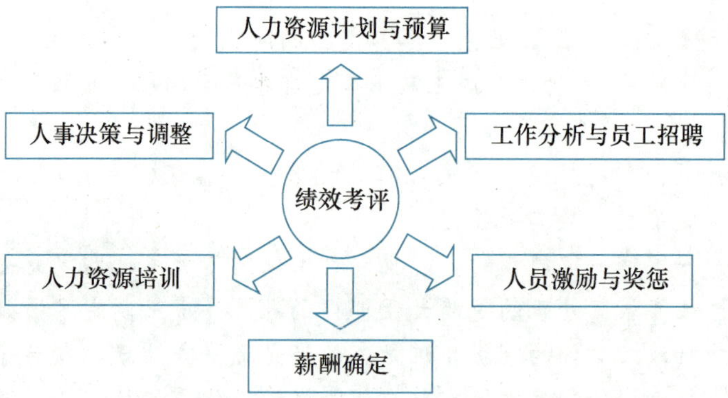

图 1－5　绩效考评在人力资源管理中的重要地位

例如，绩效考评中员工的考评结果，不论是定性的描述还是定量的描述，都可以作为员工薪酬确定的依据。考评结果与薪酬挂钩既体现了按劳分配的原则，又有利于调动员工工作的积极性。又如，通过公平、积极和严谨的考评，使企业和员工发现工作中的不足，然后通过有针对性的培训来加以改进，这比单纯批评和指责员工的工作过失更加有效。再如，把绩效考评的结果作为员工职务调整，如晋升、降职和调岗的依据，容易被员工接受和认可。

此外，绩效考评的结果还可作为人力资源计划与预算、工作分析与员工招聘、人力资源培训的参考依据。总之，绩效考评的作用主要体现在企业管理和员工发展两个方面。

（三）绩效考评的一般程序

绩效考评是企业根据员工的职务说明，对员工的工作业绩（包括工作行为和工作效果）进行考察与评估。绩效考评的程序一般分为横向程序和纵向程序两种。

1. 横向程序

横向程序是指按绩效考评工作的先后顺序形成的过程进行考评的程序。其主要环节有下列几项：

（1）制定绩效考评标准。这是在绩效考评时为避免主观随意性所不可缺少的前提条件。绩效考评标准必须以职务分析中制定的职务说明与职务规范为依据，因为那是对员工所应尽职责的规范要求。

（2）实施绩效考评。即对员工的工作绩效进行考核、测定和记录。根据考核的目的，绩效考评可以是全面的或局部的。

（3）绩效考评结果的分析与评定。绩效考评的记录需与既定标准进行对照来进行分析与评定，从而获得绩效考评的结论。

（4）结果反馈与实施纠正。绩效考评的结论通常应告知被考评员工，使其了解组织对自己工作的看法与评价，从而发扬优点、克服缺点。同时还需针对绩效考评中发现的问题，采取纠正措施。因为绩效是员工主、客观因素的综合反映，所以不仅要针对被考评员工采取纠正措施，还需针对环境条件作出相应调整。

2. 纵向程序

纵向程序是指按组织层级逐级进行绩效考评的程序。绩效考评一般是先对基层进行考核，再对中层进行考核，最后对高层进行考核，形成由下而上的过程。其主要环节有下列几项：

（1）以基层为起点，由基层部门的领导对其直属下级进行绩效考评。考评分析的内容包括员工个人的工作行为（如是否按规定的工艺和操作规程进行等），员工个人的工作效果（如产量、废品率、原材料消耗率、出勤等），以及影响员工行为的个人特征及品质（如工作态度、信念、技能、期望与需要等）。

（2）基层考评之后，便会上升到对中层部门进行考评，其内容既包括中层负责干部的个人工作行为与特征，也包括该部门总体的工作绩效（如任务完成率、劳动生产率、产品合格率等）。

（3）待逐级上升到企业领导层时，由企业所隶属的上级机构（或董事会）对企业这一最高层次进行绩效考评，其内容主要是经营效果方面硬指标的完成情况（如利润率、市场占有率等）。

（四）绩效考评和绩效管理的区别

考绩的信度和效度

绩效考评只是绩效管理系统的一个环节或组成部分，绩效管理与绩效考评有着很大区别（见表1-3）。

表1-3 绩效管理与绩效考评的区别

项目	绩效管理	绩效考评
人性观	以人为本的人性理念，相信每个员工都有自我完善和自我实现的潜能，只要给予足够的信任与激励，每个员工都能够自觉地发挥积极性与创造性。	把人单纯当作实现企业目标的一种手段，其基本的人性假设是性恶论，认为只有通过不断考核才能鞭策和防止员工的懒惰与懈怠。
侧重点	侧重于持续的沟通与结果信息的反馈，尤其强调双向互动沟通。	侧重于考核过程的执行和考核结果的判断，考核过程往往是单向命令式。
参与方式	员工可以亲自参与绩效管理的各个过程——制定指标、绩效沟通和反馈信息等，充分体现了员工的主动性，对员工的近期和长远发展都具有重要意义。	员工不对设定的目标承担任何责任，对部门主管的期望不了解，不清楚自己的工作过程和工作结果如何被考核。
主要目的	不是对员工的奖励与惩罚，其最重要的是用于员工的绩效改进计划。	通过考核得到一个关于员工工作情况和工作效果的结论，主要用于对员工薪资水平的奖励与惩罚。

（五）绩效考评的作用

1. 帮助企业达成目标

绩效考评本质上是一种过程管理，而不是仅仅对结果的考核。它是将中长期的目标分解成年度、季度、月度指标，不断督促员工实现、完成的过程。有效的绩效考评能帮助企业达成目标。

2. 过程中挖掘问题

绩效考评是一个不断制订计划、执行、改正的 PDCA 循环过程，整个绩效管理是包括绩效目标设定、绩效要求达成、绩效实施修正、绩效面谈、绩效改进、再制定目标的循环，这也是一个不断发现问题、改进问题的过程。

3. 与分配利益挂钩

与利益不挂钩的考评是没有意义的。员工工资一般会分为固定工资和绩效工资两个部分。绩效工资的分配与员工的绩效考评息息相关。

4. 促进企业和员工共同成长

绩效考评的最终目的并不是单纯地进行利益分配，而是促进企业与员工的共同成长。通过考评发现问题、改进问题，找到差距进行提升，最后达到双赢。

任务二 认知绩效管理的五个组成部分

案例导入 通达公司员工的绩效管理

通达公司成立于 20 世纪 50 年代初，目前公司有员工 1 000 人左右。总公司本身没有业务部门，只设一些职能部门；总公司下有若干子公司，分别从事不同的业务。绩效考评工作是公司重点投入的一项工作，公司的高层领导非常重视。人事部具体负责绩效考评制度的制定和实施。人事部在原有的考评制度基础上制定出了《中层干部考评办法》。在每年年底正式进行考评之前，人事部又出台当年的具体考评方案，以使考评达到可操作化程度。

公司的高层领导与相关的职能部门人员组成考评小组。考评的方式和程序通常包括被考评者填写述职报告、在自己单位内召开全体员工大会进行述职、民意测评（范围涵盖全体员工）、向科级干部甚至全体员工征求意见（访谈）、考评小组进行汇总写出评价意见并征求主管副总经理的意见后报公司总经理。

考评的内容主要包含三个方面：一是被考评单位的经营管理情况，包括该单位的财务情况、经营情况、管理目标的实现等方面；二是被考评者的德、能、勤、绩及管理工作情况；三是下一步的工作打算，重点努力的方向。具体的考评细目侧重于经营指标的完成、政治思想品德，对于能力的定义则比较抽象。各业务部门（子公司）都在年初与总公司对于自己部门的任务指标进行了讨价还价的过程。对中层干部的考评完成后，公司领导在年终总结会上进行说明，并将具体情况反馈给个人。尽管考评的方案中明确说考评与晋升、工资的升降等方面挂钩，但最后的结果总是不了了之。对于一般员工的考评则由各部门的领导掌握。子公司的领导对于下属业务人员的考评通常是从经营指标的完成情况来进行的；对于非业务人员的考评，无论是总公司还是子公司，均由各部门的领导自由进行。被考评人很难从主管处获得对自己业绩优劣评估的反馈，只是到年度奖金分配时，部门领导才会对自己的下属做一次简单的排序。

问题：

通达公司的绩效管理存在哪些问题？如何才能解决这些问题？

一、制订绩效计划

一个好的绩效计划应该体现出两个特征：一是能对企业战略进行有效的支撑，以企业战略为导向的绩效管理是依据企业战略发展的需要来确定员工的行为标准和方向，员工应该做什么、做成什么样子，都是根据企业的战略逐层分解的结果。二是能真正体现员工的实际工作业绩。

客观上，不同管理职能与层级的员工对战略目标的驱动力存在一定的差异性。有的员工对战略目标的实现只具有间接的驱动力，这对于职能部门和支持部门及基层员工而言尤为如此，他们的部分工作内容无法完全予以量化。

制订绩效计划是绩效管理的开始。绩效管理目标需要层层分解到各级、各部门，最终落实到每个员工。在制订绩效计划阶段，管理者和员工之间需要进行沟通，以便在对员工绩效的期望问题上达成共识。在此基础上，员工进而对自己的个人绩效和发展目标制订出计划书。显然，绩效管理是一项需要相互协作才能完成的活动，而且是一个连续的过程，而不仅仅是一年内只进行一两次的活动。由于所处的层次不同，绩效计划可分为不同的表现形式（见图 1－6）。

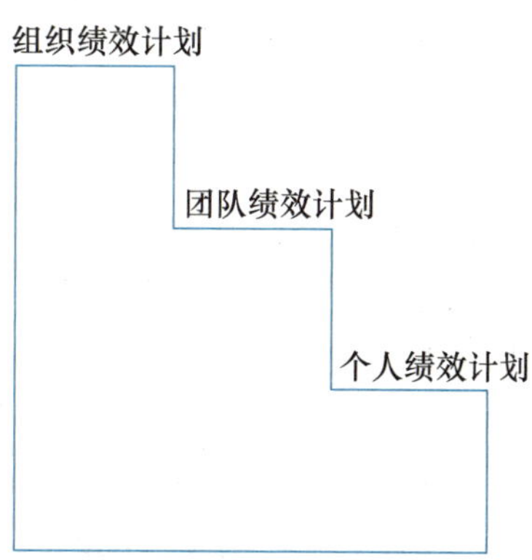

图 1－6　绩效计划的不同层次结构

管理者和员工之间主要就以下问题达成共识：

（1）员工的主要工作任务和职责是什么？

（2）如何衡量员工的工作？评判其工作绩效的标准是什么？

（3）每项工作的时间期限有多长？即完成工作任务和目标的时间周期如何？

（4）员工的权限是什么？员工可以得到哪些资源？

（5）员工需要的支持和帮助有哪些？

（6）管理者（直线经理）如何帮助员工实现目标？

（7）其他相关的问题：技能、知识、培训和职业发展等。

以上是制定个人绩效和发展目标的过程，最终形成管理者和员工共同签字的文字记录，我们称之为绩效管理目标。通常，一个有效的绩效管理目标必须具备以下几个条件：

制订绩效计划的偏差

（1）服务于企业的战略规划和愿景目标；

（2）基于员工的职务说明书；

（3）目标具有一定的挑战性，具有激励作用；

（4）目标符合 SMART 原则（见表 1-4），即 specific（明确具体的）、measurable（可衡量的）、attainable（可达到的）、relevant（相关的）、timed（有时限的）。

表 1-4 SMART 原则

原则	具体内容
明确具体的（S）	目标要清晰、明确，评价的项目要具体、全面
可衡量的（M）	目标要尽量量化，评价指标是数量化或者行为化的，验证这些绩效指标的数据或信息是可以获得的
可达到的（A）	评价指标要具有挑战性、可达性，在付出努力的情况下可以实现
相关的（R）	与企业的战略和目标一致，与从事的具体工作相关，反映业绩期望
有时限的（T）	目标要有合理的时间约束，预计届时能出现相应的考评结果

二、持续不断的沟通

沟通是一切管理所必不可少的重要手段，用“持续不断”修饰沟通的目的在于，强调绩效沟通的关键性作用。绩效沟通贯穿于绩效管理的全过程。企业的绩效管理说到底就是上下级之间就绩效目标的设定及实现而进行的持续不断双向沟通的过程，在这一过程中，管理者与被管理者从绩效目标的设定开始，一直到最后的绩效考评，都必须保持持续不断的沟通，任何的单方面决定都将影响绩效管理的有效开展，降低绩效管理体系效用的发挥。因此，不懂沟通的管理者不可能拥有一个高绩效的团队，再完美的考核制度都无法弥补管理者和员工缺乏沟通带来的消极影响。

本书项目四将对这部分内容进行详细介绍。

三、信息收集与文档记录

（一）信息收集与文档记录的重要性

1. 提供绩效评估的事实依据

也就是依据什么评判员工绩效是“优秀”、“良好”还是“差”，这不能凭感觉，而需要用事实说话。此外，这些信息的收集和记录除了可以作为员工绩效评估的依据，还可以作为晋升、加薪等人事决策的依据。

2. 提供改进绩效的事实依据

绩效管理的目的是改进和提高员工的绩效与工作能力，因此需要结合具体的事实向员工说明目前的差距和需要如何改进与提高。

3. 发现绩效问题和优秀绩效的原因

例如，记录绩效突出好的员工的工作表现，可以帮助企业发现优秀绩效背后的原因，然后利用这些积极的信息帮助其他员工改进和提高绩效，让其他员工以优秀员工为榜样，争取把工作做得更好；或是依据收集和记录的突出差的员工的工作表现，寻找导致绩效不良背后的原因，从而对症下药，不断改进绩效。

4. 产生纠纷时的利益保护

保留员工绩效表现的翔实记载可以在产生纠纷时作为事实依据。一旦员工对绩效评估或人事决策产生争议时，可以利用信息记录的事实依据来帮助其解决纠纷。一方面可以保护企业的利益，另一方面也可以保护员工的利益。

（二）信息收集与文档记录的方法

1. 观察法

观察法是指由主管经理直接观察员工在工作中的表现，并对员工的工作表现进行记录。例如，看到员工与客户交谈时态度粗鲁，或者看到员工在完成自己的工作后热情地帮助其他同事等，这些都是通过直接观察得到的信息。

2. 工作记录法

工作记录法是指员工通过自己的工作记录本，将某些工作目标的完成情况记录下来。例如，财务数据中体现的销售数量情况，客户记录表中反映出来的业务员与客户的接触情况，以及车间记录的废品数量等，都是日常工作记录中体现出来的绩效情况。

3. 他人反馈法

当员工的某些工作绩效信息不是由管理者直接观察而获得，或是管理者缺乏日常记录时，即可采用他人反馈信息的方法。一般来说，当员工的工作是为他人提供服务或者与他人发生关系时，就可以从提供服务的对象或发生关系的对象那里得到有关的信息。例如，主管经理可以通过发放“客户满意度调查表”或是与客户进行电话访谈的方式，了解员

信息收集与文档记录的偏差

工的工作绩效。而对于向企业内部提供服务的行政和后勤等部门的人员，同样可以从享受服务的其他部门的人员那里获取相关信息。

四、绩效评估

绩效评估可分为年度评估、平时评估和专项评估三类。员工绩效目标完成得怎么样，企业绩效管理的效果如何，通过绩效评估都可以一目了然。对公司高层管理者（如总经理、副总经理）的绩效评估则可以根据公司董事会决定另行安排。绩效评估是一个总结提高的过程。总结过去的绩效结果，分析绩效问题的原因，制定相应的改进对策，有利于企业绩效管理的提高和发展。同时，绩效评估的结果也是企业薪酬分配、职务晋升、培训发展、用工管理等管理活动开展的重要依据。

绩效评估的偏差

五、绩效诊断和提高

事实上，任何绩效管理系统都需要不断改善和提高。因此，在绩效评估结束后，全面审视企业绩效管理的政策、方法、手段及其他细节，对照先前设立的绩效目标进行诊断和分析，不断改进和提高企业的绩效管理水平是十分必要的。

绩效诊断和提高的偏差

知识拓展　不断改善绩效管理的四个主要环节

绩效管理强调通过计划、组织、指挥、协调与控制等管理手段来提高企业、部门（集体）及员工个人业绩，以确保企业战略目标的实现。绩效管理贯穿着企业管理的全过程，同企业方方面面的工作都有着千丝万缕的联系，因此，要使绩效管理达到预期的效果，应以企业的战略为导向，从四个主要环节改善绩效管理。

1. 基础管理是绩效管理的前提

在一个没有管理基础的企业推行绩效管理，就像在不稳固的地基上盖楼一样。这个“地基”至少应包括两个方面：一是要有健全的企业岗位体系，能够合理地设置岗位，有明确的岗位职能和岗位要求。如果企业的组织体系和岗位设定不明确，而且战略、流程等问题没有理清，对于业绩评估的观念仍然停留在对个人业绩奖优罚劣的层面上，管理基础、管理观念与管理技术之间存在着严重的不协调，于是寻找一个既“科学合理”又“实际可行”的方案便成了不少企业屡战屡败、屡败屡战的探索。二是要有完善的数据管理。确立了一个不错的关键业绩指标（KPI），却没有能力提供相关数据来反映指标的情况，最终不得不放弃，这是确定绩效管理方案时的常见问题。

2. 绩效辅导是容易被忽视的关键环节

在绩效管理过程中，绩效辅导是非常重要的环节，但往往容易被人忽视。绩效辅导是指管理者与员工讨论有关工作进展情况、潜在的障碍和问题、解决问题的办法措施、员工取得的成绩以及存在的问题、管理者如何帮助员工等信息的过程。它贯穿于整个管理过程，贯穿于绩效管理的始终。其作用在于能够前瞻性地发现问题并在问题出现之前解决，还能把管理者与员工紧密联系在一起，管理者与员工经常性地就存在和可能存在的问题进行讨论，共同解决问题，排除障碍，达到共同进步和共同提高，从而实现高绩效的目的。绩效辅导还有利于建立管理者与员工良好的工作关系。

3. 绩效考评应尽力去准确评价员工

实质上，绩效考评不是硬性贴标签，而是一种激励。如果从这个角度出发，考评就会成为上下级互动交流的良好方式。首先，绩效考评一定要有标准，这个标准就是组织对员工的具体要求。其次，要重视团队绩效，兼顾组织、团队、个人三个层面的考评，并通过一定的权重分配来准确衡量一个人的价值和业绩。最后，考评要因地制宜。企业规模大、员工多、管理复杂，考评就要复杂些；企业规模较小、员工少，则考评可适当简单些。

4. 绩效反馈是为下一期绩效助跑

绩效考评是要科学准确地衡量员工的绩效、技能和工作态度，而衡量出的结果则需要进行反馈。绩效反馈是绩效管理过程的终点，也是下一个绩效周期的起点，反馈的效果如何，直接影响到在下一个周期中员工的动力的大小。

任务三 认识绩效管理的作用

案例导入 《西游记》中的绩效管理

《西游记》是我国古典四大名著之一，很多人都读过小说或看过电视剧。小说中，唐僧师徒是一个要完成西天取经目标的团队，但取经路途遥远，并且各种妖魔鬼怪层出不穷，取得真经绝非易事。那么唐僧师徒是如何通过绩效管理来实现这个看起来不可能实现的目标呢?

第一，团队目标设定明确且有挑战性。

西天取经目标坚定，需要团队每个成员全力以赴、齐心协力、共同奋斗。

第二，团队成员岗位分工和个人绩效考评明确。

唐僧负责团队管理，确保取经方向和目标的实现。他是团队的领导者角色，负责组建一个互补的团队。其成员各司其职，各有特点，互补性强，极好地协助唐僧西天取经。

孙悟空是负责保护唐僧的第一责任人，也是杀妖降魔的第一责任人。

猪八戒主要负责协助孙悟空杀妖降魔，同时负责在孙悟空外出打探或化缘时保护唐僧。

沙僧主要负责协助两位师兄保护唐僧，负责行李和经书安全管理。

白龙马所负责的与沙僧有相似之处，负责给唐僧加快脚力。

第三，团队有激励与约束的绩效考评体系。

如果师徒配合能顺利完成杀妖降魔任务，大家就欢天喜地继续赶路。如果出现过失行为，轻则念一段"紧箍咒"进行违规惩戒，重则将成员驱逐出团队。

第四，绩效管理是各个层级经理和员工之间持续不断交流的过程。

以观音为代表的组织，主要服务唐僧师徒团队的理念落到实处，不断沟通了解下属最需要的是什么，持续关注下属的成长，在下属面临无法解决的困难时，及时提供必要的支持，帮助下属达成绩效目标。

问题：

本案例对你认识绩效管理有什么启示?

绩效管理的价值在于帮助员工成长，实现企业的经营目标，这是一个重要的绩效理念。绩效管理的目的在于通过激发员的工作热情、提高员工的能力和素质，以达到不断改善团队绩效和组织绩效的效果。

一个组织实施绩效管理的原始动力就是能提高组织的整体绩效。显然，组织是绩效管理的直接受益者。同时，当管理者和普通员工从传统的管理模式中解放出来时，将最终达到组织和个人（管理者与员工）的双赢局面（见图 1－7）。

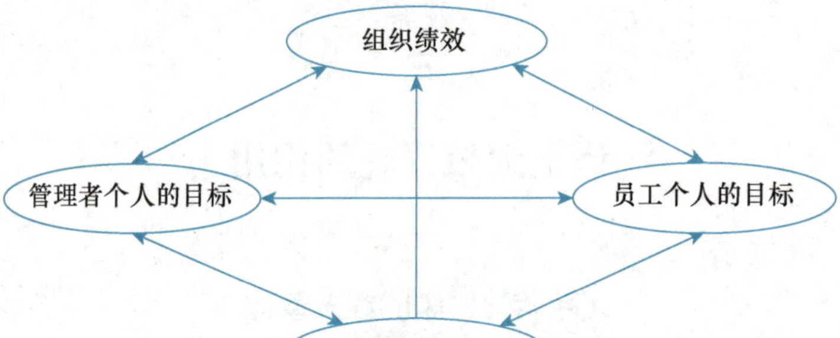

图 1－7　绩效管理的效果

一、组织需要绩效管理

绩效管理是组织管理系统的重要组成部分，以组织的绩效目标为方向，以员工的绩效目标为基点，以领导和员工的共同努力为动力，通过持续不断的沟通和反馈，来确保各项工作无障碍地执行（见图 1－8）。同时，通过绩效考评，管理者定期对前一段时间的工作进行检查和总结，解决执行过程中遇到的各种问题，保证组织在正确的时间和地点，用正确的方式做正确的事情，促使其执行力到位。显然，组织通过绩效管理，可以进一步提升计划管理的有效性，增加组织经营过程的可控性。实施绩效管理对组织的重要性可谓牵一发而动全身（见图1-9）。

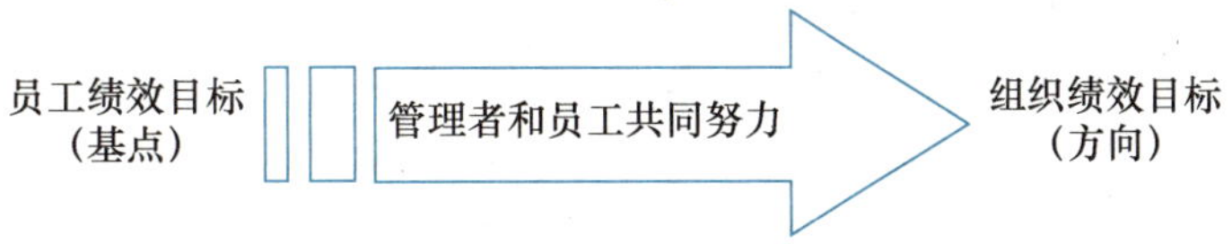

图1-8 员工绩效和组织绩效

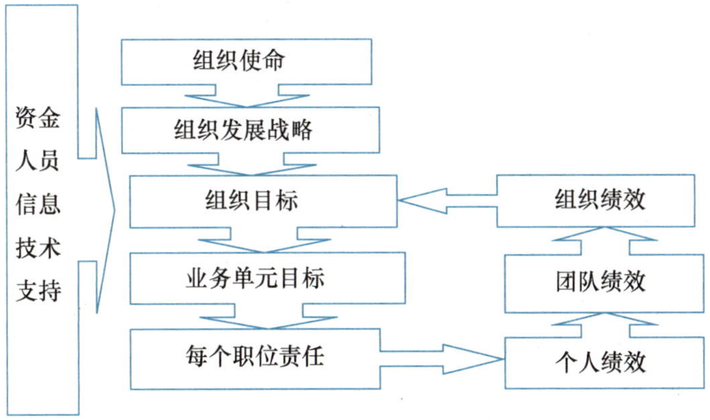

图1-9 组织需要绩效管理

绩效管理对于组织而言，有以下作用：

(1) 将组织目标有效地分解到各部门，分解到员工个人，使员工和部门都积极地朝着共同的组织目标努力；

(2) 可以有效地监控目标达成的各个环节的工作，及时发现阻碍目标有效达成的问题并加以解决；

(3) 可以得到最有效的人力资源支持，以便高效率地达成目标；

(4) 评定绩效，作为确定员工薪酬和实施奖惩措施的依据，建立薪酬管理体系；

(5) 激励员工，稳定人才队伍，同时吸纳新的员工；

(6) 协助员工制订职业生涯发展规划；

(7) 检验员工招聘和培训的效果，评估培训和发展的需要；

(8) 收集绩效管理信息，总结工作，改进绩效，有利于组织的管理决策。

二、管理者需要绩效管理

当前，不少管理者往往忽视了自己的领导责任，不习惯利用绩效管理去实践自己的领导责任，不善于调动下属的积极性，发挥好部门优势。而绩效管理的制度性要求部门主管一方面制定出工作计划目标，另一方面必须对员工工作作出评价，必须与下属充分讨论工作，并帮助他们提高绩效。绩效管理能提醒管理者：保持工作的忙碌性与达成组织目标应是一回事。这一系列的工作本来是每一位管理者分内之事，但很多企业并没有明确规定下来，淡化了管理者管理企业的角色。更有个别管理者片面地认为，绩效管理无非是“打个分”“填张表”“换汤不换药”，这些认识都在一定程度上影响了绩效管理的有效推进。绩效管理就是要设计一套制度化的办法来规范每一位管理者的行为，因此，绩效管理是提高管理者的管理水平、减少管理阻力的一个有效方法和手段。

绩效管理的主要责任人是各级管理者。一般来说，高层管理人员50%～70%的工作内容是宏观战略以及对整个企业的提升，30%～50%的工作内容是人力资源宏观规划；中层管理人员50%的工作内容是对部门日常工作的管理和人员的培养、指导与评估，30%是人力资源宏观规划，20%为实际操作。因此，各级管理者要学会利用绩效管理来提高管理水平，调动员工的工作积极性，最大限度地促使员工学会管理自己的绩效，学会自我管理和自我成长。实施绩效管理对管理者的益处可谓意义深远，大致有以下作用：

（1）为管理者提供一个将组织目标分解的有效途径，以便团队成员能朝着共同目标努力；

（2）使管理者掌握一些必要的员工工作信息；

（3）使管理者明白管理的价值取决于下属做什么，即员工的绩效；

（4）管理者必须通过下属来实现自己的绩效目标，提高管理效率。

三、员工需要绩效管理

员工在绩效管理中通常是作为被管理者和被考评者的角色。因此，绩效管理对于他们而言，常常是一件有压力的事情。然而，从员工的内心来说，每个员工都希望了解自己的绩效，了解自己的工作成果，了解别人对自己的评价，了解自己目前有待提高的地方。如果不能通过有效的途径将员工的绩效表现反馈给员工，那么，员工只能通过猜测来了解自己的绩效表现。例如，看上司对自己的脸色是否好看、看上司今天是否表扬自己等，这就会使员工因不了解自己的绩效而感到焦虑。

马斯洛需要层次理论与员工个人绩效管理

其实，员工特别需要通过绩效管理来了解和提高自己的绩效。绩效管理可以：

（1）让管理者发现员工的工作才能；

（2）让员工从管理者那里得到一定的帮助和指导；

（3）让员工了解自己在管理者心目中的地位；

（4）让员工表达自己对工作的看法和建议；

（5）促使员工制订未来个人职业的发展规划。

事实上，实施绩效管理还存在相当的外部经济性，不仅对组织内部、管理者和员工有益，而且对组织的客户、供应商、中间商、销售商、金融机构、政府部门等外部利益相关者也会有益。

知识拓展 成功实施绩效管理的八个关键点

由于绩效管理实施的复杂性和系统性，往往使实施主体不能顺利推行，而且还带来许多次生问题，使企业绩效没有提升，甚至反而下滑。其实，成功的绩效管理注重与企业实际情况的紧密结合，强调系统性工作，强调持续不断的沟通，不仅强调工作结果，而且重视达成目标的过程。

1. 全面分析开展绩效管理的必要性

绩效管理作为管理工具有其适用性，不同的企业规模不同、发展的阶段不同、组成人员各异、员工价值观有别等，不宜盲目实施绩效管理。如果员工自身的奋斗目标与企业目标保持一致，企业总体战略下的分阶段目标能够顺利完成，那么短期内就不宜硬性介入绩效管理，改善绩效的主要方法应是加强对员工的培训和职业引导。如果企业绩效提升蓄力不足，员工绩效出现停滞或下滑，企业中开始出现对绩效管理的需求等情况时，企业就要着手思考介入实施绩效管理工作。

2. 为绩效管理工作提供组织保障

组织的经理层应对绩效管理给予持续的支持，同时绩效管理工作由人力资源管理部门独立负责，吸纳各部门经理和相关副总经理加入，直接向总经理负责，以便获得经理层持续的支持。绩效管理鲜明的系统性，必然涉及企业的各部门，甚至每个员工。虽然绩效管理追求的是企业与员工的共同发展，但从局部看是利益均衡的打破和重新分配，会引起部门之间、员工个体之间的冲突。通过绩效管理的必要组织保障最终达成目标一致，这对绩效管理工作的顺利推进尤其重要。

3. 绩效管理体系的设计

首先，要对绩效管理前、绩效管理中、绩效管理反馈环节进行体系分解，制定绩效管理的闭环流程。其次，要明确考核内容与标准，这是一个总体战略演绎分解的过程，也是一个员工行为聚焦战略的过程，还是一个互动选择的过程。再次，要选择适宜的绩效评估方法。众多的绩效管理方法本身并没有好坏之分，只是侧重点不同，并不是新出现的绩效评估方法就最优，要根据企业的具体情况区别对待，选择最适合的方法。最后，要明确绩效管理的动态周期和管理程序，这对绩效管理工作的阶段性总结和持续改进来说是必要的。

4. 组织与员工之间建立相互信任的关系

绩效管理工作是员工个体和组织发展的共同要求，这就要求企业在实施绩效管理时，要与员工之间建立相互信任的关系。具体做法有：一是要加强对绩效管理目的的宣传，以获得全体员工的支持；二是对于绩效标准和考评内容，要与员工做充分的沟通；三是在绩效管理过程中，进行持续的问题反馈；四是分阶段总结后，做好绩效面谈工作；五是加强绩效改进反馈工作。

5. 注重发挥绩效面谈的关键作用

绩效面谈作为绩效管理过程中的重要环节，在达成绩效管理的目的上发挥着重要作用。通过面谈，组织与个人对绩效评估的结果形成一致的看法。借助面谈这种面对面的形式，可以营造和谐的气氛，更能了解员工对绩效评估结果的看法，在肯定员工优点，特别是指出存在的不足时，员工更容易接受。同时，通过双方的讨论可以了解员工需要的资源和支持，并制订双方都能接受的改进计划。

6. 谨慎处理绩效评估的误差

绩效管理中绩效考评工作往往是定量与定性相结合的，会对绩效评估结果产生影响。如果对其不加以控制，就不能保证评估结果的客观公正，甚至会因此引发组织内的冲突，使绩效管理工作全盘失败。所以对于考评误差的防范，须在绩效评估的前、中、后都给予高度重视。在评估前要对评估者做评估标准、内容、方法和程序的培训工作，让评估者端正态度；在评估中，要使评估者与被评估者有面谈的机会，做好双方的沟通工作；在评估后，要有反馈和申诉程序。

7. 绩效管理与奖惩制度适配

首先，企业的薪资结构在满足保证企业组织结构稳定性的需求外，须包含动态内容，并能灵活响应企业与个人绩效的变化。例如设立绩效工资组成部分，使组织能够用绩效工资作为激励工具来支持绩效管理目标的实现。其次，企业中的晋升制度与绩效结果相关联，使个人职业发展与绩效的持续改进相适配。开发多渠道、宽带晋升途径，使各类绩效改进突出的员工有晋升渠道。最后，在绩效管理过程中，要适时地树立绩效突出员工的典型，通过建立标杆和榜样，为绩效管理提供一个明确的导向。

8. 拓展绩效评估结果的应用范围

充分利用绩效评估的结果是绩效管理的重要组成部分，对评估结果的应用，可以对绩效管理的其他部分提供支持。根据绩效评估结果的特性，分别应用于企业人力资源的规划、招聘选择、开发，以及报酬方案的设计与调整、员工培训等方面。目前，许多企业进行的绩效管理，往往停留在评估结果的奖惩方面，而在有利于组织发展的更加重要的规划和提升方面使用甚少，这从另一方面也阻碍了绩效管理的持续提升进程。

任务四

设计绩效管理系统

案例导入　**面　馆**

我跟朋友在路边一个不起眼的小店里吃面，由于客人不多，我们就和小店老板聊了一会儿。谈及如今的生意，老板感慨颇多，他曾经“辉煌”过，在兰州拉面最火的时候在闹市口开了家拉面馆，可谓日进斗金，可后来却不做了。朋友疑惑地问他为什么。

“人难管，拉面师傅的工作积极性不高。”老板说，“我当时雇了个会做拉面的师傅，但在工资上总也谈不拢。”

“开始的时候为了调动他的积极性，我们是按销售量分成的，一碗面给他5毛钱的提成。经过一段时间，他发现客人越多他的收入也越多，这样一来他就在每碗里放超量的牛肉来吸引回头客。一碗面才4块钱，本来就是靠薄利多销，他每碗多放几片牛肉，我还怎么赚钱啊!”

“后来我看这样不行，钱全被他赚去了！我就换了种分配方式，给他每月发固定工资，工资给高点也无所谓，这样他就不至于多加牛肉了，因为客多客少和他的收入没关系。”

“但你猜怎么着?”老板有点激动了，“他在每碗里都少放几片牛肉，把客人都赶走了!”

“这是为什么?”现在开始轮到我们激动了。

“牛肉的分量少，顾客就不满意，回头客就少，生意肯定就清淡，他才不管你赚不赚钱呢，他拿固定的工钱，巴不得你天天没客人，他才清闲呢!”

问题：

如果你是面馆老板，你会如何处理?

绩效管理是一个完整的系统。绩效管理系统的设计是在企业经营战略和目标的指导下，在一定的组织制度和模式的基础上进行的。

一、认识影响绩效管理系统的因素

在进行绩效管理系统设计时，企业要考虑到自身的特点和环境的作用。也就是说，必须考虑到组织战略、业务流程、组织结构、组织文化及企业所处的发展阶段等诸多因素对绩效管理的影响，这些因素可称为绩效管理的评估基础。

（一）组织战略

战略是为达成组织发展目标，应对外部竞争环境的计划。它包括产品战略、服务战略、管理战略和投资战略等，也可以是整个组织的战略。显然，这是一种正式的、明确的、长远性的、由高层管理者制定的、对组织行为有充分影响的计划。不同企业有不同的战略及战略组合；同一企业在不同的发展阶段也会有不同的战略，如企业成长期与成熟期的战略就有所不同。

在开发绩效管理系统时，必须明确组织战略，从而明确组织的性质和发展方向，组织所面临的主要战略问题及这些问题将在多大程度上影响组织发展，决定组织完成战略目标的主要因素是什么等。

（二）业务流程

在设计绩效管理系统时，流程的规范以及日常的遵守情况将成为一个重要的衡量标准。因此，企业是否建立起了标准的业务流程规范，这对引入考核制度及其是否能有效地执行有着非常重要的意义。业务流程是否以绩效为导向，是否为绩效管理建立起必要的制度环境，这是在设计绩效管理系统前需要认真考虑的。

如果流程不规范，就很难界定各项绩效指标设定的基础及其评定结果的规范性、准确性与可靠性，这使得考核失去可以比较的基础，最后只能造成绩效考核走过场。

（三）组织结构

在绩效管理系统的设计过程中，有一个必须面对且十分重要的课题，就是为各部门设计关键绩效指标。组织结构将从权力、沟通和角色等方面决定组织成员在绩效管理中的地位和作用。如果企业内部的组织结构清晰、员工职责分工明确，那么在为各部门、各岗位设计绩效指标时就有了明确的前提。因此，只有在组织结构清晰、分工明确的前提下，关键绩效指标才能真正落实到人，考核结果才能真正应用到绩效管理中去。

如果企业内部的组织结构混乱，那么就很难做到指标分解客观化、合理化和流程化。事实上，如果经营层、管理层与执行层的职责不清或时常越位，那么不仅权力难以制衡，而且会让员工无所适从，也势必造成相互推诿、责任不清甚至责任感丧失。这些都与建立绩效管理系统和进行绩效考核的目的是完全相悖的。

（四）组织文化

组织文化是企业共同行为的基础，它在不知不觉中影响着组织成员的行为。组织文化是在企业长期运作中逐渐形成的群体意识，以及由此产生的群体行为规范。每个组织都有其独特的文化，这种文化往往通过组织运作形式和大多数员工的行为体现出来。一般而言，企业存在两种意义上的组织文化：一种是职能型文化，也称纵向文化；另一种是流程型文化，也叫横向文化。两种组织文化的区别见表 1-5。

表 1-5　职能型文化与流程型文化的区别

比较项目		职能型文化（纵向文化）	流程型文化（横向文化）
制定决策		由职能需要决定	由客户及流程需要决定
职能部门间联系		很少	广泛
员工	对决策	只知道本部门情况	既知道组织总的情况，也知道相关合作部门的运行情况
	对内部客户与供应商	没有概念，也不知道二者的联系	理解
	奖励	因对职能的贡献而奖励	因对组织的贡献而奖励
职能部门之间	相互关系	对立	集中在解决问题与制定决策上
	对竞争的理解	对手	合作伙伴
	考评	与其他职能部门无关	反映对直接客户与组织的贡献
	运作方式	与其他职能部门无关	只能在整个组织运作良好时才有好的绩效
考评对象		工作结果	工作结果和过程
系统改进		出问题时才检查	不断分析和改进
参与决策		普通员工无权参与或只能参与与自身职责有关的决策	各层级均有跨职能分组讨论重要问题的权利

从表 1 - 6 中不难看出，职能型文化更强调明确的结构与职责，强调严格的汇报关系；绩效考核更关注结果与产出，通常采用“强制性排序”来区分绩效；考核主体多为员工的直接主管和高一级主管，并由直接主管进行初评，高一级主管进行审核；职能型文化强调员工对上级负责，对工作目标和任务负责。而流程型文化强调的是以顾客需求为导向，多采用以团队为基础、相互配合的工作结构；绩效考核不仅关注工作结果，也关注行为，通常采用类似于 360 度评价方式；考核主体多为员工的直接主管、项目主管、流程上游和下游（内、外部客户）等；流程型文化强调员工对顾客满意和团队目标的实现负责。因此，在设计绩效管理系统时，需要以不同的组织文化为基础来进行针对性设计。

（五）企业所处的发展阶段

一个企业根据其所处的发展阶段不同，其绩效管理系统设计也相应有所变化。根据美国学者对企业生命周期的划分，企业共有四个发展阶段，即从最初的创业阶段到集合阶段，再到正规化阶段，最后到精细阶段。每个阶段在重点目标、正规化程序、组织形式、集权方式、高层风格、激励方式上都有所不同（见表 1 - 6）。

表 1 - 6　企业生命周期各阶段的特征及考核要求

项目	创业阶段	集合阶段	正规化阶段	精细阶段
重点目标	生存	成长	信誉稳定、市场扩大	独特性、完善的组织结构
正规化程序	非正规化	初步正规化	正规化	正规化
组织形式	直线制	职能制	职能制或事业部制	矩阵制
集权方式	个人集权	高层集权	有控制的分权	有控制的分权
高层风格	家长制	权威领导	分权制	参与制
激励方式	凭个人印象和情感	个人印象和制度各半	依托正规的制度	系统性的考评与激励

知识拓展　绩效管理信息化系统

绩效管理是一个制定目标、推动计划、跟踪结果、收集数据、分析报告的过程。在实施绩效管理的过程中，管理者会发现 70% 的时间被琐事占据，甚至会出现决策偏差、绩效结果难以充分应用等问题。每一个企业，尤其是大中型、多元化企业需要思考如何将管理者、人事工作者从琐事中解脱出来，帮助企业达成绩效目标和员工成长。

一、绩效管理信息化系统概述

绩效管理是管理者与员工为了完成共同的目标，共同参与制订绩效计划、绩效沟通、绩效考核评价，从而达成和提升绩效目标的过程。绩效管理的每一环节都需要准确的数据与丰富的信息。随着企业规模的不断扩大，业务不断增多，绩效管理工作将变得更加复杂，如果还使用手工记录与信息调查的方式进行绩效管理，会严重影响企业绩效管理的质量与效率。同时，传统的绩效考核容易陷入“刻板印象”“岗位/年资倾向”“打感情分”

“轮流坐庄”等误区，长此以往，会助长部分堕落型员工得过且过混日子的不正之风、消磨贡献型员工工作积极性，不利于提升企业绩效。随着信息化技术的快速发展和在管理领域的广泛应用，一些企业的绩效管理工作已经进入了信息化的管理过程。

绩效管理信息化系统是指由人、计算机等组成的，能进行信息收集、传递、存储、加工、维护和使用的系统。通过利用云计算、移动互联网和大数据等新技术记录部门及员工日常工作情况、评估部门和员工日常工作完成情况、统计和分析部门和员工的绩效得分，在一定程度上减少了人为干预、主观因素的影响，同时对绩效结果的数据统计更加便捷、提高了绩效评价人员的工作效率。

绩效管理信息化系统是现代先进的信息技术与传统的绩效管理实践相结合的产物，其建设需要根据企业的实际情况，结合企业所处的发展阶段，构建企业特有的绩效管理系统，用以实现企业绩效管理数据的信息化、日常管理的流程化、管理过程的规范化。

二、绩效管理信息化系统的作用

（一）整合企业战略绩效管理

很多企业基于组织架构和岗位职责来设计绩效目标，但没有将企业的战略和员工的日常行为、工作成绩产生有机的关联，而最终导致失败。建立一套基于战略的绩效管理信息化系统可以整合战略规划、计划、预算、预测、团队绩效、员工绩效，并进行信息整合；针对企业目标，跟踪绩效情况，识别业绩差距，从而更好地实现企业战略目标。

（二）推动绩效管理落地

企业在绩效管理过程中最大的难题是绩效管理体系的落地。通过信息化规范绩效管理的实际操作，将直线经理和员工全部纳入绩效管理过程中来，推动绩效管理从理念到制度的有效执行，并在这个执行过程中实现全员参与、充分互动，不断提高管理者的绩效管理水平，大幅度降低绩效管理的执行成本。

（三）提高绩效管理效率

绩效管理信息化系统可以免去绩效管理大量的手工工作。在绩效管理中使用信息化系统可以实现考核主体在线打分、指标结果自动导入、权重参数自主配置、绩效结果自动分析、绩效应用自动关联等，最终实现手工工作自动化，提升绩效管理的效率。

（四）支撑绩效分析和决策

绩效管理信息化系统通过建立由系统基础数据与业务数据构成的信息数据库，对信息进行统计分析和归纳，及时提供各类准确数据，使企业管理层从总体上把握绩效管理信息，促进企业的管理决策；通过单指标或多指标、单人或多人的纵横向分析，并用各种方式加以展现，以支撑个体改进和组织决策。

三、绩效管理信息化系统架构

绩效管理信息化系统为企业管理层和基层员工提供统一的信息查询平台，通过自动收集与整合绩效相关信息，通过数据分析，反映企业、部门和个人的情况，为薪酬发放、职位晋升等绩效结果的应用提供帮助。所以，绩效管理信息化系统应包含信息数据中心和业务处理模块。绩效管理信息化系统架构如下图所示。

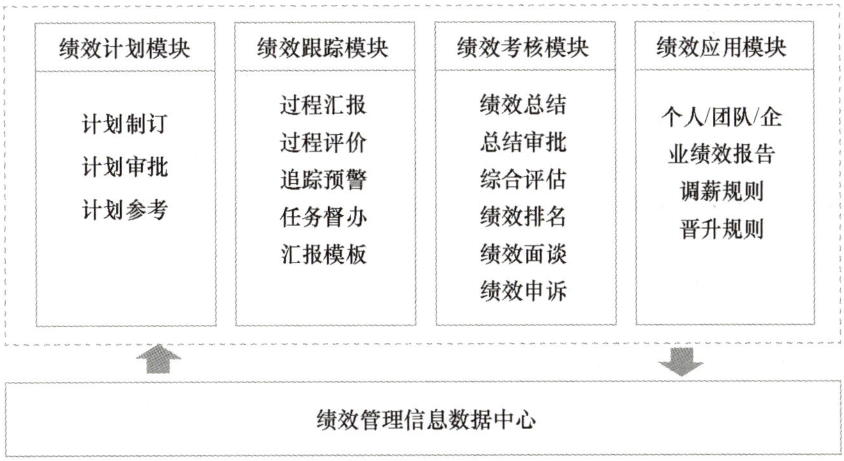

绩效管理信息化系统架构

（一）绩效管理信息数据中心

数据的真实性与准确性对企业绩效管理非常重要。基于信息化平台建设的数据库为绩效管理的原始数据和运营之后产生的新数据提供存储空间，并为企业挖掘数据价值，帮助企业提升绩效。

绩效管理信息化系统不是单纯的数据存储或简单的数据叠加，而应更注重数据的整合与分析功能。通过提供信息的标准化存储、共享与集成使用，为企业管理者提供各项数据指标，帮助优化资源配置方式，为企业绩效管理提供全方位的服务。

（二）业务处理模块

绩效管理流程可分为绩效计划、绩效跟踪、绩效考核和绩效应用 4 个步骤。由此，绩效管理信息化系统业务处理模块大体可分为绩效计划模块、绩效跟踪模块、绩效考核模块和绩效应用模块 4 个模块。

1. 绩效计划模块

绩效计划，是绩效双方在充分沟通的基础上，将企业目标分解为部门和员工目标，对工作目标和工作要求达成共识，并形成行动方案的过程。在此过程中，企业高层确定企业整体目标，制定企业层面 KPI，并自上而下制定各层级 KPI，逐级完成 KPI 的任务分解。

绩效管理信息化系统中的绩效计划模块应设计计划制订、计划审批、绩效考核方案等功能，以支撑企业的战略计划。企业战略部门制定企业战略目标，各级员工根据战略目标制订个人计划，或将 KPI 目标导入到个人绩效。

2. 绩效跟踪模块

企业在发展过程中，需要不断调整其目标方向，致使绩效管理过程中可能需要不断调整和切换目标计划。

绩效跟踪，是在一定的考核周期内，对目标进行回测、跟踪，对目标的完成情况进行分析，并制定改善方案或修订目标的动作。在此阶段，企业员工每个周期进行汇报，各层级的直线领导对员工的工作进展进行评分，形成追踪报告，并根据实际情况对下属工作进行辅导，提升其工作能力，及时调整员工的目标计划，适应市场变化。为满足绩效过程跟踪及辅导的需求，绩效跟踪模块应设计过程汇报、过程评价、追踪预警、任务督办及汇报模板等功能。

3. 绩效考核模块

绩效考核，是在考核周期内，对目标的完成情况进行考核评估，企业还会根据员工考核情况进行等级排名以及考核反馈工作。在此模块中，应设置绩效总结、总结审批、综合评估、绩效排名、绩效面谈、绩效申诉等功能。由于部分岗位涉及不同的角色评分和不同评分方式，系统在设计时应注意支持角色参与。

4. 绩效应用模块

绩效应用，是通过对绩效优异者的奖励和绩效较差者的惩罚，鼓励企业内部的正确行为、激励企业员工为达到企业目标而共同努力，同时对企业内部运作中出现的问题进行指导和纠正，以达到企业的整体进步。一般来说，绩效结果会应用到五个方面：薪资报酬、职级升降、岗位调整、培训、管理改善。所以，在绩效应用模块应设计个人、团队和企业绩效报告、调薪规则、晋升规则等。

四、绩效管理信息化系统建设和使用注意事项

（一）转变高层管理人员的观念与行为

虽然企业绩效管理信息化系统的运作带来的价值，不仅包括有形价值如投资回报、成本的节约，还包括无形价值如企业的市场反应速度提高、计划准确性提高，但企业绩效管理信息化系统的建设需要巨大的投资。只有企业高层管理者真正理解了绩效管理信息化系统的意义，才会产生共鸣，进而推动绩效管理信息化系统的建设工作。

（二）注意绩效信息的整合和建设

绩效管理作为企业管理的核心部分，它的信息整合是否充分将直接影响到企业的决策、业务和职能等的运转动力是否充沛。目前绝大多数企业在绩效管理中的信息管理存在以下一些问题：

(1) 缺乏归纳整理，信息处理流于表面，几乎没有深层次加工，利用频率少层次低，浪费严重。

(2) 绩效管理中的信息是单向信息流，大部分只有输入、没有输出，还未形成有效的信息双向循环。

(3) 绩效管理中的信息反馈方式单一，缺乏针对性，对不同的信息接收对象采用同样的信息反馈模式，没有差异性，造成信息传递中的损耗偏高。

(4) 绩效管理过程中对信息的收集还局限在绩效管理所需的内部需求上，其内涵和外延较窄，没有充分发挥绩效管理中对内对外信息接触面广、信息收集的隐蔽性和灵活性强的渠道作用。

(5) 绩效管理的内部信息平台正在逐步形成和完善，但行业绩效信息等外部信息平台的整合和共享还未起步，企业单兵作战，行业融合度低，外部支持信息匮乏，与绩效配置和优化的市场化需要形成强烈矛盾。

基于以上五个方面，企业绩效管理迫切需要外界专业信息的协助与整合，冲出企业的限制，走向行业，兼顾社会。

（三）着力推动员工培训工作

员工作为企业和知识的主人，其掌握和运用知识的能力也直接决定着企业绩效管理信息化系统使用的成效。因此，着力推动绩效管理信息化系统使用的培训工作，促使企业各级经理人员和业务骨干不断地接受新思想、新理论和新方法的培训教育，从而全面提高他们的知识水平和整体素质，已经成为我国企业绩效管理信息化系统建设，乃至企业可持续发展的当务之急。

二、绩效管理系统设计的主要步骤

绩效管理系统设计的主要步骤如图 1－10 所示。

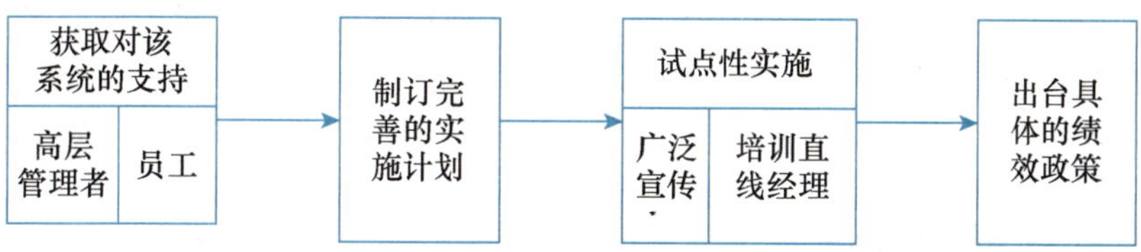

图 1－10　绩效管理系统设计的主要步骤

（一）获取高层管理者和员工对该系统的支持

这是绩效管理系统设计成败的关键。不管绩效管理的实施步骤和考核表格设计得多么合理，如果没有高层管理者和员工的支持，就不可能取得成功。

绩效管理是企业管理的一个重要改革措施，仅凭人力资源管理部门是不足以推动整个企业的绩效管理实施的。因此，取得高层管理者的认同和支持显得特别重要。首先，应与高层管理者探讨绩效管理的理论、方法、意义和作用，从观念上说服高层管理者；然后，在高层管理者的主持下，与之一起推动绩效管理的实施。人力资源部门要向高层管理者汇报每一个环节的实施情况，并通过高层管理者的意志将之传达下去，使绩效管理的每个环节都落到实处，收到效果。

绩效管理系统设计是一项复杂的任务。高层管理者、人力资源管理专业人员、一般管理者和员工均是绩效管理系统中的关键人员。他们在绩效管理系统中分别承担着不同的角色，起着不同的作用。在绩效管理中，员工既是考评者，又是被考评者。员工的积极参与，将有力地推进绩效管理的实施。

（二）制订完善的实施计划

在取得高层管理者和员工的支持之后，人力资源部门需要认真制订绩效管理实施计划，包括绩效管理的政策方针、实施流程、角色分配、管理责任等。绩效实施计划并不是一成不变的，而是随着工作的开展会根据实际情况不断作出调整。

（三）试点性实施

即要进行广泛的宣传和培训直线经理。任何一种新的管理手段的实施，都离不开广泛的宣传贯彻和有针对性的培训。企业可以通过内刊、宣传栏、局域网等媒介手段，对绩效管理的理论、方法、意义和作用等进行宣传，制造声势。要让管理者深刻掌握绩效管理的理念，改变旧有的管理观念，掌握绩效管理的流程、方法和技巧。要使每个管理者都喜欢绩效管理，掌握绩效管理，都会运用并愿意使用绩效管理的手段管理自己的部门和下属。培养直线经理、员工对绩效管理的感性认识，树立企业的绩效观。这将为以后绩效管理的全面实施打下坚实的基础，实践起来阻力会小一些。

（四）出台具体的绩效政策

在具体的绩效政策里，可以规定高层管理者、人力资源部经理、直线经理和员工各自的绩效责任，规定绩效管理的方法和流程，规定绩效评估的方法，规定绩效管理结果的运用等，企业可以依据自己的实际情况具体对待。

三、绩效管理系统的设计：PFPI 循环模式

具体来讲，PFPI 循环模式可以划分为确立目标、建立流程、过程实施、持续改进四个阶段，如图 1－11 所示。四个阶段工作的实施既要一环扣一环、紧密相连，又要体现重点突出、主次分明，更要循序渐进、逐步积累与完善。通过不断往复，实现阶梯似的螺旋上升，从而促进绩效管理的成效，并进而产生高绩效。

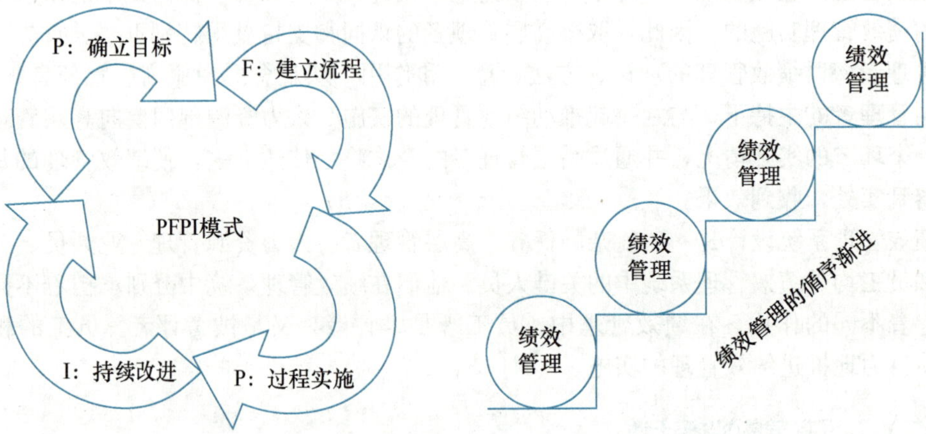

图 1－11　企业实施绩效管理系统的 PFPI 循环模式

（一）确立一个清晰的目标

设计的绩效管理总体目标主要有建立绩效考核指标体系、制定绩效管理制度、开发绩

效管理方法/工具/模板、形成创造绩效的氛围、培育各级人员的绩效意识与行为、促进各级管理者提高绩效管理应用能力共 6 个目标。在设计企业的绩效管理总体目标时，首先要制定一个 3～5 年的总体绩效管理目标规划，然后将总体绩效管理目标分解到每个年度。对于这些目标的要求与实施安排，都遵照循序渐进的原则进行。

在实施安排上，将它们划分成两个阶段：初期阶段的目标偏重于开发绩效管理方法/工具/模板、建立绩效考核指标体系、制定绩效管理制度；后期阶段的目标偏重于形成创造绩效的氛围、培育各级人员的绩效意识与行为、促进各级管理者提高绩效管理应用能力。在目标的要求上，先求初步建立，再求持续优化。与此同时，还应将各目标转变成可以测量的具体的考核指标与详细的绩效工作计划。

从时间上看，制定企业的绩效管理年度目标一般是在往年的最后一个季度完成或者最迟不超过当年的第一个季度完成。

（二）建立一个科学的流程

主要的工作内容有：开发出适用于企业的绩效管理方法/工具/模板，然后将这些方法/工具/模板运用到绩效管理制度的制定上。在制定绩效管理制度时，明确界定绩效管理实施的内容与方法、实施的流程与步骤、实施的时间进度与相关要求、实施配套的激励机制以及绩效管理实施的责任承担。

从时间上看，此阶段工作也是在往年的最后一个季度完成或者最迟不超过当年的第一个季度完成。

（三）落实三个过程的实施

在这个阶段，企业应努力营造绩效管理氛围，确定宣传主题，之后充分利用企业报纸、网站、宣传栏等载体广泛地进行宣传。一般从绩效管理理念的引导与基本知识的介绍、绩效管理实施典型的树立、绩效管理培训推动三个方面入手。

1. 绩效管理理念的引导与基本知识的介绍

重点在绩效管理理念的正确引导上，提高各级员工参与绩效管理的积极性。

2. 绩效管理实施典型的树立

重点突出各级部门的绩效管理工作经验交流与各级员工绩效优劣的典型，发挥示范作用。与此同时，对绩效管理实施的动态，如绩效管理实施的进度与成果、召开的各种绩效管理会议/总结会、绩效管理任务完成的表彰会等作及时跟踪报道，让所有员工及时了解到企业的绩效管理整体状况。

3. 绩效管理培训推动

将已开发的绩效管理方法/工具/模板纳入本企业的绩效管理课程体系，并进一步编成绩效管理培训课程及实用的绩效管理操作手册。随后开展系统的集中式课堂培训。培训完毕，再持续进行深入细致的、一对一的辅导，并组织考核。在培训与辅导的过程中，坚持采取渐进式的方针，不断巩固强化。贯彻先抓绩效管理意识培育，再抓绩效管理技能培训；先抓中高层管理者的绩效管理培训，再抓基层管理者与员工的绩效管理培训；先抓重点突破，再抓普及率。

从时间上看，此阶段的主要工作一般于当年的第二个季度进行，直至年度结束。其中第二个环节的工作主要集中在当年的第二、三个季度内完成；第一、三个环节的工作可以贯穿全年。

（四）持续改进

企业在实施绩效管理的过程中，必然会遇到各种问题与偏差，同时企业的经营方向与目标也会调整，因此，为顺应企业实际的变化与发展的需要，绩效管理也应与时俱进地进行改进与完善。主要是通过运用绩效诊断技术，定期召开各种绩效管理会议/总结会来进行，通过及时总结绩效管理工作，准确诊断出现的问题与原因，找出不足与差距，不断地在绩效目标、实施流程与方法、环节与手段方面进行改进与完善。主管和员工之间的持续改进如图 1－12 所示。

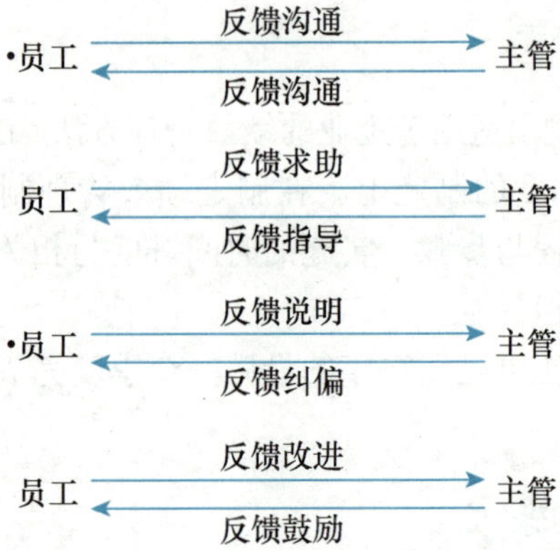

图 1－12　主管和员工之间的持续改进

此阶段的主要工作虽然一般集中在当年的第四个季度进行，但其实它的很多工作还是要贯穿全年的。

直通职场　绩效改进的有效方法

绩效改进是考绩和面谈最为重要的目的之一。绩效改进除了再培训、惩罚、辞退外，还有主要针对因外部环境或条件所引起的低绩效者的一系列方法。

1．正强化

当员工达到绩效目标时，应及时给予肯定、认可和表扬等形式的正面激励。管理者应首先根据工作分析建立一个工作行为标准体系；然后建立一个具体明确的、具有挑战性的绩效目标体系；最后当员工的绩效达到目标要求时，及时实行正强化。

2．帮助员工

帮助员工解决工作中一些习惯性的、对绩效起主要影响作用的缺点，从而使他们改进绩效。这种方法要求高层管理者、部门主管和员工本人密切配合。

3．忠告员工

这是在员工经常出现低绩效且正强化不起作用时使用的方法。管理者应首先记录并分析低绩效出现的原因；然后主管人员向低绩效者说明问题的严重性，并告知应达到的绩效标准；最后根据实际工作状态，采取提出建议和忠告、限期整改、停职反省，甚至解雇员工等处理方式。

4. 负强化

和第一种方法相反，它是在员工出现不良行为时便立即给予惩罚，以防止不良行为再次发生的一种绩效改进的方法。在使用时应注意惩罚要有轻重之分，要公平且及时。

素养园地

绩效考评的各自侧重

一、品质主导型考评

案例：一家公司在招聘过程中经过层层筛选，最终只有 4 个人进入最后的面试。面试结束后，当应聘者出门的时候，负责面试的人力资源部门主管都会有意地说："哎，你站住，刚才跟你说话时，觉得你有些眼熟。现在我终于想起来了，半年前就在你们学校的那个学术研讨会上，你不是也参加了吗？你还提出了一个很有意思的问题，非常好，我想起来了，我有印象。"主管每次都说类似的话，4 个人会各自如何作答呢？谁会入选呢？显然，是说老实话的人。

这是企业在招聘中常采用的一种测试方法，以员工的品质为评估主导因素，如忠诚度、责任心、工作勤勉度等。

二、行为主导型考评

案例：主人要求他家的大花猫必须每天抓一只老鼠来向他报告，以此判断它的能力怎么样，抓到一只老鼠就给一条鱼吃。那么，这只猫就会想："怎么能每天完成既定任务呢？"结果它去找老鼠商量，说："咱俩达成一个协议，你每天准时在洞口出现，我就跑过来咬住你的脖子，但是我不吃你，我咬着你到主人那儿转一圈后，就把你放回去。第二天你还出来，我再咬着你到主人那儿转一圈。你让我完成指标，我得到鱼，我会保证以后都不吃你。"显然，最终猫和老鼠会达成协议。从行为上看，猫是一直在工作的，但工作的行为与最终的结果却是无法挂钩的。

这种考评方法强调的是过程，即具体都干了些什么。事实上，在绩效考评中，不仅要重视达成目标的过程，也要强调工作的结果，这是一个相互关联的考评过程。

三、效果主导型考评

案例：作为公司的财务人员，小李工作一直非常辛苦，经常加班完成记账、算账和报账。但公司年终考评时，财务经理给他打了 4 分（满分 5 分）。为什么没有给 5 分呢？财务经理说："每次交财务报表时，小李总会拖后几个小时或半天，总是错过最后期限，我真拿他没办法。做出的报表不是这儿连不上，就是那儿出现小错误，问题虽不大，但老犯同样的错误。他确实经常加班，但就是不出活。"这就是工作的结果无法令人满意，没有达到工作的目标。

这种考评方法强调的是工作的结果，即具体干出了什么成绩。它以最终工作目标为准，对员工的绩效进行评估，列出理由，让员工明白自己努力的方向。

事实上，无论何种考评方法都有各自不同的侧重。在绩效考评中，管理者应加强与员工保持持续不断的沟通，管理者应在对员工进行有效管理的同时，进一步为员工的工作提供支持和帮助。

实训项目

1. 实训内容

首先确定你的工作内容；然后就你同伴的工作对他进行采访；最后利用采访得到的信息，写出对你同伴的工作描述和业绩评价标准。

2. 实训要求

选择一个进行练习的同伴，进行互换角色提问。

你可以问以下问题：请描述一个典型的工作日安排。你管理哪些人？你归谁管？你的主要责任是什么？你在每周都有哪些活动？你在每项活动中都投入多少比例的时间？你的工作对脑力和体力有哪些要求？你习惯用什么样的方法布置工作？胜任你的工作需要什么知识、技能、经验？你主要的工作成果（产出、产品）是什么？你的工作做到怎么样就算做得不错了？

3. 实训流程

第一步：进行分组，2 人为一组；

第二步：分配角色，明确各自扮演角色的工作岗位及工作内容；

第三步：相互提问；

第四步：写出对你同伴的工作描述和业绩评价标准。

4. 评价指标与标准

（1）问题设计合理，采访得到的信息详细、全面（50 分）；

（2）工作描述和业绩评价标准归纳准确、科学合理（50 分）。

小　结

本项目首先分析和界定了绩效、绩效管理和绩效考评的基本概念，然后讨论了绩效管理的五个组成部分，指出绩效管理是一个完整的系统。分析了制订绩效计划、持续不断的沟通、信息收集与文档记录、绩效评估、绩效诊断和提高中存在的偏差。在此基础上，还分析了组织、管理者和员工为什么需要绩效管理，讨论了绩效管理在人力资源管理中的战略地位和具体作用。最后分析了绩效管理系统设计的 PFPI 循环模式。

重点概念

绩效　绩效管理　绩效考评　PFPI 循环模式

复习思考题

1. 名词解释

绩效　绩效管理　绩效考评　绩效目标　组织绩效　团队绩效　个人绩效

2. 思考题

(1) 绩效管理怎样帮助企业增强其竞争优势?

(2) 绩效管理在人力资源管理中的地位和作用是什么?

(3) 简述绩效管理的发展趋势。

(4) 请你到某个企业调查：绩效管理的流程如何？员工和管理者对企业的绩效管理满意吗？你觉得问题可能出在哪里？是否有改进的方法和措施?

3. 案例分析题

案例一

某企业是一家研究设计类企业，其业务部门是按照专业划分的，但所承接的项目大都是综合性的，因此需要各个部门抽调人员来组成项目小组共同工作。

长期以来，该企业采取简单的指标分解方法：首先确定部门A分多少利润、部门B分多少利润，然后再由部门决定内部员工分配方案。年终发奖金也是采取这种二级结算方式。

结果是，各个部门、各个员工对最终的结果都不满意。大家都觉得分给自己的指标太多，同时也很难将日常工作与考核指标联系起来。

问题：

该企业在进行绩效考核目标分解时有什么问题？如何将个人绩效与部门（团队）绩效相结合?

案例二

某企业是一家生产型企业。甲在A部门工作，工作业绩在部门内部非常优异；乙在B部门工作，工作业绩一般。

年终，由于A部门整体绩效水平偏低（只有70分），甲的绩效得分上限是70分；而B部门整体绩效水平很高（100分），乙的绩效得分上限是100分。因此产生的问题是，从个人绩效而言，甲优于乙，但由于受到部门绩效的“连累”，甲最终的考评结果和收入水平却不如乙。甲愤愤不平，觉得乙是“搭便车”。

这种情况在该企业的其他部门中也出现了。丙和丁分别在C和D部门工作，工作业绩都很优异。年终，两个部门的绩效得分都是100分。但由于C部门的负责人要求严格，部门内个人绩效得分普遍偏低；而D部门的负责人要求相对较宽松，部门内部个人绩效得分普遍偏高。虽然丙和丁个人以及各自所在部门一样优秀，但丙最终的考评结果和收入水平都不如丁。丙愤愤不平，觉得本部门主管“过于苛刻”。

问题：

为什么会出现上述不合理的现象？长此以往可能导致的结果是什么？如何协调部门绩效与个人绩效之间的关系?

项目二

制订绩效计划

计划的制订比计划本身更为重要。

学习目标

知识目标

1. 了解绩效计划与绩效目标的含义；
2. 熟悉绩效计划制订的流程和基本原则；
3. 掌握绩效计划表的设置方法。

能力目标

1. 能够编制绩效计划表；
2. 能够独立制订绩效计划；
3. 能够熟练进行绩效目标的设立。

素养目标

1. 培养团队协作能力；
2. 培养目标感；
3. 树立规划意识。

知识导图

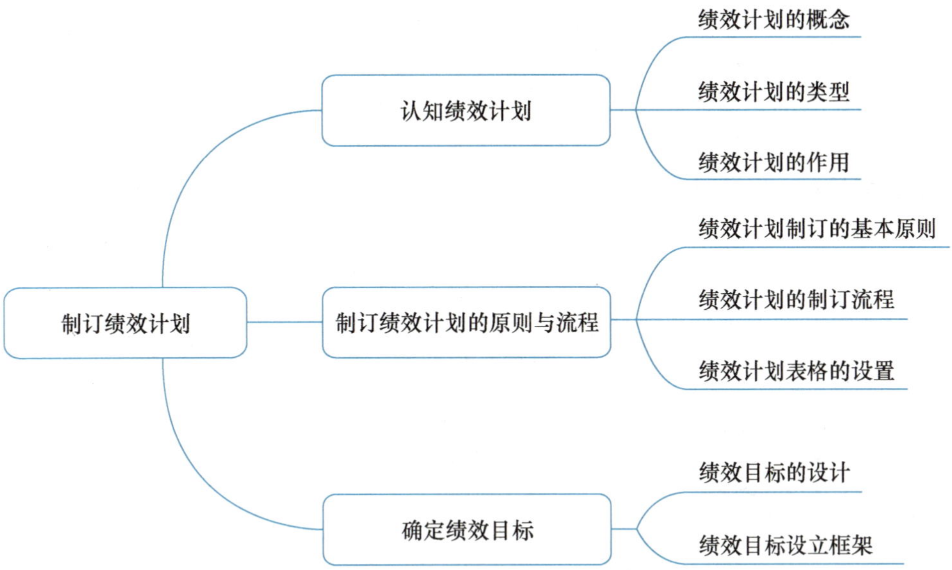

任务一 认知绩效计划

案例导入

方某是A公司的老员工，大学一毕业就加入A公司，从普通员工做到如今的高级销售经理。A公司在年初制订了销售计划，较上年度提高了近100%，同时改变了绩效考核办法，由原来的按季度考核改为按月度考核，并且实行了负激励。公司认为，根据销售人员状况及公司业务量的增长情况制订的这一销售计划是切实可行的。尽管员工反对的声音很大，但新考核办法还是从1月份开始实施了。然而第一季度过去后，公司业绩距离目标甚远，员工的绩效奖金也较上一年大幅减少。方某认为，公司制订的计划不切实际，考核目标太高以致无法完成；而公司则认为是员工们的干劲不足。在数次沟通无效后，方某愤而离职，并带走了团队部分同事和部分客户资源。

问题：

导致方某离职的原因是什么？

制订绩效计划，作为绩效管理体系的第一个关键步骤，是实施绩效管理的重要手段。通过制订绩效计划，企业可以在内部建立一种科学、合理的管理机制。通过制订绩效计划，管理者与员工能够在某种程度上就团队目标与个人目标达成一致的认识。所以无论对企业、部门还是员工个人而言，制订绩效计划都是绩效管理中的重要阶段，是有效实施绩效管理的主要平台和关键手段。

但是很多企业的管理者忽视了绩效计划的作用，在制订绩效计划时，不顾实际，只喊口号，这就为绩效管理的失败埋下了伏笔。在上述案例中，A公司不顾实际情况盲目制定了过高的销售目标，导致很多销售人员无法完成任务，既影响了公司目标的实现，又招致了员工对公司的怨言。

绩效管理作为一个整体系统，包括绩效计划、绩效实施、绩效评价以及绩效反馈四个循环过程。绩效计划的制订是绩效管理的开始；绩效实施是关键，在实施中要加强沟通；绩效评价要客观、公正；绩效反馈作为绩效管理的一个重要环节不可忽视。本部分主要介绍绩效计划。

一、绩效计划的概念

计划的实质是为了进行某事或制作某物的一些详细的方法和步骤事先制订的，是预先决定做什么和怎么做的具体规划、程序或政策等。绩效计划（performance planning）就是绩效双方在充分沟通的基础上，将企业战略目标分解为部门和员工的工作目标，并对已达成共识的工作目标和工作要求进行确认而形成的契约。绩效计划是一个确定组织对员工的绩效期望并得到员工认可的过程。绩效计划必须清楚地说明期望员工达到的结果以及为达到该结果所期望员工表现出来的行为和技能。绩效计划为决策系统提供了基础，是签订绩效契约的过程。

（一）绩效计划是关于工作目标和工作要求的契约

在绩效周期开始的时候，管理人员和员工必须对员工工作的目标达成一致的契约。在员工的工作目标契约中，至少应该包含以下几方面的内容：

（1）员工在本次绩效期间内要达到的工作目标是什么，完成目标的结果如何；

（2）应从哪些方面去衡量这些结果，评判的标准是什么；

（3）如何将目标进行分解并按期实现；

（4）关于员工工作结果的信息从何处获得；

（5）完成任务可支配的资源和权限有哪些；

（6）员工的各项工作目标的权重如何；

（7）管理者和员工如何对工作的进展情况进行沟通；

（8）员工是否需要学习新技能以确保完成任务；

（9）确定考评的周期、考评人、被考评人、考评工具、考评方法等。

实例分享

下表是一份具体的绩效计划的样例。

广告公司绩效计划表

受约人：××× 职位：电视广告部策划总监 直接主管：广告部经理

绩效期间：10 月 1 日—12 月 31 日

工作目标	主要产出	完成期限	衡量标准	评判来源	所占权重
调整现有的广告策划	完善的广告策划	10 月 10 日	广告策划的主题明确、内容清晰，能够吸引客户	主管评估	20%
制定新的广告策划	新的广告策划	11 月 5 日	广告策划富有新意，能进行实施	主管评估	25%
确定发布广告路径	确定好的发布广告路径	11 月 20 日	广告发布方式确定、路线流程清晰	主管评估	15%
提高广告的收视率和点击量	广告的收视率和点击量	12 月 15 日	收视率不能低过以往记录，点击量达到百万以上	收视率和点击量	30%
更新客户资料档案	最新的客户资料档案	12 月 31 日	及时更新客户资料档案，信息全面，能够在需要时迅速找出所需资料	主管评估	10%

（二）绩效计划是一个双向沟通的过程

形成绩效计划的过程是一个管理者与员工双向沟通的过程。所谓双向沟通，就意味着管理者和与员工双方都负有责任。制订绩效计划不仅仅是管理者向员工提出工作要求，或是员工自己设定工作目标，而是强调通过互动式的沟通手段使管理者与员工在如何实现预期绩效的问题上达成共识。

在这个双向沟通的过程中，管理者主要向员工解释说明的是：

（1）组织整体的目标是什么；

（2）为了完成这样的整体目标，我们所处的业务单元的目标是什么；

（3）为了达到这样的目标，对员工的期望是什么；

（4）对员工的工作应该制定什么样的标准，完成工作的期限应如何制定。

员工应该向管理者表达的是：

（1）自己对工作目标和如何完成工作的认识；

（2）自己所存在的对工作的疑惑和不理解之处；

（3）自己对工作的计划和打算；

（4）在完成工作中可能遇到的问题和需要申请的资源。

实例分享

下面这段谈话就是某公司的市场部总经理刘某与大客户部经理王某关于制订绩效计划的沟通过程。

刘：前几天，在总经理办公会上制定了今年下半年的业绩目标，因此接下来这几天我会分别与你们这几位部门经理进行一次交流，落实我们市场部下半年的工作目标。今年上半年成立大客户部主要是为了能有一批员工专注地为大客户服务，因为大客户是我们公司重要的资源，这从销售额上也可以体现出来。目前的大客户有十几个……

王：13 个。

刘：这 13 个大客户的销售额占了整家公司销售额的 20%，而且今后这个比例还会更高。这半年来，你们部门很辛苦，工作成绩不小……

王：我觉得目前的工作还存在很多问题。比如，现在对大客户进行管理的工作规范还不是很明确，有些工作到底是由我们部门做还是由企划部做不够明确，从而导致有的大客户有事情不知道找谁。

刘：这些情况我也有所了解。所以，下一步就想以你为主完善《大客户管理规范》，有了规范，大家就有了共同的游戏规则，你对这方面有什么想法？

王：我认为现在的《大客户管理规范》对责任划分不够明确，流程上也有些问题，比如现在的付款流程手续复杂，客户觉得很麻烦，我认为有必要从客户的角度出发简化程序。

刘：那好，我想你对这方面肯定有很多想法。你大概多少时间能把新的《大客户管理规范》做出来？

王：如果从现在就着手做，我想 2 月下旬应该差不多了。

刘：好，2 月 20 号把初稿交给我，到 2 月底最后定稿，你看有问题吗？

王：目前没有问题。另外，我觉得如果按照下半年的销售目标，我这里人手比较紧缺，最好能尽快招聘一些人员。

刘：这个问题我是这样想的，该招人的时候我们肯定得去招，但你有没有考虑过现有人员的能力是否得到了充分的发挥？每个人都不可能完美无缺，但组成团队就不一样了，在一个团队中大家可以更好地取长补短，把每个人的优势充分发挥出来，叠加在一起就是 1+1>2，你说呢？

王：这也正是我所考虑的，对大客户的销售我们是否可以采用销售小组的形式？因为毕竟一个人势单力薄，以团队的形式能够更好地维护大客户。

刘：那你不妨把大客户部的内部结构调整一下，形成若干个项目小组，把人员按照各自的优势和特点组合起来，接下来再考虑补充人员的问题。而且随着工作重点向大客户这边转移，其他部门也会有一些员工转到你这个部门中。

王：那好吧，我现在就着手进行部门调整，争取在 9 月初能够按照项目小组的方式运作。

刘：另外，企划部正在牵头建立公司的客户数据库，大客户这部分主要还得靠你们。

王：我们也觉得客户越来越多，必须有相应的管理手段，我们一定配合做好这项工作。

刘：关于建立数据库，我有几点想法：一是一定要注意数据库与公司管理信息系统的接口，以前曾经开发过数据库，但接口不好，很多时候需要进行数据的重复录入，非常浪费人力、物力；二是要注意数据的安全性，要进行权限设置，因为这些数据都是公司的核心机密；三是要设计一些进行深入统计分析的功能模块，以适应对业务进行深入分析的要求。你还有什么想法吗？

王：我认为，这个数据库应该是一套使用便捷的系统，可以成为业务人员工作中的一个得力工具。因为业务人员普遍不喜欢比较复杂的操作系统，而且他们的业务也比较忙，在数据的管理方面应该考虑他们的需求。

刘：你说得对，那么就按照我们的想法去做吧。企划部会拿出整体方案的，具体的内容将由你们之间协调进行。

王：好，我们会全力配合的。

刘：那么，按照今天我们讨论的结果，你就先做个计划吧，本周交到我这里来。好吗？

王：好，我这就开始准备。

从上面这段对话，我们可以充分体会到制订绩效计划是一个双向沟通的过程，管理者和被管理者在这个过程中不断交换意见，最终对问题达成共识。

（三）制订绩效计划的前提是参与和承诺

社会心理学家进行了大量的关于人对某件事情态度形成与改变的研究，发现人们坚持某种态度的程度和改变态度的可能性主要取决于两种因素：一是在形成这种态度时卷入的程度；二是是否为此进行了公开的表态，即正式的承诺。

在绩效计划阶段，让员工参与绩效计划的制订，并且签订非常正规的个人绩效契约，就是让员工感到自己对绩效计划中的内容是做了公开承诺的，这样员工们就会更加倾向于遵守这些承诺，履行自己认可的绩效计划。

总之，绩效计划的基础是管理者和员工共同的投入和参与，将企业战略分解成具体到某一岗位的任务和目标，根据本岗位的工作目标讨论清楚在一个绩效管理周期内员工应该完成什么工作、达到什么标准、完成目标的时限，以及在此过程中所能获取的资源和决策权限等。因此绩效计划的制订是一个共同参与、双向沟通和上级对下级进行辅导的过程。绩效计划制订过程是通过主管与员工的沟通，对员工的工作目标和标准达成一致意见，形成绩效契约的过程。

绩效计划通过分解组织目标，能够让员工清楚地认识到自己的工作与组织目标之间的联系。当员工意识到自己的工作是实现组织目标的一个环节时，他们会更有积极性，从工作中也能得到更大的满足感。同时，对团队目标和组织目标的深入理解，也使员工更容易判断自己的行为是否有利于团队和组织目标的实现。

二、绩效计划的类型

明确绩效计划的分类是理解绩效计划概念外延的有效途径。根据不同的分类标准，我们可以将绩效计划分为不同的类型。根据绩效层次的差别，绩效计划可以被分为组织绩效计划、部门绩效计划、个人绩效计划；根据不同人员在组织内所处岗位层次的不同，绩效计划可以被分为高层管理者绩效计划、部门管理者或团队领导绩效计划、一般员工绩效计划；根据绩效周期的差别，绩效计划可以被分为任期绩效计划、年度绩效计划、半年绩效计划、季度绩效计划、月度绩效计划、周绩效计划甚至日绩效计划等。各类绩效计划并不是独立的，而是相互影响、相互渗透、相互融合的。绩效管理在实践中最普遍的分类方式仍然是组织绩效计划、部门绩效计划和个人绩效计划。

（一）组织绩效计划

组织绩效计划是对组织战略目标的分解和细化，组织绩效目标通常都是战略性的目标。组织绩效目标和绩效指标是整个绩效计划体系的指挥棒和风向标，决定着绩效计划体系的方向和重点。

（二）部门绩效计划

部门绩效计划的核心是从组织绩效计划分解和承接而来的部门绩效目标体系，是在一个绩效周期之内部门必须完成的各项工作任务的具体化。同时，部门绩效计划还需要反映部门职责相关的工作任务。

（三）个人绩效计划

从广义上来讲，个人绩效计划包含组织内所有人员的绩效计划，即高层管理者绩效计划、部门管理者绩效计划和员工绩效计划。高层管理者绩效计划直接来源于组织绩效计划，是对组织绩效目标的承接；部门管理者绩效计划直接来源于部门绩效计划，是对部门绩效目标的承接；员工绩效计划是对部门绩效计划的分解和承接，同时也反映个人岗位职责的具体要求。

从狭义上来讲，个人绩效计划就是员工绩效计划。

直通职场　　**恒大集团的绩效管理**

作为国内房地产行业的标杆企业，恒大集团一直被外界所研究和学习。

一、恒大的绩效管理原则

企业在做任何管理之前，都需要有原则或者是方针来指导工作的展开。恒大的创始人许家印倡导“无情管理”，也就是任何工作都应该站在管理的角度考虑问题，而不是同情，更不能感情用事。因此，恒大在进行绩效管理时的第一个原则就是严格。只有用严格的制度管理，才能化解人为因素导致的风险，保障企业稳健发展。在恒大，绩效管理重在考核，严在执行，它全面采用目标计划管理、绩效考核等一系列管理手段，以刚性的制度和强大的执行力来推动绩效目标的实现。

二、重视绩效计划

在恒大，绩效管理强调通过计划、组织、指挥、协调与控制等管理手段来使公司、部门及员工个人业绩提高，以确保企业战略目标的实现。经过多年的摸索与实践，恒大已经将绩效管理融进企业目标计划管理当中，并取得了良好的效果。

在恒大的绩效管理中，首要的环节就是制订绩效计划。恒大所制订的绩效计划体现出两个特征：一是对企业战略目标能进行有效的支撑，二是能真正体现员工的实际工作业绩。以企业战略目标为导向的绩效管理，是依据企业战略发展的需要来确定员工的行为标准和方向，员工应该做什么、做成什么样，都是根据企业的战略逐层分解的结果。当然，有了好的企业战略目标还需要公司员工共同努力实现。

三、全员参与

早在2005年恒大集团即实行全面的绩效考核管理制度，上到集团高管，下到普通员工，全部参与到以战略目标实现为导向的绩效考核体系中。许家印特别讲话强调了“绩效管理，全员参与、重在执行、严在考核”。他认为，绩效管理是所有人的工作：高层管理者需要通过绩效管理来实施战略、达成企业目标；中层管理者通过绩效管理来更好地完成部门任务；对于员工个人来说，绩效管理有助于达成工作目标、提高个人绩效、实现职业生涯发展规划。总之，绩效管理是企业中所有人的任务。

恒大的绩效考核管理除了考核各部门的负责人以外，还对集团领导班子进行考核。所有考核的基本机制均将计划完成率与奖励工资挂钩；根据部门工作特性，分为本职计划考核和关联部门考核；计划有权重分值，根据实际情况，计算计划完成率；根据计划完成情况，有奖励，也有处罚。

绩效考核的标准来自岗位职责和目标计划的完成，恒大在目标计划管理上相当严格、全面和科学：首先制定企业的发展战略和中长期工作目标，围绕企业的中长期工作目标制订三年计划，再以年计划保证三年计划，以半年计划、季度计划保证年计划，以月度计划、两周计划、周计划保证季度计划、半年计划。

四、绩效考核全面而明细

恒大的绩效考核体系非常全面而明细，全体中层干部和普通员工的每一个职位的每一项职责都有详细的标准并有相应的分值，考核的方式采用以季度为周期的公司全员考核，即于每年1月份、4月份、7月份、10月份完成上一季度全员综合考评工作。在综合考评内容构成上，按照集团对中层干部及普通员工岗位的不同要求，从综合素质、精神作风、工作业绩三大方面分别进行全方位考察，其中综合素质占20%、精神作风占40%、工作业绩占40%，总分为100分。每一层级的考评分数会略有不同。被考评中层干部由主管领导综合评议、部门中层民主评议及部门员工民主评议三方面进行综合评定；被考评普通员工由部门领导综合评议、部门中层民主评议及部门员工民主评议三方面进行综合评定。最终考评结果采取加权平均的计算方式，将三方面打分按照4∶3∶3的比例进行加权计算。

五、考核结果应用

恒大目前实行的绩效考核结果应用，主要体现在以下几个方面：

1. 将员工的奖金和工资同绩效挂钩

目前，很多中国企业都有绩效奖金一说，但是有70%的企业在员工个人绩效奖金的确定上并没有真正和个人绩效挂钩，有的只是凭评估者印象发放，有的干脆在分配中采取平均主义，没有真正发挥其对员工的激励作用。恒大并非如此，每一位员工每月都有奖金系数，都同工作绩效挂钩。

恒大将绩效考核结果作为员工月度和年度奖金分配的核心依据。其中，月度计划考核结果决定了奖金发放倍数；季度综合考评结果作为奖金发放的调节系数，采用强制排序，分为三个等级，对应人数比率分别为20%、60%和20%，相应的绩效系数为1.2、1、0.8；月度奖金基数由月薪资额50%的月浮动奖金及月薪资额30%～60%的额外奖金共同组成。恒大对考核结果的应用采取正负双向激励，体现奖罚对等，即绩效考核有倒扣机制，绩效奖金甚至可能是负数。

2. 将员工的能动性同绩效挂钩

中国的不少企业虽然做到员工的绩效与奖金和工资挂钩，但并未真正调动员工的积极性，有的绩效管理程序复杂，有的绩效管理过程不公。恒大从根本上解决了这些难题，它的绩效管理过程公平公正，绩效管理程序简单有效，确保激发员工的能动性，反馈绩效成果100%实现。

3. 将员工的职业生涯规划同绩效挂钩

员工的绩效，不仅仅体现出了员工某一时期的成绩和问题，也应当体现出企业对员工职业规划安排。当前，许多企业的员工只是为公司“打工”，没有使自身的职业生涯与企业的发展结为共同体，主人翁意识不强。恒大则利用合理科学的绩效考核管理形成了卓有成效的职业规划体系，成功实现从人力资源向人才资本的转变，有效的绩效考核确保了员工归属感及职业规划的实现。

根据绩效考核结果，结合其他考核，恒大会发掘出绩效突出、素质好、有创新能力的优秀管理人员和员工，然后按照公司经营方针与长远发展战略对他们的要求，通过岗位轮换、特殊培训等方式，从素质和能力上进行有针对性的全面培养，及时提高他们的能力和水平。这些措施强化了员工的绩效意识，促使他们努力去提高能力，完成绩效目标，也使人力成本向绩效转化的目标得到了具体落实。

此外，恒大还将组织绩效直接纳入员工考核，通过重奖重罚以强化执行，并有效地将个人绩效与组织绩效联结，形成“心往一处想、劲往一处使”的局面，使得企业可以敏捷应对持续变化的环境。

三、绩效计划的作用

绩效计划作为绩效管理的一种有力工具，体现了上下级之间承诺的绩效指标的严肃性，使决策层能够把精力集中在对公司最关键的经营决策上，确保公司总体战略的逐步实施和年度工作目标的实现，有利于在公司内部创造一种突出绩效的企业文化。

绩效计划是绩效管理体系的第一个关键步骤，也是实施绩效管理系统的主要平台和关键手段，通过它可以在公司内建立起一种科学合理的管理机制，能有机地将股东的利益和员工的个人利益整合在一起，其价值已经被国内外众多公司所认同和接受。

任务二 制订绩效计划的原则与流程

案例导入

小李是某公司的绩效专员，管理层要求修订各部门经理绩效计划指标，要求在3月1日前将绩效计划指标反馈至总经理。小李将通知发给了各部门经理。到了2月28日，小李和各部门经理沟通绩效计划指标修订情况，但各部门经理都忙，还没开始修订绩效指标。为了能及时反馈，小李直接将公司绩效计划指标分解到了各部门经理，目标值均是依据公司目标值写的。小李觉得个人目标一定要严于公司目标，于是自己用一天的时间将各部门经理的绩效计划指标都修订完了。可是一个月后，开始评估月度绩效时，各部门经理都来找小李，说绩效计划指标不合理，很多指标不是自己能控制的，目标定得也不合理。

这是一个制订绩效计划失败的案例。案例中由于各部门经理忙，于是由绩效专员独自完成了绩效计划指标修订工作，而在此过程中也没有进行任何沟通。

问题：

制订绩效计划的流程应该是怎样的？

一、绩效计划制订的基本原则

（一）与公司发展战略和年度绩效计划相一致

员工绩效目标是对公司和部门绩效目标的分解，因此，只有员工绩效计划与公司发展战略和年度绩效计划相一致，才能保证员工绩效目标实现的同时也实现公司的整体发展目标。

（二）综合平衡、上下一致

绩效计划应建立在对公司、部门及员工的相关信息充分了解和综合分析的基础上。目标的分解要有连贯性，不同层级的目标要相互衔接，相同层级不同部门以及相同层级不同员工之间的绩效任务应大体平衡，尽量避免相同的工作投入而产出悬殊的情况出现。

（三）工作目标具有可行性

好的绩效目标应该是“跳起来够得着”的。它包含两层意思：首先，这个目标必须经过努力才能达成，要具有一定的挑战性，只要积蓄能量，奋力一跃就能实现；其次，这个目标必须是够得着的、可操作的，如果工作目标超越了员工的职责或可利用的资源范围，员工无论如何努力都无法达到，则绩效计划也就没有实际的意义了。

（四）工作目标清晰可测量

为了有效地评估员工绩效，必须建立清晰可测量的工作目标，从而使工作绩效的结果与事先确定的具体的绩效标准相对比，以确定工作完成情况的好坏。

（五）突出重点

绩效目标是对工作描述的补充，它们应该被控制在一定数量以内（3～5 个），并且只对主要工作任务或执行的主要项目制定绩效目标。这样可以使员工将注意力集中在有限的重要的工作内容上，以提高工作效率，避免面面俱到、抓不住重点的情况发生。

（六）客观公正

绩效目标、目标值以及各项目标的权重制定要建立在对员工岗位职责及工作任务的难易分析的基础上。要充分考虑到员工工作任务的内外部客观环境，制定切合实际的工作目标和标准。

（七）“20-60-20”规则

许多国际性大公司常用“20-60-20”规则来判断工作标准是否设置恰当。该规则的含义是，一个从事同类工作（比如销售类或生产类或接听投诉电话等）的员工，如果设置适宜的话，其工作目标完成情况的比例应该接近于这样的正态分布：最好的 20%的完成额在目标值之上；中间的 60%的完成额在目标值的 60%～100%；最差的 20%的完成额在目标值的 60%以下。如果从评估结果中发现，有远超过 20%的员工能超额完成目标，则说明绩效目标制定得过低；反之，有远超过 20%的员工连目标的 60%都不能完成，则说明绩效目标制定得过高。图 2-1 所示的是“20-60-20”规则。

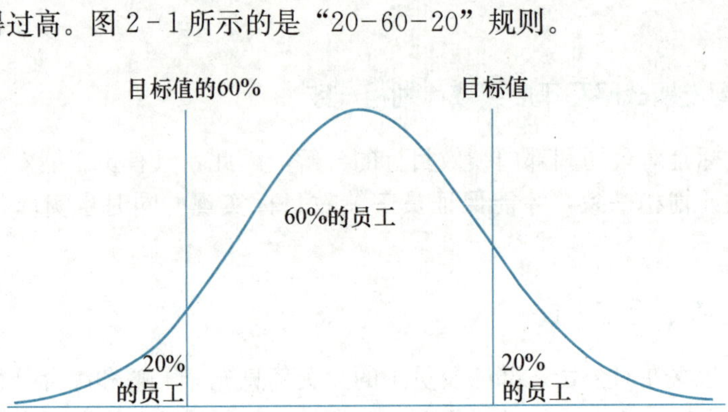

图 2-1 “20-60-20”规则

（八）全员参与

绩效计划是通过实现个人的绩效期望促进组织目标实现的一个手段，涉及如何控制实现预期绩效的整个过程方面的问题。因此，绩效计划绝不仅仅是人力资源部门自己的事情。员工的直接上级和员工本人都必须参与到绩效计划的过程中。人力资源管理专业人员的责任是帮助相关人员确保绩效计划工作围绕如何更好地实现组织的目标顺利进行。直线管理者是整个绩效计划工作的最终责任人，他们要根据每个绩效周期的特定工作，安排修订各个职位的工作职责和绩效标准。员工必须参与绩效计划的制订过程，通过与直线经理的互动，确定双方认可的绩效目标和标准，有助于实现工作目标。

二、绩效计划的制订流程

绩效计划的制订包括准备、沟通和确认三个阶段。准备阶段就是准备与绩效相关的各种信息；沟通阶段就是管理者与员工就工作目标达成一致；确认阶段就是直接主管与执行人共同在绩效计划书上签字认可（见图 2－2）。

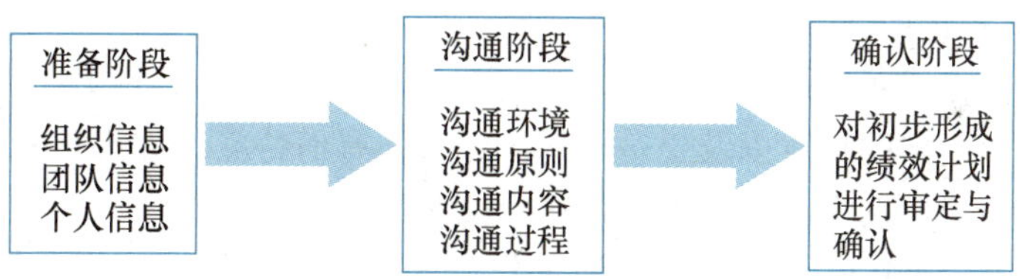

图 2－2 绩效计划的制订流程

（一）准备阶段

绩效计划通常是通过经理人员与员工双向沟通的绩效计划会议取得的，为了使绩效计划会议取得预期的效果，事先必须准备好相应的信息，同时还要确定绩效计划沟通的方式。

1. 相关信息的准备

绩效计划制订需要组织、团队和个人三个层面的相关信息。

（1）组织层面的信息。

组织层面的信息包括：

1）公司长期战略发展计划。绩效计划来源于组织战略。制订绩效计划的目的就是提升员工和组织的整体绩效，最终实现组织的战略。如果绩效计划所设定的目标方向与组织战略背道而驰，则不仅无益于组织的发展，还会给组织带来严重的危害，甚至使其走向绝境。

2）公司年度经营计划。组织战略是面向长远发展方向的，可能会让员工觉得比较遥远，而遥远的目标总是让人觉得难以实现，让人觉得很难具有强烈的影响力。这时就需要结合企业的年度经营计划来制订绩效计划。因为年度经营计划是以一年为周期的，属于短期计划，这样的目标更加真实，更接近实际，从而使得绩效计划在确定员工方向方面的作用更加突出。

3）业务单元的工作计划。这个计划是直接从企业年度经营计划中分解出来的，它直接与业务单元的职能相联系，从而也和各单元员工的绩效标准结合得更紧密。

（2）团队层面的信息。

团队层面的信息就是团队计划。团队这种形式的采用使得小单元内的目标责任更加明确和具体，这也更有利于个人绩效计划的设定。

（3）个人层面的信息。

个人层面的信息主要包括：

1）员工岗位工作描述。个人的岗位职责描述规定了员工在自己的岗位上应该干什么，而绩效计划指出了这些任务完成应该达到的标准，两者是紧密相连的。

2）员工上一年度的绩效回顾资料评价信息和相关文件。员工上一年度的绩效完成情况将会作为本年度制订绩效计划的重要参考。要分析绩效完成或没有完成的原因，客观而科学地制定本年度的绩效目标和标准。

建立了人力资源管理信息系统的企业，还可以用计算机信息系统予以支持，形成绩效信息报告，自动生成每一项指标的本期实际值、目标值、挑战值、本期差异等数据。

2. 沟通方式的选择

采取什么样的方式对绩效计划的内容进行沟通主要是看组织的文化氛围是什么样的、所面对的员工有什么样的特点以及要达成的工作目标有何特点。如果目标设定关系到全体员工，不妨召开全公司的大会；如果只是一个团队的任务，就开一个团队会议。在传递目标期望时，可以开门见山，直接与员工谈工作；也可以先请员工谈谈自己的看法和目标，再引出组织的期望，一切以适用为好。

（二）沟通阶段

沟通阶段是整个绩效计划阶段的核心。在这个阶段，经理人员与员工经过充分地交流，对员工在本次绩效期间内的工作目标和计划达成共识。

1. 营造良好的沟通环境

首先，管理者和员工都应该确定一个专门的时间用于绩效计划的沟通。在这个时间段，双方都应该放下手头的工作专心致志地来做这件事情。

其次，应选择在不被人打扰的地方进行沟通。如果选择比较嘈杂的地方则会分散双方的注意力，影响沟通效果。应尽量避免把沟通地点选在管理者的办公室，以免受到过多打扰。

最后，沟通应在宽松的气氛中进行，特别是管理者应尽量消除员工的紧张情绪，可以先选择一些轻松的话题让气氛缓和下来，然后再切入正题。

2. 沟通的原则

在沟通之前，管理者和员工都应该对以下几个问题达成共识：一是管理者与员工在沟通中的地位是平等的，目标是一致的；二是员工是最了解自己工作的人，因此应尽量多地听取员工的意见；三是管理者应着眼于如何使员工个人目标与组织目标结合在一起，并保证员工个人目标与其他人目标的协调配合；四是管理者应帮助员工作决定，而不是代替员工作决定，应尽量发挥员工的积极性。

3. 沟通的过程

我们通过一个情景案例来结构化地描绘绩效计划的沟通过程。

实例分享

S和L是一家电子商务公司的员工，S是网上购物部的经理，L是网上购物部订单处理中心的负责人。网上购物部的主要业务是通过互联网进行日用消费品的销售，主要包括电器、书籍、电脑设备、日用品、化妆品、服装、玩具、箱包、文具等。订单处理中心的主要职责是在网上受理消费者的订货信息，并将信息发送给相应的商品部，由商品部负责为消费者发货，同时还需要对订货信息进行分类、存档。订单处理中心现在有5个人。S上周刚参加了制订本年的经营计划的会议，接下来就要把网上购物部经营计划分解到各个部门。本周他将要同每个下属面对面地进行一次交流，从而制订本年度的绩效计划。

1. 回顾会前准备的有关信息

包括组织的经营计划、员工的工作描述和员工在上一绩效期间的评估结果等。

S：L，你好！我想你也看过了我们公司今年的经营计划，我知道上一个年度你们订单处理中心非常辛苦，为公司作出了很大的贡献。下面，我们需要考虑一下有关如何进一步发展的问题，现在电子商务竞争非常激烈，你们是直接接触客户的窗口，在如何进一步满足客户的需求方面一定有不少想法。你对今年公司的发展有什么建议？

L：我想我们可能需要进一步提高订单处理的效率，因为网上购物的方式给消费者带来的便利应该体现在时间方面，不能让客户觉得从网上买一件东西还不如自己到商店去买更方便，如果是这样，那么我们就没有市场了。

S：是的，我非常同意你的意见，所以下面我们就讨论一下如何提高效率。首先，上一年度，网上订单的数量平均是800份/天，今年我们打算增加商品的品种，预计订单数量会达到2 000份/天。过去我们的用户提交订单之后在5～7天后才能收到商品，今年我们打算将这个时间减少到3天。因为交货的速度是我们与竞争对手竞争的一个关键。

2. 确定关键绩效指标

在组织的经营目标基础上，每个员工需要设定自己的绩效目标。同时要针对自己的工作目标确定关键绩效指标。

S：既然我们的总体目标是要把客户的等待时间减少到3天，那么你们部门处理订单效率的提升是第一步，也是非常关键的一步。你是怎么考虑的？

L：我觉得我们可以将总的时间作一下分解，看看哪几部分的时间是无法压缩的，然后再考虑将可以压缩的时间进行压缩。我觉得如果将新的订单处理系统投入运行，那么处理单位订单的时间可以减少到原来的三分之一。

S：其实我们在作出将客户等待时间减少到3天的决定之前已经进行了测算，认为减少到3天是可能的。现在你能不能确定一下，从你们接到客户订单到将确认后的订单发送到商品部，多长时间是可行的？

L：我觉得3个小时比较合理。

S：关于提供给商品部的信息方面，我也了解了商品部的一些要求，现在就跟你商量一下，你看从你们的角度出发是否可以满足这些要求……

L：我觉得如果新的订单处理系统投入使用的话，应该是可以满足的。

S：看来有必要与技术部进行一次沟通，抓紧完成新的订单处理系统。因为系统还需要一段时间调试，我建议你们和技术部、商品部一起开个会，确定一个行动的进程。

L：好。那么谁来召集这个会议呢？

S：这也正是我想要与你沟通的，以后我希望你们这几个部门之间能够自己就存在的问题进行开会解决，必要的时候也让我听一听。不过，既然现在还没有这样做，那么这一次我先来召集吧。在这次会议之后，我希望你将工作目标的衡量标准制定出来，然后与我讨论一次，你看如何？

L：好。

（订单处理中心、商品部、技术部很快召集了一次会议，在这次会议之后，订单处理中心确定了具体的工作目标及其衡量标准）

3. 讨论需要主管人员提供的帮助

在绩效沟通过程中，主管人员还需要了解员工在完成计划中可能遇到的困难和障碍，并尽可能地提供帮助。

S：你看，根据这样的目标，你觉得完成它有什么困难吗？

L：主要问题是几名订单处理人员对新的操作系统还不够熟悉，需要接受培训，最好能尽快安排一次培训。

S：好，我会让技术部来安排的。

4. 结束沟通

在将要结束绩效计划会谈时，双方要约定下一次沟通的时间。

L：我会尽力完成工作目标的。

S：我想一个月之后，我们来讨论一下进展情况，并根据实际情况做进一步的调整。

（三）确认阶段

绩效计划沟通

在绩效沟通结束之后，我们需要对绩效计划工作是否成功完成进行确认。成功的绩效计划活动应当达到如下结果：

（1）员工的绩效目标与公司的总体目标紧密相连，并且员工清楚地知道自己的绩效目标与组织的整体目标之间的关系。

（2）员工的工作职责和描述已经按照现在的组织环境进行了修改，可以反映本绩效期内主要的工作内容。

（3）管理人员和员工对员工的主要工作任务、各项工作任务的重要程度、完成任务的标准、员工在完成任务过程中享有的权限都已经达成了共识。

（4）经理人员和员工都十分清楚在完成工作目标的过程中可能遇到的困难和障碍，并且明确经理人员所能够提供的支持和帮助。

（5）形成了一个经双方协商讨论的文档。该文档包括员工的工作目标、实现目标的主要工作结果、衡量工作结果的指标和标准、各项工作所占的比重，并且管理人员和员工双方要在协议上签字。

三、绩效计划表格的设置

绩效计划表格是绩效计划活动成果的载体，是经过管理者双方签字认可的文档，也是绩效考评的重要依据。员工绩效计划表的要素有以下几个方面：

绩效计划表的计分方法

（1）受约人的信息；
（2）主管的信息；
（3）主要目标、任务及措施；
（4）目标值的设定（目标值和挑战值）；
（5）权重；
（6）提供受约人工作结果信息的部门或人员；
（7）完成工作目标或任务的周期。

实例分享

A涂料有限公司包装工的绩效计划表

<table>
<tr><td colspan="5" rowspan="2">____年__月绩效计划表</td><td colspan="3">文件编号</td><td colspan="3"></td></tr>
<tr><td colspan="3">版本</td><td colspan="3"></td></tr>
<tr><td colspan="2">岗位名称</td><td>包装工</td><td>所属部门</td><td>溶剂部</td><td colspan="3">生效日期</td><td colspan="3">____年__月__日</td></tr>
<tr><td colspan="5">考核项目</td><td colspan="3">考核目标</td><td rowspan="2">配分</td><td rowspan="2">数据来源</td><td rowspan="2">考核周期</td></tr>
<tr><td colspan="2">项目名称</td><td>计算方式</td><td colspan="2">项目界定</td><td>最高目标</td><td>考核目标</td><td>最低目标</td></tr>
<tr><td>1</td><td>责任退货次数</td><td>每出现一次扣15分，没有出现得36分</td><td colspan="2">责任退货次数：品管部门认定的责任为退货次数</td><td></td><td></td><td></td><td>30</td><td>品管部</td><td>月</td></tr>
<tr><td>2</td><td>准时交货</td><td>每出现一次扣10分，三次及以上扣25分</td><td colspan="2">未按送货时间包装或上司安排包装先后顺序导致改单</td><td></td><td></td><td></td><td>25</td><td>客服服务部、上司</td><td>月</td></tr>
<tr><td>3</td><td>6S现场管理</td><td>每次扣2分，五次及以上扣15分</td><td colspan="2">管辖区域6S不整洁，没标识，物品不归位；负责值日没清扫，工作完后现场不清理</td><td></td><td></td><td></td><td>15</td><td>6S检查小组、安全部、上司</td><td>月</td></tr>
<tr><td>4</td><td>货品入仓数量准确性</td><td>每出现一次扣10分，没有出现得36分</td><td colspan="2">货品进仓数量与员工确认数量不相符，以仓务部投诉为准</td><td></td><td></td><td></td><td>30</td><td>仓务部</td><td>月</td></tr>
</table>

实例分享

绩效计划的重要性

韩冰在某公司担任总经理秘书一职，她的日常工作主要是帮助总经理起草、打印一些文件，收发传真、信件等，同时还负责来宾的接待。在年终评估时，总经理对韩冰的工作打了一个较低的分数，这对韩冰的年终奖产生了非常不利的影响。韩冰愤愤不平，于是便询问总经理自己的工作在哪些方面没有达到他的要求。总经理给出了如下理由：他认为韩冰起草的文件没有达到他的要求，因为韩冰上交的文件常常不按照规范的格式起草，字数方面也非常不合格，有的文件字数太少，有的文件则字数太多。此外，韩冰在文件中所使用的措辞也有时很不恰当，把规范化的文件当成了文学作品来撰写。韩冰并不接受总经理的理由，她提出了抗议："可是我事先并不知道起草文件的具体要求，没有告诉我工作的标准是什么，我一直认为合格的总经理秘书就是像我这样工作的。"

通过上述案例可以发现，这家公司虽然实施了绩效考核，却缺乏必要的实施绩效考核前提：绩效计划，否则韩冰便不会对考核评估产生异议。在整个绩效管理系统中，除了"考"以外，让员工明确要"考"什么也是成功实施绩效考核的关键。

任务三 确定绩效目标

案例导入

黑熊和棕熊的故事

黑熊和棕熊喜食蜂蜜，都以养蜂为生。它们各有一个蜂箱，养着同样多的蜜蜂。有一天，它们决定比赛看谁的蜜蜂产的蜜多。

黑熊认为，蜜的产量取决于蜜蜂每天对花的访问量，蜜蜂所接触的花的数量就是其工作量。于是买来一套测量蜜蜂访问量的绩效管理系统。每过完一个季度，就公布每只蜜蜂的工作量。同时，还设立了奖项，奖励访问量最高的蜜蜂，而不告诉蜜蜂们正在与棕熊比赛。

棕熊认为，蜜蜂能产多少蜜，关键在于它们每天采回多少花蜜，花蜜越多，酿的蜂蜜也越多。于是它直截了当告诉众蜜蜂，要和黑熊比赛看谁产的蜜多。然后也花钱买了一套绩效管理系统，测量每只蜜蜂每天采回花蜜的数量和整个蜂箱每天酿出蜂蜜的数量，并把测量结果张榜公布，设立了一套奖励制度，重奖当月采花蜜最多的蜜蜂。如果一个月的蜂蜜总产量高于上个月，那么所有蜜蜂都会受到不同程度的奖励。

黑熊以蜜蜂对花的访问量作为绩效目标，花了高价钱购买一套评估体系，但它的评估绩效与最终的绩效不直接相关。黑熊的蜜蜂只会尽可能提高访问量，却不采太多的花蜜。因为，黑熊只强调访问量并不强调花蜜采集量。所以，黑熊的蜜蜂采用的是蜻蜓点水式的采蜜，实际工作成效并不大。另外，由于奖励范围太小，蜜蜂们为搜集更多的信息，相互之间变成了竞争对手，相互封锁信息，团队内部的竞争压力太大，一只蜜蜂在获得了很有价值的信息时，也不会告诉同伴，缺乏团队意识。

而棕熊的团队就不一样，它能很清晰地设定绩效目标，有效地带领团队，充分调动团队的积极性。首先它让团队明白竞争对手是谁以及这次比赛的方法，并告之若一个月的蜂蜜产量高于前一个月，那么所有的蜜蜂都可以获得不同程度的奖励。这样棕熊的团队在奖励范围上比较广。为了采集到更多的花蜜，嗅觉灵敏、飞得特别快的蜜蜂负责打探哪儿的花最好最多，然后回来告诉力气大的蜜蜂一起到那儿去采蜜，剩下的蜜蜂负责将采集到的花蜜储藏并酿成蜂蜜。虽然，采集花蜜多的蜜蜂可以获得更多的奖励，但其他蜜蜂同样可以得到好处，因此蜜蜂之间远没有到人人自危、相互拆台的地步。它们是一个团队，有着明确的分工，相互协作。

看完故事，我们发现，黑熊和棕熊同样是采用了激励手段，两个团队也同样都尽力去做，但结果却差别很大。回到我们的日常工作中，是不是也会遇到同样的问题？由于你对团队设定了不同的目标，采用了不同的绩效考核手段和激励机制，收到的效果也完全不同。所以，在我们现实的工作中，绩效目标的确定同样重要，恰当的绩效目标能起到事半功倍的效果。

问题：

本案例对你有什么启示？

一、绩效目标的设计

绩效目标的设计依据

在企业绩效管理工作中，有效的绩效目标设计对于员工所起的作用是牵引式激励，而不是驱动式激励。牵引式激励能够促使员工主动寻求较高的绩效目标，从而更多地激发员工的潜能，提升员工绩效水平和企业的整体绩效水平。

（一）绩效目标的含义及重要性

1. 绩效目标的含义

绩效目标是指在特定时间内，按照数量或质量标准对要实现的结果的陈述。

绩效目标是开发和设计绩效管理系统的首要环节，是企业战略目标经分解后与企业绩效管理实践相结合的纽带，在具体的绩效管理实践中贯彻和体现。绩效目标在绩效管理中也称为目的或责任，它为评优者和被评优者提供所需的基本价值标准，以便客观地讨论、监督和衡量绩效。

2. 设定绩效目标的重要性

在绩效计划阶段，管理者（各层）需要和员工一起制定可衡量的、注重行为和业绩表现的工作目标。只有共同协商，才能制定出可实现的绩效目标。因此，设计绩效目标的重要性表现在以下几个方面：

(1) 绩效目标是管理者与员工相互理解、相互认同的基础。

(2) 绩效目标能减少管理者与员工对被期望实现绩效结果的误解。

(3) 绩效目标能明确员工在完成对部门和组织有重要意义的工作时的角色。

(4) 绩效目标的明确能帮助员工有效地进行自我管理。

(二) 绩效目标的类别

在绩效评优中，员工分工不同，其绩效目标则不同。尽管现实的绩效目标多种多样，但一般来说，绩效目标可分为以下几种不同的类别。

1. 短期绩效目标和长期绩效目标

绩效目标根据绩效完成的时间长短可分为短期绩效目标和长期绩效目标。短期绩效目标可在几个星期或几个月内完成，一般不跨年度。长期绩效目标完成的时间则比较长，可能需要 2～3 年，而且要分成几个关键阶段。

2. 组织绩效目标和个体绩效目标

绩效具有不同的层面，组织绩效目标强调的是一种集体绩效目标，包括企业的、部门的、团队的。个体绩效目标是指落实到员工个体的绩效目标。在企业绩效管理系统中，组织绩效目标往往都会层层分解到员工个体层面，从而成为个体绩效目标，两者互为一体；同时，个体绩效目标包含员工个人长期的发展目标。

3. 常规绩效目标和创新绩效目标

常规绩效目标又称为维持目标，是指把绩效维持在员工和企业可接受的水平与范围内，也称为最低标准。创新绩效目标大多是一种探索性的绩效目标。

4. 组织层目标、流程层目标和工作/工作者层目标

绩效目标按结构和行为的不同可划分组织层目标、流程层目标和工作/工作者层目标，具体如表 2-1 所示。

表 2-1　按结构和行为划分的绩效目标类型

类型	目标	管理
组织层目标	(1) 组织的战略/方向是否被传达 (2) 在外在威胁与机遇及内部优势与劣势的情况下，这一战略是否适合 (3) 有了这一战略的指导，组织所需的产出的绩效是否被传达	(1) 是否设定了适当的职能 (2) 相关绩效是否被考评 (3) 资源是否分配得当 (4) 职能间的接口是否被管理
流程层目标	重要流程目标是否与顾客组织需求相联系	(1) 是否设定了适当的流程次级目标 (2) 是否对流程绩效实施管理 (3) 各流程是否分配了足够的资源 (4) 流程步骤间的接口是否被管理

续表

类型	目标	管理
工作/工作者层目标	工作产出与标准是否与流程需求相联系	(1) 工作者是否知道工作目标（目标值所期望的产出及要满足的标准） (2) 工作者是否因达到工作目标而受到奖励 (3) 工作者是否知道他们有没有达到工作目标 (4) 工作者是否有必要的知识技能以达到工作目标 (5) 如果工作者所处的环境能保证上述四个要求，那么他们是否有体力、有能力达到工作目标

二、绩效目标设立框架

绩效目标的设立是指管理者和员工就工作目标、应负责任和绩效衡量标准进行讨论并达成共识的过程。绩效目标设立框架包含以下三个关键要素。

（一）绩效目标来源

绩效目标的设立来源于以下三个方面：

(1) 企业战略目标、经营理念或部门目标，体现出对企业或部门绩效的支撑。也就是说，绩效目标一定是基于战略的目标。

(2) 岗位职责。岗位职责描述的是一个职位在组织中所扮演的角色，即这一岗位对组织有什么样的贡献和产出。岗位职责依附于岗位，相对比较稳定。

(3) 内、外部客户的需求。实际上，组织的产出是通过流程生产的，而流程的目标和手段是由内、外部客户的需求驱动的。因此，在给员工设定绩效目标时一定要兼顾内、外部客户的需求。只有这样，设定的绩效目标才能实现“1+1≥2”的效果。

（二）绩效目标的衡量标准

绩效目标的衡量标准可从四个角度来考虑，如表 2-2 所示。

表 2-2　绩效目标的衡量标准

标准	数量	成本	质量	时间
指标	产品的数量 处理零件的数量 接听电话的数量 销售额/利润 见客户的次数	支出费用的数额 实际费用和预算	合格品的数量 错误比率 投诉数量	期限

同时，企业组织在判定绩效目标是否符合要求时遵循以下几种常用原则。

1. SMART 原则

(1) 具体的（specific）——目标是否明确、具体。

（2）可衡量的（measurable）——目标是否可衡量。

（3）可达到的（attainable）——目标能否达到。

（4）相关的（relevant）——目标与工作是否紧密相关。

（5）基于时间的（time-based）——目标有无明确的时间需求。

2. SMT-ABC 原则

（1）具体的（specific）——目标是否具体、清晰。

（2）可衡量的（measurable）——目标是否可衡量。

（3）定时（time）——目标有无时间需求。

（4）可实现性（achievable）——目标能否达到。

（5）以竞争对手为标杆（benchmark）——目标有没有与竞争对手相比较。

（6）客户导向（customer oriented）——目标有无体现内、外部客户需求。

3. 5W2H 原则

（1）要做什么（what）——目标是什么。

（2）为什么做（why）——目标是否有力地支撑部门目标。

（3）何时去做，何时结束（when）——目标有无时限。

（4）在何地做（where）——在哪里完成目标。

（5）由谁来做（who）——目标的责任人是谁，涉及哪些相关人。

（6）如何做（how）——目标执行的手段或关键措施是什么。

（7）做到什么程度，需要多大代价（how much）——目标做到什么程度，需要什么资源支持，会有什么风险或障碍。

4. 完美原则

（1）具体的（specific）——目标是否具体、清晰。

（2）有用的（useful）——目标是否有价值。

（3）可管理的（manageable）——目标是否可控、可实现。

（4）有意义的（meaningful）——目标是否具有激励性。

（5）具整合性的（integrated）——目标与其他的计划能否相辅相成。

（6）有形的（tangible）——目标是否可以写在纸面上。

（三）绩效目标的设立过程及方法

1. 绩效目标的设立过程

在了解了目标来源及衡量标准之后，需要用一定的方法来设立绩效目标。而将组织目标层层分解，转化为绩效考评中可操作的、明确的绩效目标是从“软”目标到“硬”目标的过程。所谓“硬”目标，即明确而专注的目标。“硬”目标又被称为“犀利”的目标，“犀利”（sharp）由具体的（specific）、硬的（hard）、可行动的（actionable）、现实的（realistic）和计划（plans）五个单词的首字母构成。

在绩效管理系统中，绩效目标一旦确立，就成为正式的文案，需要书面化。正式确立的绩效目标需要符合 SMART 原则。可见，绩效目标是事先对一定时间内，按照数量和质量衡量的具体结果的陈述。绩效目标提供了一种行为的方向和责任，是对行为的一种承诺；同时，绩效目标不是一成不变的，需要根据企业业务和竞争环境的变化进行修改和完善。因此，绩效目标既具有相对稳定性，又具有灵活性，两者之间是一种平衡和适度。

依据 SMART 原则，设立的绩效目标必须包括以下几个主要问题：

（1）什么是绩效目标？（对绩效目标的描述要具体而明确）

（2）何时实现绩效目标？（明确指出目标实现的时间期限）

（3）什么是绩效目标的评价尺度？（明确界定目标达成的标尺，如成本、速度、比率、数量、质量等）

（4）怎样实现绩效目标？（实现绩效目标的关键途径和方法，对员工个人而言是其技能、能力和价值的应用并实现其绩效目标）

（5）谁领导和支持员工绩效目标的实现？（在员工绩效目标实现过程中，谁承担主要职责，谁提供必要的支持）

（6）间隔多长时间考查目标的进程？（绩效目标自设立到实现的这一过程中需要考查目标的进展情况，故而应明确设定考查的次数或时间间隔）

（7）目标进展情况如何？（在目标实现的过程中，不但要定期考查目标的进展，而且要跟踪目标的进展状况。通常，目标进展有五种状况，可分别用绿色、黄色、红色、完成、修改完成来表示）

围绕上述七个方面所设立的绩效目标的样例如表 2－3 所示。

表 2－3 绩效目标样例

目标	何时实现	评价尺度	怎样实现	责任者和提供支持者	考查进度
减少手工操作的伤害事件	6 月底之前	1. 扭伤性伤害事件减少 10% 2. 员工的索赔减少 10%	1. 明确手工操作的任务 2. 手工操作任务的风险评估 3. 控制措施的实施 4. 考查控制措施的效果	经理是主要责任者，提供支持的人员为团队组长、安全委员会、员工	每两个月一次
确保所有员工都确立了绩效目标	7 月底之前	应用 SMART 原则，设立五个关键目标	1. 一对一的会谈 2. 指导员工如何设立目标 3. 设立目标 4. 正式考查 5. 不断改进对人的管理	主管是主要责任者，经理提供支持	每月一次
改进向总部办公室递交的每月财务报告的程序	6 月底之前	1. 按照总部办公室的进度及时汇报 2. 超时减少 20% 3. 处理成本减少 50%	1. 与参与各方进行信息共享 2. 作为所有参与员工的共同绩效目标	会计是主要责任者，主管提供支持	每月一次

管理者在设立员工绩效目标时必须注意哪些是应该做的，哪些是不应该做的。表 2－4 列举了管理者在设立绩效目标时需要注意的主要方面。

表 2-4　管理者在设立绩效目标时需要注意的主要方面

应该做的事	不应该做的事
把个人目标与组织、部门、团队的目标相联系	不要不考虑整体情况
共同设立目标，与被评估者达成一致意见，并让被评估者知道：如果环境变化，这些目标将进行修改	不要不经过讨论就设立员工的目标
收集信息，设立适用于员工发展水平的目标	不要设立太难或太易的目标
设立具体的，可衡量的、切合实际的、富有挑战性的目标	不要设立一般性或模糊性的目标
设立可控数目的目标，讨论和确定每个目标的重要性和优先次序	不要设立太多目标和不重要的目标
与员工讨论为实现复杂绩效所需要的能力和条件	不要忽视与员工讨论完成目标的个人计划
要求员工提出实现复杂绩效目标的行动计划	不要忽视完成绩效目标的途径和方法
确立考查目标进展情况的关键点	不要目标设立后就置于一边，到评估时才想起来
事先与员工对目标完成的标准和要求达成共识	不要假设员工能自动明白组织和管理者的要求或知道工作的要求和标准
运用阶段性考查程序与员工对目标、行动计划、进展情况进行讨论并做必要记录	不要仅凭记忆办事
设立能切实提高员工未来绩效的目标	不要对员工以往绩效太宽松或太苛刻
在设立目标时要考虑员工发展的需要	不要忘记员工不断进步是绩效管理的重要结果
赢得员工对每个绩效目标的理解、接受和支持	不要认为目标是靠行政力量推行下去的，员工不完成就是员工的责任

2. 绩效目标的设立方法

绩效目标的设立方法分为传统式的目标分解法和员工参与目标设立法两种。

（1）传统式的目标分解法。

在传统的目标设立方法中，目标由组织的最高管理者设立，然后分解成子目标并落实到组织的各个层次。这种方法更多地用于自上而下向员工下达任务，体现出了对员工的控制作用，如图 2-3 所示。

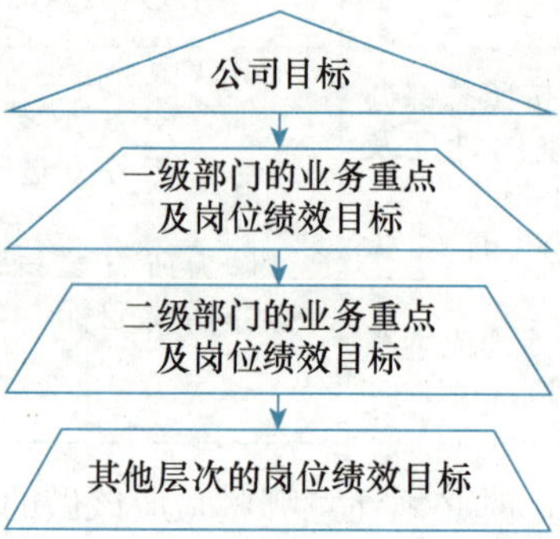

图 2-3　传统式的目标分解法示意图

这种方法的特点是单向过程，从上往下逐级设定；对上一级目标的理解很重要，根据上一级的目标来确定下一级的目标是其中的一个关键问题。

（2）员工参与目标设立法。

员工参与目标设立法是下级与上级经过沟通共同制定具体的绩效目标，并且定期检查完成目标的进展情况，是自上而下和自下而上的反复过程。

在这种参与式的员工目标设定过程中，既要求设立目标，又要求制定出完成这些目标的措施和手段，如图 2-4 所示。

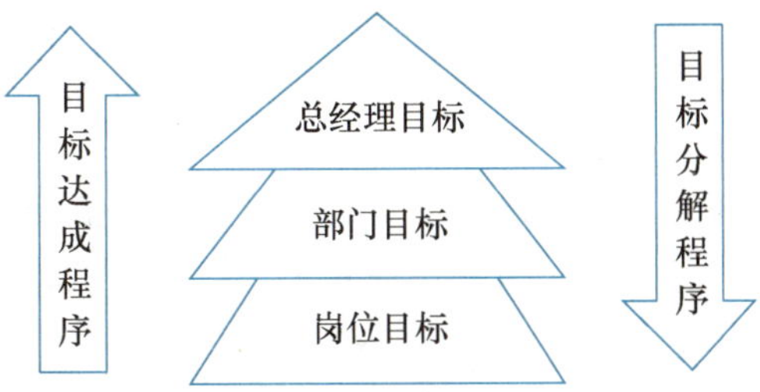

图 2-4 员工参与目标设立法示意图

这种方法的特点是目标达成的程序是由下向上的，而目标分解的程序是由上向下的。

直通职场 万达集团绩效管理的四个特点

成立于 1988 年的万达集团，经过 30 多年的风风雨雨，从早期的房地产企业，蜕变成如今的以现代服务业为主，年收入超过 2 000 亿元的大型跨国企业集团。在这辉煌的发展历程之中，万达的企业管理必定有可取之处，值得我们好好研究与学习。

一、考核指标必须量化

如果指标不量化，只是定性的、模糊的、似是而非的，考核的结果很有可能就无法让人信服，甚至有员工还会猜疑这个里面是不是有什么“潜规则”。比如，以销售业绩作为指标，考核的结果为“良好”，员工肯定要问：什么叫“良好”？多少业绩叫“良好”？是不是和只要和领导关系好的人就是“良好”，和领导关系差的人就是“不合格”呢？种种问题和质疑就都来了。

为了保证考核的公平，万达要求所有考核都必须量化，不能凭主观感觉。对经营部门来说，量化不是件难事；但是对于非经营部门，怎么办？比如人力资源管理部门，我们看看万达的做法。

万达每年都会做年度计划，在年度计划中，集团会对下一年的所有项目进行梳理。一共有多少个项目，每一个项目需要多少人员；高管要多少，技术人员要多少，普通的职员要多少；高管要什么类型的，高管的比例是多少，项目中需要预备和储备的人员是多少，万达都会做出规定。考核的时候只要照“指标”宣科就可以。比如，需要招 50 个人，人力资源部只招了 49 个，那肯定是不合格的；需要招资深的职业经理人，人力资源部若是招了一个刚毕业的大学生，那肯定也是不合格的。另外，若是集团对特殊人才有需求，也会不定时地给人力资源部下达任务，要求人力资源部在规定的时间内招到规定数量的、符合条件的人员。办不到的话，绩效评分肯定是高不了的。

人力资源部门如此，财务部、成本部、后勤部也是如此，都有相应的、十分具体的量化指标。考核的时候一目了然，如此，便保证了公平。

二、考核目标要得到一致认同

考核指标量化是一个方面，另一方面这些考核的目标应该获得上下一致的认同。许多人可能不理解这种做法，但道理其实很简单。举个例子，一个工程队建造一栋20层的大楼需要300天，建成一个小区需要15个月，但集团给出的量化考核指标却是2个月内建10个小区，这可能吗？最后完不成指标算谁的错？以这样的指标能判断工程队的实际能力吗？要是依据这样的指标认定工程队绩效低下，工程队的人能服气吗？因此，在量化考核目标的时候还要做到被认同。起码，任务指标不应该超出被考核人员的能力范围，也不应该让人认为考核目标过于苛刻。

因此，万达考核的前提在于目标确定，达成共识。从企业管理者到普通员工，都清楚自己要达到的目标，这样考核才能够做到有的放矢。

三、科学评价绩效

什么叫科学的考核评价？每个公司都有自己的说法，不能囫囵吞枣、一概而论。考核中最起码要注意指标设计是不是合理；各项指标在评价体系中所占的权重是不是恰当；考核指标有没有因时因地制宜进行过必要的调整；指标的数量是不是恰当，是否太多或太少等。

一个企业，只有做到了考核科学、评价科学，有能力、有贡献的员工才能得到重用，能力低下、懈怠、偷懒的员工才会被边缘化或请离。

万达集团在进行绩效管理时，运用了各种先进绩效评价方法，比如360度评价、平衡计分卡、标杆超越法等，尽量让绩效评价具有高度的准确性，并且通过月度与年度绩效管理总结会议将绩效考评结果进行公开，同时公布员工的薪酬调整方案，及时对反馈信息进行收集与分析，对反馈意见及时倾听，并对工作进行改进。

通过科学地评价员工的绩效，让考核结果优秀的员工成为推动企业发展的命运共同体；让考核结果一般的员工有机会通过轮岗制度人尽其才；让考核不合格的员工平静地离开，企业再寻找新的合适的人员。

四、重视考核结果的应用

考核是为了什么呢？不就是为了以结果来进行奖惩，进行相应的工作调整吗？如果不尊重考核结果，得100分和得0分待遇一样，那谁又会努力工作呢？最终绩效考核与管理会流于形式。万达认为，绩效考核的结果从很大程度上反映了员工的能力和综合素质，因此，考核成绩优秀的员工会得到加薪、升职、培训等机会，而考核成绩不佳的员工则会被降薪、降职，实在不堪造就的还会被辞退。

万达会依据考核结果对考核对象进行奖惩，奖惩采取多种方式相结合的方法，一般会考虑奖金浮动、工资升降、工作岗位调动、提供培训机会等。这样一来，一方面可正确引导员工，实现公司与个人共同发展；另一方面还可以通过绩效管理来发现人才，为企业提供各级管理人员。

实例分享

作为家电行业的领导厂家之一，A公司长期依靠对产品质量、销售（包括广告）和生产的投入取得成功，随着竞争的加剧，近年来在新产品研发上的投入也不断加大，构建了一定规模的研发队伍，并引入经过不同行业验证的IPD（集成产品开发）研发模式。但是，在绩效管理上，A公司还是继续采纳以前的模式。

每年的年底和次年的年初，都是公司绩效经理石先生最紧张和头疼的时期，总经理将绩效管理工作完全授权给人力资源部下属的绩效管理科。在两三个月时间内，石先生要根据总经理对下年度总体目标的指示，经过自己的理解，将公司目标分解为市场体系、研发体系、生产体系、财经体系等分目标，并要和这些体系的主管副总、各个职能部门经理分别进行一对一沟通，达成一致，最后由总经理拍板。在各大主要体系的绩效目标制定中，市场、生产和财经体系相对容易，研发是最难的。很多部门对石先生提出的指标有异议，甚至以人力资源部门不懂业务为由拒绝接受。

为了达成公司目标（公司目标没有书面文件，有时候也不是太明确），哪些指标是最重要的？哪些是次要的？各占多少权重？指标值设定多少才合适？跨部门的目标如何处理？研发体系很多东西很难量化，如何设定目标？这些都是整天萦绕在石先生脑子中的问题。虽然，这几年石先生花了不少时间来了解各个部门的业务，包括产品和技术、IPD研发管理体系、市场营销、供应链等业务知识，但还是被各个部门主管认为是外行。绩效目标的达成率影响部门的考评，并直接和各个部门的工资、奖金挂钩，所以各个副总和部门经理对选取什么指标以及指标值设定都非常重视，都从自己部门的角度出发对指标的合理性进行“可行性研究”，尽量避免设定过高的绩效目标导致本部门最终的绩效考核分数不高。

但是，这些指标最终要石先生来综合衡量，以便和公司最终目标一致，虽然总经理有一些指示，但都是零散和不系统的，指标全靠石先生和各部门经理经讨价还价确定。有时候石先生明明知道研发部门避重就轻地选择一些好量化、容易达到的指标，比如“出勤率”“客户问题解决率”“新产品开发周期”等，而将一些指标以不好衡量、难以量化、不确定性程度太高为由推卸掉，比如“关键技术掌握程度”“员工能力培养”“产品领先度”“新产品竞争力”等，但苦于自己专业知识不足，拿不出足够的理由来反驳。

还好，绩效目标终于定下来。对于这份差强人意的计划，各个副总、部门经理总算没有意见。总经理公务缠身，没有太多时间参与绩效计划的制订，在各副总和各部门都达成一致情况下，大笔一挥签字同意，由人力资源部门下达给各部门执行。各部门再按照同样的方法往下传递。各部门都有自己的行政管理办公室，他们会用各自的方法“搞定”考核，和公司绩效管理部门的关系不大。

每到季度考核和年度考核，石先生的工作是采集各种绩效数据，计算出各大系统和部门的绩效考核结果，和目标对比打分。通常情况下，各个部门都能达到目标，相应地每年的工资和奖金都稳步增长。一切都表明，绩效管理制度似乎运行不错，指标完成率在90%～110%，并且每年的计划准确率都在提高。但是公司总体目标却总是达不到，总经理非常不满意。一些目标，比如技术积累、新产品竞争力、竞争地位等“软性目标”，反倒感觉和竞争对手的差距越来越大。

A公司绩效计划制订过程中的问题分析：

1. 公司总体绩效目标不明确。

2. 总经理和各级业务/部门主管绩效管理意识不足，没有将绩效管理工作当成最重要的日常工作之一。

3. 总经理的不适当授权，导致上下级之间缺少对目标充分沟通的环节。在A公司的实践中，实际上是石先生在承担上下级沟通的角色，而这些工作应当总经理直接承担。

4. 各部门绩效目标的制定没有以公司目标为导向。绩效管理的最终目的是要达成公司目标，各个部门绩效计划应当以公司目标为出发点，并和各个部门的日常经营活动相结合。

5. 绩效管理部门工作重点和职责错位。在A公司的绩效管理实践中，人力资源部门成了绩效管理的主角，并一定程度上承担了监督和控制的职能。虽然总经理给予部分授权，但这些权限和总经理、副总和部门经理的权限是相互重叠和冲突的，在这样的责权分配过程中，因为信息的不对称（人力资源部门对业务不精通），各个部门都有追求部门利益最大化的冲动，最终导致石先生成为部门之间利益冲突的焦点。

6. 跨部门绩效指标无法落实到具体部门。在绩效计划制订过程中，石先生和各个部门是单独沟通的，他没有足够的权威召集跨部门会议协调解决各部门之间的冲突。各个部门在寻求部门利益最大化的过程中，忽略了公司目标，这样对于需要各个部门共同承担的指标，势必相互推诿，以“这个指标不是我能决定的”为由拒绝承担。

7. A公司在组织上强调“部门负责制”，各部门均拥有强大的行政管理体系，导致绩效计划在各个部门有各自不同的贯彻方式。各个部门在绩效计划分解过程中“八仙过海，各显神通”，最终导致公司整体绩效计划体系紊乱。

8. 绩效考核依赖绩效计划，而考核结果和薪酬直接挂钩，导致各部门从自身利益角度出发倾向于制定对自己有利的目标。这样，在日常工作中，和目标不直接相关的工作自然就变得相对不重要了。在这个过程中总经理缺位，导致不能量化或很难量化的很多战略性工作无法进入绩效体系，各个部门的绩效计划不能支撑公司的绩效目标。

绩效计划的制订是绩效管理的首要环节，也是绩效管理的核心，这个环节的工作质量决定了整个公司的工作是否围绕公司目标进行。如果这个过程没有做好，后面的绩效辅导、绩效考核和结果应用三个环节就会失去方向，最终会导致整个绩效管理工作的失败。

素养园地

小张的困惑

销售部的小张今年干得不错，他按照去年的考核办法，对照“销售业绩量化考核表”自己计算了一下，估计自己应当是全销售部得分最高的，他想到今年的奖金兑现和一系列的奖励措施，心里美滋滋的。因为自己今年的“销售收入”指标完成量非常高，超过标准很多，“销售回款”指标完成得也相当不错。

但是，当小张拿到今年的“销售业绩量化考核表”时，脸色“唰”地变了。原来表中的“销售收入”权重变了，销售业绩在总分中所占的比重很低，即使小张的销售任务完成得很好，对总分的影响也不大，仅此一项他就失去很多分值。

同时，考核表中又增加了一项“老客户保持率”，这项对小张极不利，他今年的大订单都是新客户，此项失分不少。考核表中还新增了一项“产品订货项数”，对小张也极不利，他的订单很大，主要集中在几个产品上，如果按项数计分，小张又失分很多。看着今年的考核标准小张感到很失落，自己辛苦了一年，按照去年年底的考核标准，本以为能评“优”，不仅收入增加，而且个人价值也能得到体现。现在倒好，评上“良”都很难。

小张很气愤，为什么去年的考核标准说改就改了呢？而且还是在年底考核的时候才改？不过想一想也有道理，企业抓品种订单也是对的，不然大家都争着订产值高的产品订单，对企业发展有影响；老客户是企业持续发展的保证，对客户的服务意识应加强，也没错。小张想来想去越发困惑：“难道是自己错了？可是自己今年这么努力也没错呀！‘良’都评不上，岂不太冤！”

“为什么年初不订标准？为什么到年底了改变标准？”小张终于想通了，不是自己的错！他和销售部经理吵了起来。

通过这则案例你发现了什么？

企业改变量化考核标准，有其道理，是为了企业良性发展，小张按照去年的标准努力也是对的，问题出在了绩效管理的第一个环节：绩效计划。企业在年初没有制订绩效计划，到年底想修改就修改，让员工无所适从，挫伤了员工的积极性。

企业在制订绩效计划的时候应该体现出先制订后执行，这样统一步调，才能体现出公平。

实训项目

实训一

1. 实训内容

A公司是一家专门做企业财务的第三方公司，公司人力资源部经理的主要工作职责为：做好人力资源规划、计划管理；组织人员进行工作分析，编写岗位说明书；制定人力资源管理制度；员工招聘与调配；薪酬管理；绩效考核；员工培训；劳动合同管理；考核总结及其他工作等。请运用绩效计划原理，通过小组讨论，为该公司的人力资源部经理制定一份绩效计划表。

2. 实训要求

（1）分小组完成该公司人力资源部经理具体工作职责的搜集和整理；

（2）罗列出绩效计划表应该包含的要素；
（3）形成绩效计划表。

3. 实训流程

第一步：进行分组，5～6 人为一组；
第二步：小组成员进行分工；
第三步：组内讨论，对搜集信息进行筛选；
第四步：编制绩效计划表。

4. 评价指标与标准

（1）小组成员的分工合理（20 分）；
（2）绩效计划表中罗列的人力资源部经理的工作职责合理（30 分）；
（3）绩效目标客观、可量化（30 分）；
（4）绩效计划表要素完整、一目了然（20 分）。

实训二

1. 实训内容

张妍已入职四个月，她的绩效评分在最近三个月都不是非常理想。张妍主动找到她的直接上司慧婷要求面谈，张妍非常坦诚地说，这个月她的 KPI 指标完成情况的确不够理想，也遭到了几个客户的投诉，得了部门的最低分，她心里非常难过，她希望知道自己如何做才能避免这种情况。

面对充分准备的张妍，缺乏绩效面谈准备的慧婷显得手足无措，一时无言以对。她只是简单地安慰张妍，说会考虑下一个月度调低对她的考核指标，帮助她把工作做得更好，也会动员其他同事给张妍提供一些帮助。至于如何调整考核指标、提供什么样的帮助，慧婷表示自己正在考虑中。

张妍对慧婷的态度感到不满，认为自己在这种情况下非常无助，的确希望自己的直接上司在工作改进上提供指导性帮助。但慧婷的答复对她没有任何价值。她认为，这样下去，自己肯定是第一个被淘汰的员工。她再次直截了当地问慧婷打算怎样帮助自己改善绩效。

由于慧婷缺乏对这方面的准备及经验，只是简单地以调低绩效考核指标来敷衍、许诺自己的下属，不可避免会给员工带来一定的危机感。

感到异常无助的张妍，把绩效面谈的情况及结果以邮件的方式告诉了人力资源部经理李雪，并对公司的绩效考核目的及直接上司的面谈方式均提出了质疑。她显然认为，部门经理对绩效改善的漠不关心是对她工作不满意的前兆。实际上这是由于部门经理缺乏面谈技巧与准备所造成的一个误解。若慧婷将同理心加入面谈并准备齐全，那么结果就不一样了。

慧婷根据月初制定的 KPI 指标，逐一对 7 名员工进行了评分。最后，她和往常一样，把考核表格发还给员工，交代员工如有异议，可找她做绩效面谈。

2. 实训要求

（1）做好管理者和员工的准备工作；

(2) 选择合适的时间、地点；

(3) 完成绩效计划面谈的四个步骤：1) 回顾有关信息；2) 确定关键绩效指标；3) 讨论主管人员提供的帮助；4) 结束沟通。

(4) 针对制订计划面谈过程中出现的问题，能进行有效反馈。

3. 实训流程

第一步：进行分组，8～10 人为一组，每组推荐管理者和员工两个角色，其他人观摩。小组其他同学帮助这些扮演角色的同学收集详细的绩效计划面谈内容。

第二步：角色扮演和评议。在实际面谈过程中，其他组成员认真观察双方的态度、行为和发言。

第三步：老师针对演练过程进行总结，同时带领学生对关键知识点进行回顾，针对演练过程中出现的问题与学生讨论，引发学生对问题做进一步思考。

4. 评价指标与标准

(1) 小组成员的分工合理（20 分）；

(2) 能有效设计绩效计划的面谈内容（40 分）；

(3) 角色扮演投入（40 分）。

小　结

本项目首先介绍了绩效计划的概念和类型；然后探讨了制订绩效计划的基本原则和流程，绩效计划表的制定技巧；最后介绍了绩效目标的设立过程和设立方法。

重点概念

绩效计划　SMART 原则　绩效计划表　绩效目标

复习思考题

1. 名词解释

绩效计划　绩效计划表　SMART 原则　绩效目标

2. 思考题

(1) 制订绩效计划的常规流程有哪些？

(2) 绩效目标的设立过程有哪些？

(3) 常见的绩效目标设立方法有什么？

(4) 绩效计划表包含哪些内容？

(5) 制订绩效计划的原则有哪些？

3. 案例分析题

案例一

小李是一名工作 5 年的销售员，他们小队中共有 6 人，其他人都是他一手带出来的，一般促销、疑难客户都是小李处理的，但是月度的绩效结果却与其他人很接近。小李感觉自己在工作中付出了很多，这种结果让他没有了工作的动力。

问题：

小李出现及其小队的问题在哪？如何解决这个问题？

案例二

A公司销售的产品有铅笔、课本、橡皮，有三个销售团队，小张是铅笔销售团队的负责人。在做年度绩效计划修订时，经理直接将产品销售额指标落到了小张身上。小张负责的只是其中的一个团队，所以感觉很不公平。

问题：

你觉得经理的做法合理吗？如何解决这个问题呢？

项目三

绩效管理方法的运用

你所测评的正是你所得到的。高级经理人员懂得，组织的测评体系会对经理和雇员的行为产生强烈的影响。

学习目标

知识目标

1. 掌握目标管理的定义、操作步骤及优缺点；
2. 了解 360 度评价的定义、操作步骤及优缺点；
3. 掌握关键业绩指标（KPI）管理的定义、设计步骤及优缺点；
4. 了解平衡计分卡的定义、两个关键环节及优缺点。

能力目标

1. 能使用目标管理制定考核指标；
2. 能使用关键业绩指标（KPI）实施考核。

素养目标

树立规则意识和公正意识、公平竞争意识。

知识导图

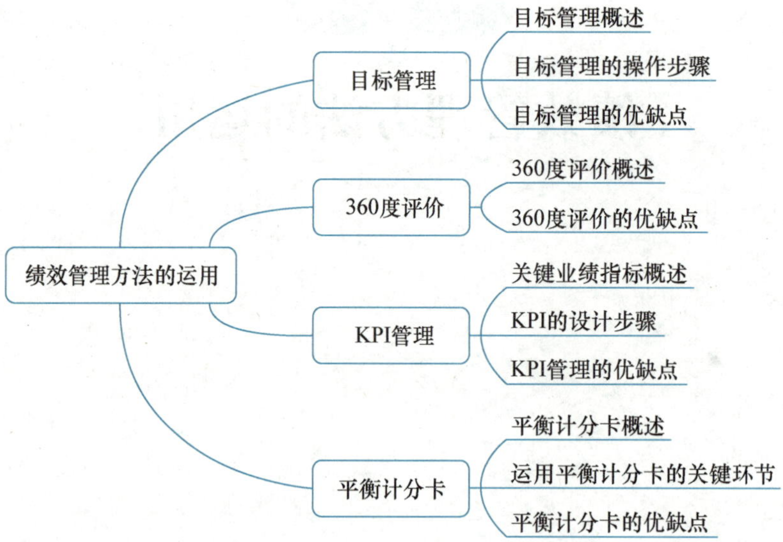

任务一 目标管理

案例导入

曾有人做过一个实验：组织三组人，让他们分别步行前往10千米以外的三个村子。

第一组的人不知道村子的名字，也不知道路程有多远，只被告知跟着向导走即可。刚走了两三千米就有人叫苦，还剩一半路程时，有人就开始抱怨路程太远，不断询问何时才能到达，有人甚至坐在路边不愿走了，越往后走他们的情绪越低落。

第二组的人知道村子的名字和路程，但路边没有里程碑，他们只能凭经验估计行程时间和距离。走到一半的时候，大多数人都想知道他们已经走了多远，比较有经验的人说："大概走了一半的路程。"于是大家又簇拥着向前走。当走到全程的四分之三时，大家情绪开始低落，觉得疲惫不堪，而余下的路程似乎还很长。之后有人说："快到了！"大家又振作起来加快了步伐。

第三组的人不仅知道村子的名字、路程，而且公路上每一千米就有一块里程碑，他们边走边看里程碑，每走完一千米大家便有一小阵的快乐。行程中他们用歌声和笑声来消除疲劳，情绪一直很高涨，很快就到达了目的地。

问题：

为什么第三组能够轻松愉快地到达目的地？

当人们的行动有明确的目标，并且把自己的行动与目标不断加以对照，清楚地知道自己的行进速度和与目标相距的距离时，行动的动机就会得到维持和加强，人们就会自觉地克服困难，从而努力达到目标。

一、目标管理概述

目标管理（management by objectives，简称 MBO）是由美国著名管理学家彼得·德鲁克①于 1954 年在《管理的实践》一书中提出的，是以泰勒的科学管理和行为科学理论为基础形成的一套管理制度。凭借这种制度，可以使组织的成员亲自参与工作目标的制定，实现“自我控制”，并努力完成工作目标。而对于员工的工作成果，由于有明确的目标作为考核标准，从而使得对员工的评价和奖励能做到更客观、更合理，因而可以大大激励员工为完成组织目标而努力。这种制度在美国应用得非常广泛，特别适用于对主管人员的管理。目标管理已成为当代管理体系的重要组成部分，被称为“管理中的管理”。

彼得·德鲁克在《管理的实践》中首先提出“目标管理”和“自我控制”的主张后，又在此基础上进行了发展。他认为，并不是有了工作才有目标，正好相反，有了目标才能确定每个人的工作，企业的目的和任务必须转化为目标，企业的各级主管必须通过这些目标对下级进行领导，以此来达到企业的总目标。如果一个团体没有特定的目标，则这个团体必定被忽视。如果没有方向一致的分目标来指导各级主管人员的工作，则企业规模越大、人员越多时，发生冲突和浪费的可能性也就越大。

目标管理是一种程序或过程，是指组织中最高管理者根据组织所面临的内外部形势需要，制定出在一定时期内组织经营活动所需达到的总目标，然后由组织内各部门和员工根据总目标来确定各自的分目标，并在获得适当资源配置和授权的前提下积极主动地为各自的分目标而努力，从而使组织的总目标得以实现，并把目标完成情况作为考核依据的管理模式。因此，目标管理是一个明确的达成目标的过程，即组织内各部门配合组织整体目标制定分内工作目标，决定方针与进度，从而以最有效率的方式达成目标，并将考核结果作为下期目标设定的参考。

目标管理的理论基础

二、目标管理的操作步骤

目标管理是一个异常艰巨的系统工程。要获得理想的效果，既需要高层管理者的决

① 彼得·德鲁克（Peter F. Drucker，1909—2005 年），美国著名管理学家，著作有《变动中的管理界》《管理前沿》《管理的未来》《巨变时代的管理》等，并为《哈佛商业评论》《华尔街日报》《大西洋月刊》等报刊撰写了大量文章，是现代管理学的开创者。

心、毅力、共识，还需要中级管理者和员工的努力，包括：认同、行为方式转变、自我控制等。目标管理需要进行目标准备、目标设置、目标实施、目标评价和结果反馈五个关键步骤（见图 3－1）。

目标管理实施系统详解

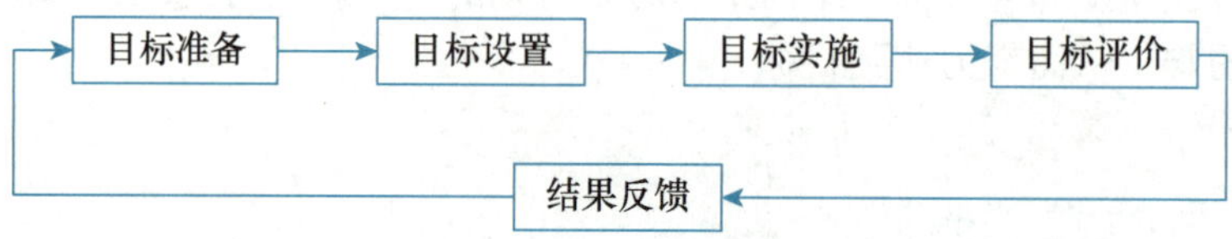

图 3－1　目标管理操作步骤

（一）目标准备

目标管理正式开展前的准备工作，最主要的是统一对目标管理的认识，尤其是高级管理者对目标管理的认识。这一阶段应取得企业基本资料，包括企业产生、企业基础、生命周期、员工状况等，了解企业目前遭遇的问题，确认企业改善的需求与期望，明确用目标管理解决问题的可能性和适用性，以及需要的成本和可获得的收益。在明确上述问题后，就需要创造良好的管理气氛和企业文化氛围，进行项目管理宣传和培训，还要建立有效的信息系统以及确定目标管理的最佳时间。

（二）目标设置

这是目标管理最重要的阶段。目标管理成功的关键是建立企业的目标网络，通过制定企业目标，将企业目标分解到部门和个人，最终形成企业的目标体系。目标的设置应包含三个层次：企业目标、部门目标和个人目标。企业目标体系如图 3－2 所示。

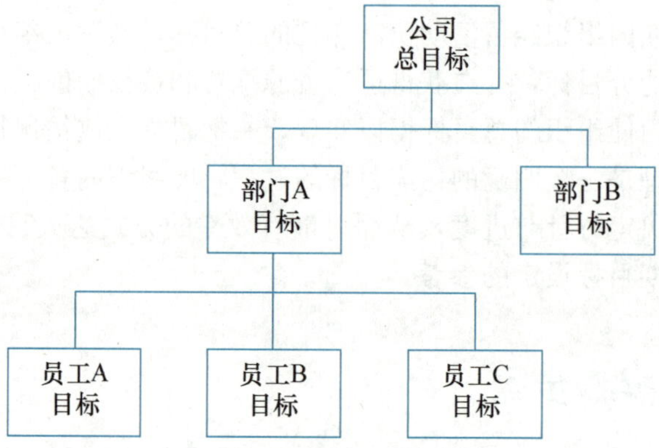

图 3－2　企业目标体系

1. 企业目标设置

企业根据未来经济展望，确立企业愿景；根据愿景确定战略总目标；分析组织结构、人力资源分布，以及组织财务限制，制定短期内管理活动预期达到的执行目标。企业目标设置见图 3－3。

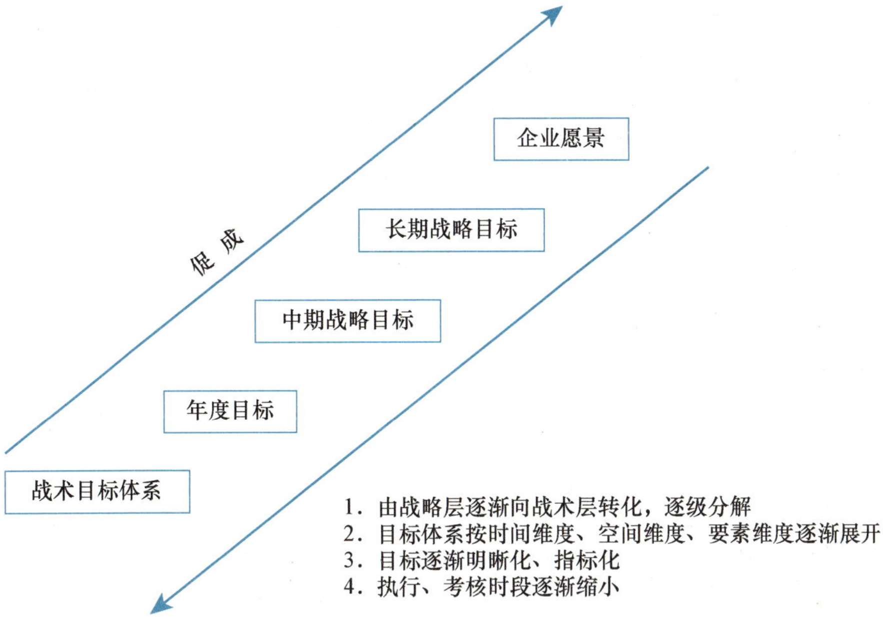

图 3－3 企业目标设置

2. 部门目标设置

各部门负责人在了解了企业的目标后，与上级沟通，并共同制定本部门的目标。

3. 个人目标设置

部门目标确定后，部门领导与下属员工进行沟通和讨论，制定员工的个人目标。

（三）目标实施

目标管理的目标实施过程是在前期准备及计划基础上实施的，这一实施过程要保证计划能够得以实施，偏差能够得以发现和矫正，必需的变化能够得以修改和调整，所以需要对目标实施进行监督和控制。目标实施如图 3－4 所示。

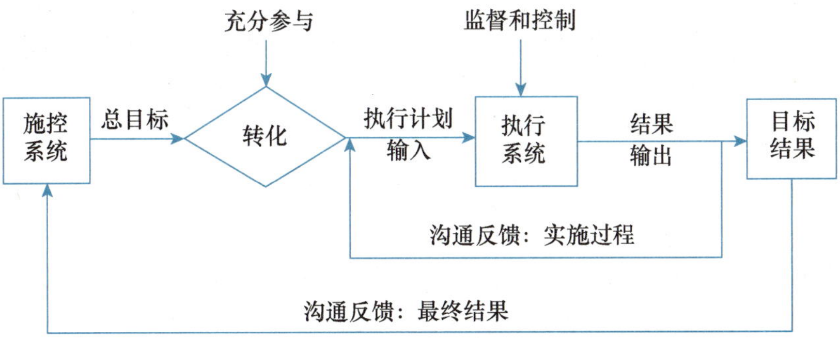

图 3－4 目标实施

（四）目标评价

目标实现程度是对目标值的定量测算与定性评价，目的是使管理者和执行者找出目标管理中存在的问题，明确是目标设置有问题，还是执行过程有问题；或是实际达到的目标超出预定目标。寻找原因，有助于管理者作出合理决策。

（五）结果反馈

目标管理法要求充分的沟通，从上级到下级明确自己的目标责任，并明确目标实现过程的进度及存在的问题，这样才能及时调整和修正目标，明确自身工作状态和目标状态，对预期目标的达成和进度进行计划和安排，并为实现目标做好准备。

三、目标管理的优缺点

目标管理方法与传统管理方法对比

目标管理的具体形式多种多样，但基本理念和内容一样，重视人的因素、重视结果、建立目标体系。尽管目标管理在全世界产生很大影响，也突出了一些现代管理理念，与时代背景相适应，如以人为本、团队精神，但在实施过程中也出现了许多问题，因此必须客观分析这种方法的优劣性，扬长避短地使用。目标管理的优缺点见表 3－1。

表 3－1　目标管理的优缺点

优点	缺点
1. 对组织内易于度量和分解的目标会带来良好的绩效。对于那些在技术上具有可分性的工作，由于责、权、利明确，目标管理常会取得立竿见影的效果，易于员工掌握工作重点及方向。 2. 有助于改进组织结构的职责分工，形成流程管理。 3. 能充分调动员工的主动性、积极性、创造性，强调自我控制、自我调节，将个人利益和组织利益紧密联系起来，提高员工主观能动性。 4. 促进沟通、交流，强调团队协作。 5. 有助于提高绩效考核的公平性。	1. 目标难以制定。许多目标难以量化、具体化；许多工作不可分解；组织环境可变因素越来越多，内部活动日益复杂，活动结果的不确定性越来越大。这些都使活动量化变得越来越困难。 2. 理论基础缺失。目标管理的主要理论基础即 Y 理论假设，对人的动机作了乐观假设，实际上“机会主义本性”无处不在，尤其是在缺乏管理监督的情况下。因此，目标管理所提倡的承诺、自觉、自律、自治、自我激励的氛围并不总能在组织内形成。 3. 通过上下反复沟通形成执行目标的方法增加了管理成本。反复上下沟通、统一思想、达成共识的方法需要时间和成本；在达成共识的过程中，由于“机会主义本性”的存在，人们会自然地从自己的利益出发考虑问题并取得更多看得见的利益，忽略协作和组织目标。 4. 目标与绩效标准难以确定，奖惩与目标、绩效不一定匹配，难以保证评价的公平和公正，作为一种管理工具，其公平性、公正性受到质疑。

目标管理的错位和错时

目标管理作为一种管理工具，对推动当时管理方法的变革具有划时代的意义，为未来绩效管理发展奠定了基础，它作为一种先进的管理思想和管理理念，对后期的许多管理理论产生了重大影响。

任务二 360 度评价

案例导入

红星机电厂人事处张副处长在听取全厂各部门年终绩效考核工作汇报时，自动化车间推荐仪表工小王为优秀员工，理由是她保卫国家财产、助人为乐、实绩卓著。张副处长随即追问一句："是否是前年来厂、爱打扮、见领导也不打招呼的那位中专生?"接着又说，"市里领导有句话，对年轻人既要培养又要慎重呀!"随即，他在评定意见上写了"不同意"。

问题:

张副处长"不同意"的原因是什么?

在绩效考核的过程中，绩效考核主体的选择非常重要。在传统的考核中，上级对下级进行考核成本更低、更节省时间，但需增加考核者的人数以提高考核的准确性。

一、360 度评价概述

360 度评价，也称为全方位反馈评价或多源反馈评价，它是一种从不同层面人员中收集评价信息，从多个角度对员工进行综合反馈评价的方法。即由被评价者本人以及与他有密切关系的人，包括被评价者的上级、同事、下级、内外部客户等（见图 3－5），从多方位对被评价者进行匿名评价，再由专业人员根据各方的评价结果，对比被评价者的自我评价，向被评价者提供反馈信息，以达到鼓励被评价者巩固良好行为、提高能力水平的绩效评价目的。

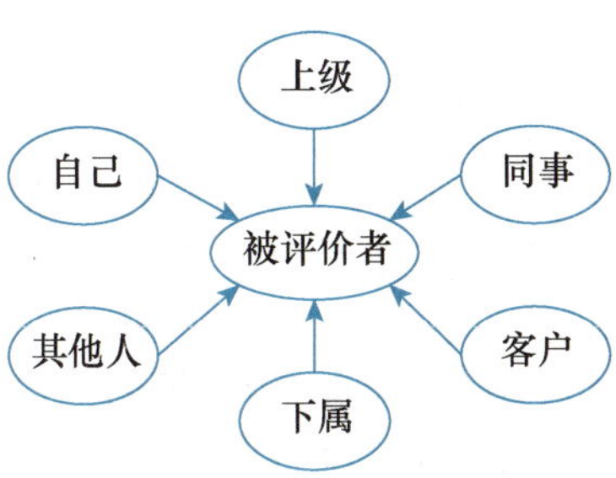

图 3－5 360 度评价

要在企业内部成功地开展 360 度评价工作，必须做好下述工作。

（一）准备阶段

1. 获取高层管理人员的支持和协助

高层管理者必须明确使用此方法达到的目的及评价活动与企业环境、战略和竞争力之间的关系；获得高层的支持（包括人、财、物），自上而下地推动新方法、新理念，有助于实施过程顺利进行。

2. 认识上的准备工作

包括评价者、被评价者以及有可能接触或利用评价结果的管理人员，正确理解企业实施 360 度评价的目的和作用，充分了解该评价方法，并建立信任。

（二）评估阶段

（1）组建评估队伍，对其进行培训，使其熟悉并正确使用该技术。

（2）根据企业实际情况，设计 360 度调查问卷，并通过检测确保问卷的信度和效度。

（3）实施 360 度评价，分别由上级、下级、同级、相关客户及本人按各个维度标准，进行评估。评估过程中，最好采取匿名方式，以保证人们愿意提供更为真实的信息。

（4）统计分析并报告结果，数据统计要确保科学性，充分反映问卷提供的信息。

（三）反馈阶段

向被评价者提供反馈和辅导，可以让被评价者全面了解自己的长处和短处，了解上级的期望及自己目前的状况。

360 度评价一般采用问卷法。问卷法多为两种形式：一种是给评价者提供 5 分等级（或 7 分等级、9 分等级，也有量表是在 0～10 分范围内打分）的量表（等级量表），让评价者对量表提出的问题根据被评价者的实际表现选择相应的分值；另一种是让评价者写出自己的评价意见（开放式问题）。从问卷内容来看，可以是与被评价者职位或工作情景密切相关的行为描述，也可以是比较共性的行为。然后对相应的结果进行科学的统计计算。在实际工作中，越来越多的公司采用由评价者、被评价者和人力资源部门人员共同组成专家小组的方法，分析拟评价职位的工作，抽取出典型工作行为，编制评价问卷，对评价结果进行统计处理。

某公司 360 度领导能力评价问卷

知识拓展　针对考评者的培训类型

1. 考评者误区培训：告诉考评者在考评过程中可能会产生哪些考评误差，目的在于防止考评误差的发生。

2. 绩效维度培训：让考评者熟悉考评过程中使用的各个绩效指标，了解它们的真正含义。

3. 绩效标准培训：向考评者提供考评时的比较标准或者参考的框架。

4. 绩效面谈培训：使考评者掌握绩效面谈的各种技巧。

二、360 度评价的优缺点

360 度评价方法用作绩效考评的原因显而易见，它具有的一些优点是绩效管理所需要的：

（1）全方位，多角度。评价者来自企业内外的不同层面，考评的角度更多，信息来源更广，评价更全面。

（2）分类考核。针对不同的被考核者——领导、部门经理或员工等，分别设计并采用不同的评价量表，针对性强。

（3）实行匿名评价，评价者能比较客观地进行评价。

基于 360 度评价的特点，它确实为企业进行绩效评价提供了多种评价角度，而传统上的仅由上级管理者进行评价的方式在视角上则狭窄了许多。

正如通用电气公司前首席执行官杰克·韦尔奇所述，就像任何需要同事间评估的措施一样，360 度评价实施久了就会走样。员工之间会互相说好话，最终皆大欢喜，所有人的评分结果都会很好。要不就走向另一个极端：有些人为泄私愤，会借机对同事的职业声誉进行恶意中伤。因此，在使用过程中应充分认识到它的不足之处（见表 3－2）。

表 3－2　360 度评价的优缺点

评价者	优点	缺点
上级	1. 比较了解员工的工作态度和表现 2. 最了解组织对员工的期望，即考核标准具有威胁性 3. 有考核责任，所以比较认真	1. 易因个人喜好影响考评的客观性 2. 不了解员工在自己监控外的品行 3. 需花费大量精力观察员工的表现，常感到“额外负担”，缺乏奖惩权力，缺乏评估培训，不愿当“法官”
同事	清楚地了解员工在上级监督范围外的情况，适用于专业人员（彼此熟悉业务、方法、成果）	易相互包庇，产生虚假的评价结果
下级	1. 有利于管理的民主化 2. 使员工有被认同感 3. 有利于对领导层行为的监督（权力制衡）	1. 因害怕得罪上级而不敢直言 2. 易造成上级放松对其的管理 3. 因为无责任容易使考评流于形式
客户	1. 强化以消费者满意度为导向的观念 2. 在评价员工时所受干扰小，评价较公正	1. 操作难度较大 2. 比较费时费力
专家	1. 能够设计较科学的考核指标 2. 使考评结果更具权威性	1. 需要花费大量的时间和财力 2. 有些标准虽然科学，但不一定与企业的实际要求相吻合
自我	1. 有利于考评信息的全面性 2. 给员工一个发表自己意见的机会 3. 有利于员工的参与	有高估自己能力和成效的倾向，更适用于协助员工自我改善提高

360 度评价误差纠正方法

许多组织在刚开始使用 360 度评价时，麻烦随之而至：一方面，采集到的信息若存在偏差（事实证明也确实存在这种情况），则既浪费时间又浪费资金，更严重的是，不真实的评价结果会产生误导作用；另一方面，360 度评价实行匿名评价，以保证评价的公平和信息的真实，但事实上保证匿名评价很难做到，因此这会使评价变成一场虚假的游戏，使员工发展的潜在优势不复存在。

任务三 KPI 管理

案例导入

某公司是一家电器产品制造商，过去两年来，营销部王经理实施了弹性工作模式，营销部的员工可以在早上 6 点至下午 6 点之间自行决定到达或离开办公室的时间，只要他们完成必需的工作。虽然有一些问题发生，但王经理觉得结果还是相当令人满意的，几十位直属于他的员工的工作效率有着明显的改进，人员流动率直线下降。唯一不赞成这种制度的是王经理手下的主管经理，他们发现管理这些弹性工作的人员并不容易。最近的一次会议中，生产部经理向总经理抱怨营销部草率的工作方式使工厂的工作变得乱七八糟。生产部人员看到营销部的员工上午 11 点才到办公室，都觉得自己要早早来上班很不公平，希望生产部也实施弹性工作制度。总经理找营销部王经理谈话，认为应该停止营销部的弹性工作时间制度。王经理非常愤怒，他指出实施弹性工作制对于公司的形象有很大的帮助，虽然生产力可能没有提高，但也没有下降。如果取消弹性工作制度，营销部的人员会感到不满，而且会导致生产力下降。总经理感到束手无策，营销部享受特权不对，但对公司也并没有不良影响；而取消弹性工作制会使营销部人员极端不满，尤其现在正需要他们努力做好重要产品的销售。

问题：

1. 面对这种情况，总经理应该怎么处理呢？
2. 你认为销售人员应从哪些方面进行考核？

一、关键业绩指标概述

关键业绩指标（key performance indicators，简称 KPI），是指组织宏观战略目标决策经过层层分解产生的可操作性的战术目标，是宏观战略决策执行效果的监测指针。KPI 在组织中的地位如图 3－6 所示。

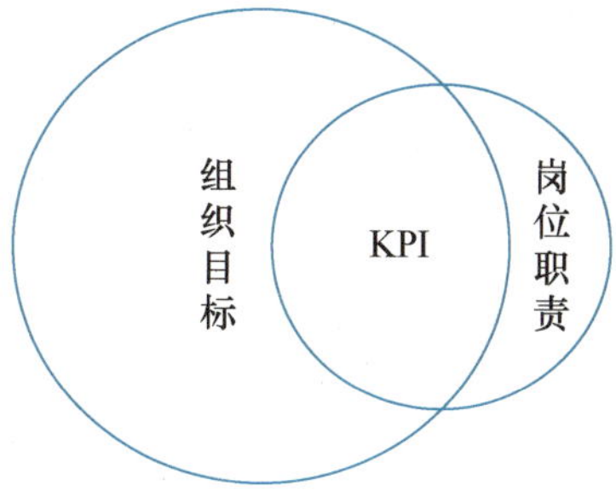

图 3－6　KPI 在组织中的地位

KPI 是衡量组织战略实施效果的关键指标，目的是建立一种机制，将组织战略转化为内部过程和活动，以帮助组织不断增强核心竞争力和持续地取得高效益，从而使考核体系不仅成为激励约束手段，更成为战略实施工具。

二、KPI 的设计步骤

KPI 设计的基本思路是根据对企业战略的分析，建立企业 KPI 体系，再层层分解和分配，确定部门 KPI 和个人 KPI。KPI 设计步骤见图 3－7。

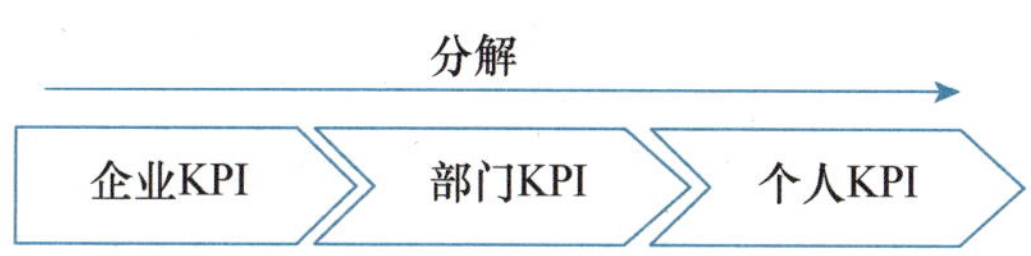

图 3－7　KPI 设计步骤

（一）建立企业 KPI 体系

KPI 通常采用关键成功要素（KSFs）分析方法。企业战略目标的实现必须关注组织关键活动领域（KSA），而这些关键活动领域是由关键成功要素的执行和完成为基础的，关键成功要素执行的质量好坏由 KPI 衡量。

企业 KPI 体系的建立主要有以下几个步骤：确定关键活动领域；确定关键成功要素；确定 KPI。

建立 KPI 体系的方法

1. 确定关键活动领域

根据企业战略，寻找使企业实现组织目标或保持市场竞争力所必须关注的关键领域，即要明确企业要获得优秀的业绩所需要的条件和要实现的目标。因此首先要明确三个方面的问题：

（1）企业为什么成功？过去成功靠的是什么，有哪些成功要素？

（2）过去的成功要素中，哪些能够使企业持续成功？

（3）根据企业战略目标，未来追求的目标是什么？未来成功的关键是什么？

在回答上述问题之后，如某生产企业在以下的关键领域方面作权衡：客户服务、市场领先、利润增长、组织建设、科研开发、技术支持等。我们可以运用鱼骨图进行分析（见图 3-8）。

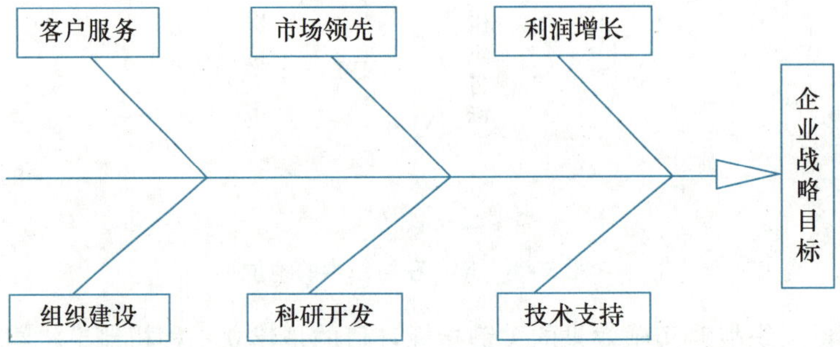

图 3-8　某生产企业的关键活动领域

2. 确定关键成功要素

关键活动领域还需要由部门行为及个人行为活动来完成，首先需要明确以下问题：

（1）关键领域包含的主要内容；

（2）保证关键领域成功而主要开展的活动；

（3）保证关键领域成功的措施和方法；

（4）关键领域开展的程度，如某生产企业在科研开发领域，需要研发团队建设、充足的资金保证、良好的信息来源等（见图 3-9）。

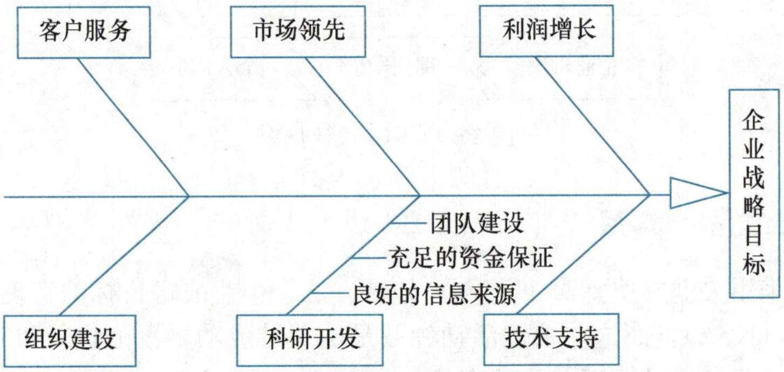

图 3-9　某生产企业的关键成功要素

3. 确定 KPI

将要素进一步细化，经过甄选，确定 KPI。要求 KPI 能够反映关键活动要素实施的程度和力度。KPI 的确定有三个要求：

（1）有效性，能客观、集中地反映关键成功要素的实现；

（2）可量化，能够被评价，尽可能避免主观判断的指标；

（3）易测量，数据资料较易获得。

以某生产企业的科研开发领域为例，其 KPI 见表 3-3。

表 3-3　有关科研开发 KPI 汇总表

关键活动领域	关键活动要素	关键绩效指标
科研开发	团队建设	培训率
		新增科技人员比例
	充足的资金保证	当年科研费用/企业总收入
	良好的信息来源	用于信息硬件设备的投入
		资料来源支出

按照关键活动领域、关键绩效要素和 KPI 三个维度建立企业体系，构建企业的 KPI 库。

制定 KPI 的常用工具——鱼骨图法

制定 KPI 的常用工具——价值树法

（二）建立部门 KPI

企业目标的实现需要部门的支持，部门 KPI 应该来自企业 KPI 的承接或分解。

在确定了企业 KPI 后，应将企业的 KPI 分配给各个部门。在分配过程中，如果某企业 KPI 的实现牵涉到多个部门，则需要将此指标进行进一步的分解。某厂 KPI 分解表如表 3-4 所示。

表 3-4　某厂 KPI 分解表

部门	KPI					
	培训率	新增科技人员比例	用于信息硬件设备的投入	用于信息软件设备的投入	当年科研费用占企业总收入比重	……
人力资源部	√	√				
……						

（三）建立个人 KPI

个人 KPI 的建立方法和部门 KPI 建立的方法相同，主要是对部门 KPI 的承接和分解。

使用 KPI 管理需注意：第一，KPI 不宜过多。KPI 管理符合一个重要的管理原理——“二八法则”。在一个企业的价值创造过程中，处处存在着“20/80”规律，如 20%的骨干人员创造企业 80%的价值；对于个人，80%的工作任务由 20%的关键行为完成。因此，企业必须抓住 20%的关键领域和关键活动，对此进行分析和衡量，才能抓住业绩评价的重心。KPI 必须是对于企业业绩和价值增长最关键的，因此，KPI 的确定是此方法成败的关键。KPI 的数量通常控制在 5～12 个。第二，确定权重。部门、个人由于职能不同，所负的职责不同，对企业绩效发挥的作用也就不同，由此决定了其对 KPI 的责任不同，因此，在指标分解后，可以根据重点不同给予不同的权重。

知识拓展 定性的 KPI

相对于定量指标，定性指标的考核是有一定难度的。对于 KPI 难以量化的员工，如人力资源管理者、行政事务人员、财务人员，其 KPI 的确定难度相对大一些，但也并不是无法实现的。这类人员的 KPI 体系来源于以下几个方面：

（1）职位职责中的关键责任。

（2）对上级绩效目标的贡献（通过对企业目标或部门目标自上而下分解确定）。

（3）对相关部门绩效目标的贡献。

依据这一原则，这类人员的 KPI 可以通过对其考核周期内的工作任务或工作要求的界定来实现，至于其衡量可以通过时间来界定。从实质上讲，被时间所界定的工作任务或工作目标也是定量指标。只要我们能够对员工的工作任务或工作目标做出明确的说明，同时提出明确的时间要求，这些 KPI 就具备了可操作性。

三、KPI 管理的优缺点

KPI 是通过对组织内部某一流程的输入端、输出端的关键参数进行设置、取样、计算、分析，衡量流程绩效的一种目标式量化管理指标，把企业的战略目标分解为可运作的远景目标的工具，是企业绩效管理的基础，是在现代企业中受到普遍重视的业绩考评方法，但也存在缺点，见表 3-5。

表 3-5 KPI 管理的优点和缺点

优点	缺点
1. 使部门主管明确部门的主要责任，明确部门人员的业绩衡量指标。 2. 使业绩考评建立在量化的基础之上，为绩效考核提供评价的方向、数据及事实依据。 3. 有利于明确目标，促使组织战略目标的实现，组织目标与个人目标达成一致。 4. 有助于将目标量化指标集中在最关键的活动中，明确重点目标，工作上有的放矢。	1. 目标本身具有消极的一面，因此，必须对 KPI 作经常性回顾。 2. 倾向于对目标的量化，若没有专业化的工具、手段和专业人才，量化指标的确定是一个难题。 3. 考核者对量化指标的崇拜和依赖，会使其忽略考核中的人为因素和弹性因素，陷入机械的考核方法。 4. 形成组织 KPI 是一个长期反复的过程，对组织的“实施能力”和“耐心”都是一个考验。

实例分享

防止 KPI 含义置换

某公司为了扩大市场运作，将每月出差天数作为市场管理人员的 KPI 纳入绩效考核，刚开始有员工抱怨因为工作细节影响了个人绩效，令人不知所措；三个月后发现，员工每月都能达到规定的出差天数，但市场状况并未因此有所改善。

经过了解，公司发现员工为达到绩效目标，有的只是在本地“出差”；有的专挑没去过的地方“潇洒走一回”，再找几个态度好的客户聊聊，指标就达成了。如此的绩效考核结果与公司的意图大相径庭，KPI含义发生了置换。

以上案例的问题在于，绩效目标责任人为了追求绩效目标结果的达成，将关注点集中在形式表达上，而组织要求的关键内容却在不经意间被置换，这就是绩效管理中的指标含义置换现象。在绩效管理中这种现象主要有以下几种特征：(1) 关注数量或时间性的要求，而忽视了对质量的要求；(2) 重结果，轻过程；(3) 指标定义不清晰。

任务四 平衡计分卡

案例导入

万科从2001年引进平衡计分卡，并主动在管理层推进。在充分了解了平衡计分卡理论之后，万科通过各个层次的沟通，确定公司使命、远景与战略，在此基础上绘制企业战略地图，从财务、客户、内部运营、学习与成长四个维度对公司全面进行战略定位，并以此为基础，建立各项考核指标，将战略转化为行动。在运行过程中，万科不断对四个维度的战略进行发展与深化，对各个层面的指标进行完善与改进，使之适应公司不断发展与创新的需要。

问题：

万科推进平衡计分卡方法的技巧是什么？

对企业利润过度关注，对利润无节制的攫取，单纯依靠阅读财务报表来把握企业，这是大多数企业的传统做法，这种做法无疑会导致企业的短视行为。平衡计分卡（balanced score card，简称BSC），是美国哈佛商学院教授罗伯特·卡普兰和大卫·诺顿提出的一种新的绩效评价体系。平衡计分卡既重视短期，又关注长期；强调四个层面的平衡，在考虑财务指标的同时，兼顾客户、内部运营、学习与成长三个方面，是一个综合性的评价体系，有助于促成企业远景与战略的实现，帮助企业将绩效评价和企业战略联系起来。

一、平衡计分卡概述

平衡计分卡是从财务、客户、内部运营、学习与成长这四个角度，将组织战略落实为可操作的衡量指标和目标值的一种绩效管理体系。平衡计分卡突破了将财务数据作为唯一的衡量业绩的工具，做到多个方面的平衡。平衡计分卡打破了单纯用财务手段进行绩效管理的局限，传达了通过对客户、供货商、员工及技术革新等方面的投资来创造新价值的理念。平衡计分卡从以下四个不同的视角考察战略目标：

（1）财务视角：从股东角度看企业增长、利润率及风险战略；

（2）客户视角：反映目标客户的价值主张；

（3）内部运营视角：使各种内部业务流程满足顾客和股东需求的优先战略；

（4）学习与成长：优先创造一种支持企业变化、革新和成长的气候，以保证未来价值的增加。

平衡计分卡使企业战略居于管理体系的核心地位，如图 3－10 所示。

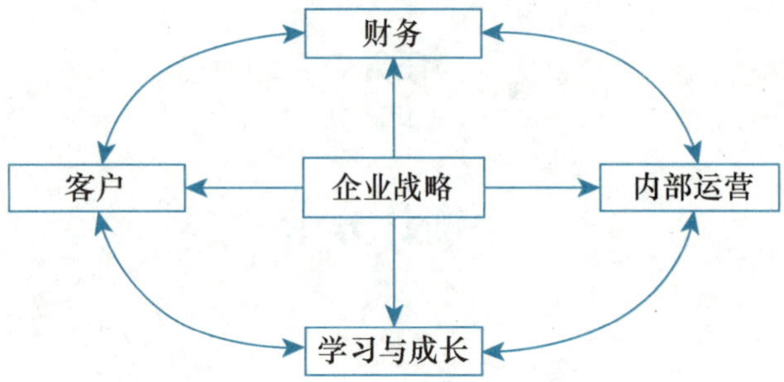

图 3－10　企业战略的地位

平衡计分卡具有以下特点：

第一，平衡计分卡是一个管理体系，而不仅仅是一个考核体系。它为企业战略管理提供强有力的支持。它使组织能够清晰地规划愿景和战略，是企业战略执行的基础架构，并落实为具体的行动计划，帮助企业及时考评战略执行情况，根据需要实时调整战略、目标和考核指标。

第二，平衡计分卡是一种沟通工具，注重团队合作，全面提高整体管理效率。它所涉及的四项内容都是企业未来发展成功的关键领域。通过平衡计分卡所提供的管理报告，将看似不相关的领域有机地结合在一起，阐明企业战略，帮助企业、部门、个人之间建立一致的目标系统，将企业资源加以整合，为实现一个共同的战略目标而努力，能够帮助企业有效地建立跨部门团队，促进合作的顺利进行。

第三，平衡计分卡强调因果关系。它不是指标的简单组合，更不是主观臆断的结果，而是根据企业战略和愿景，由一系列因果链条贯穿起来的有机整体。财务指标实现的基础是目标客户的满意，客户价值主张由内部运营创造并传递，描述了如何创造目标客户的满意度和忠诚度。支持内部运营的无形资产为战略的有效执行提供保证基础，它是由学习与成长层面持续支撑。这四个层面目标的协调一致是价值创造的关键。

第四，平衡计分卡强调"平衡"。它反映了企业财务指标和非财务指标之间的平衡，长期目标与短期目标之间的平衡，外部群体和内部群体之间的平衡，结果和过程之间的平衡，管理业绩与经营业绩之间的平衡，领先指标（客户、内部运营、学习与成长）与滞后指标（财务指标）之间的平衡。

二、运用平衡计分卡的关键环节

平衡计分卡适用的企业

企业建立平衡计分卡一般涉及以下活动：企业愿景和战略的建立与实施；绩效指标体系的设计和建立；加强企业内部沟通和教育培训；确定量化衡量指标；绩效指标体系的完善与提高；绩效评价过程和结果的及时沟通与反馈。在建立平衡计分卡的过程中，有下述两个关键环节。

（一）制定明确的战略和战略地图

平衡计分卡的关键目的之一是，通过企业高级管理层对达到重要具体目标的方法提出设想来清晰地描述企业的发展战略，这些设想可以辨别重要的目标和各角度中不同目标之间的联系，通过对多个重要因素进行因果关系的分析，管理层的设想就会逐步明确。这种分析是建立平衡计分卡的基础。因此，制定平衡计分卡的第一步就是制定明确的战略目标。

企业所有的活动都是为了支撑愿景和战略的实现，但罗伯特·卡普兰和大卫·诺顿在研究中发现，由于企业无法全面地描述战略，导致管理者之间及管理者与员工之间无法沟通，战略无法达成共识。二人提出一个用以描述企业战略的工具——战略地图。

战略地图是一个企业战略描述的集成平台，以四个层面目标（财务层面、客户层面、内部运营层面、学习与成长层面）为核心，通过分析这四个层面目标的相互关系而绘制的企业战略因果关系图。战略地图描述了战略的逻辑，显示了创造价值的关键流程及支持关键流程的无形资产。运用战略地图，企业能够描绘出达到自己财务目标的成功路径，并随外部环境和内部环境的变化而变化。战略地图通用模板见图 3-11。

卡普兰和诺顿基于战略地图的因果关系开发了一个六步骤流程：

（1）确定利益相关者的价值差距：设定挑战性目标值和必须缩小的差距。

（2）调整客户价值主张：选择和确定能提供新价值来源的目标客户群和价值主张。

（3）确定价值提升时间表：在规划范围内说明如何缩小价值差距。

（4）确定战略主题：把价值差距分配到各个战略主题。

（5）提升战略资产准备度：确定支持战略流程所需要的人力、信息、组织资本、资产以及确定的指标和目标值。

（6）确定战略行动方案并安排预算。

某通信公司战略地图

（二）将经营战略转化为衡量指标

平衡计分卡帮助企业将战略和一整套的衡量指标相联系，指导企业对战略进行有效实施，逐步将组织战略转化为财务、客户、内部运营、学习与成长四个方面的指标。

1. 为重要的财务绩效变量设置衡量指标

企业财务性业绩指标能够综合地反映企业业绩，可以直接体现股东的利益，表明计划

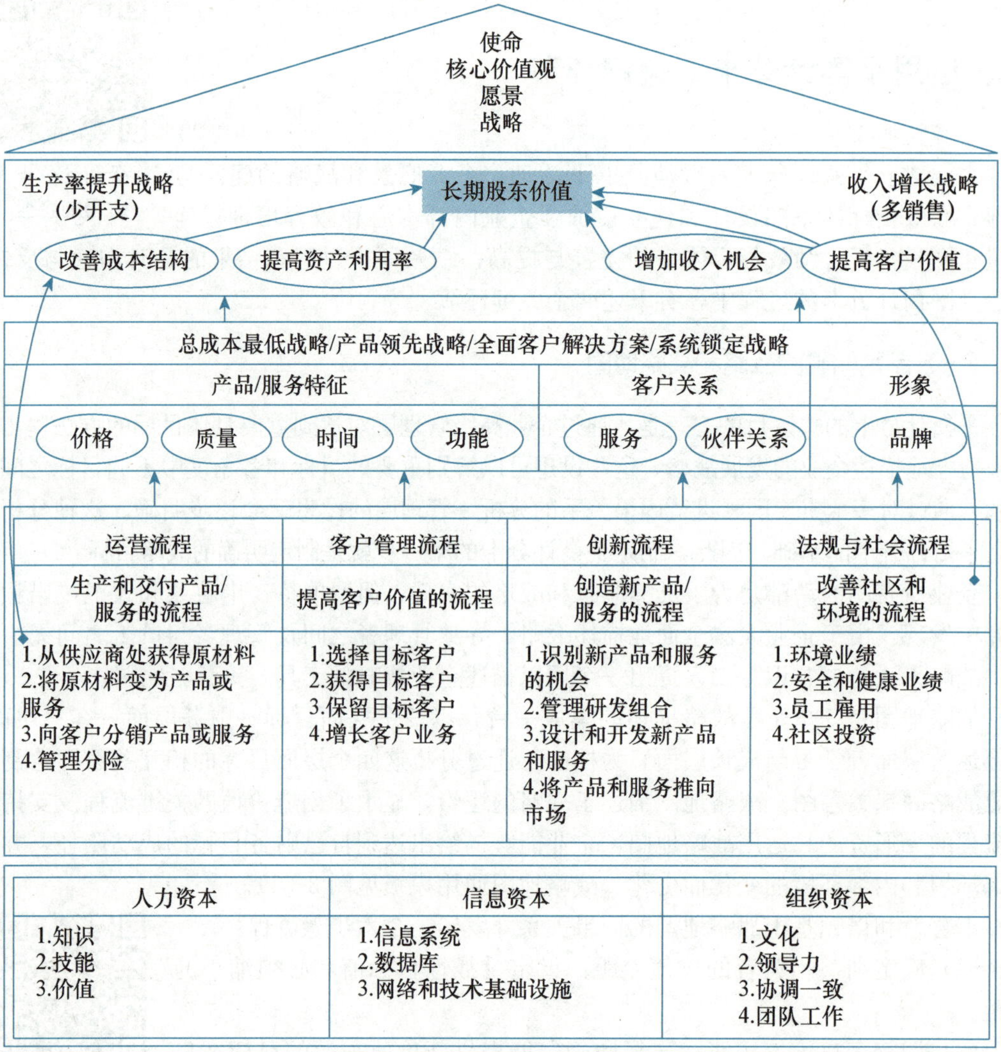

图 3－11　战略地图通用模板

资料来源：方振邦，刘琪．绩效管理：理论、方法与案例．北京：人民邮电出版社，2018.

与设想是否实现对提高利润所具有的意义。它一直被广泛地应用于对企业的业绩进行控制和评价，并在平衡计分卡中体现。常用的财务性业绩指标主要有：经营利润率、现金流量、收入增长、项目效益、毛利率、回款率、税后净利润、净现值等。

2. 为重要的客户绩效变量设置衡量指标

从客户角度来看，企业高层管理者必须确定他们希望加入的竞争目标市场。在这一层面，卡普兰和诺顿引入了一个新的概念——客户价值主张。平衡计分卡强调：要使股东满意，必须使客户满意；要使客户满意，必须了解客户需求。企业满足了客户需求，意味着为客户创造了价值。而企业以什么样的方式来为客户创造价值或者传递价值？这种传递价值的方式就是客户价值主张，可以分解为三个方面：（1）企业提供的产品和服务特征；

(2) 企业和客户的关系；(3) 企业以怎样的品牌、形象出现在客户面前。不同的企业有不同的客户价值主张。

明确目标客户的价值主张，即企业知道用什么样的方式向什么样的客户提供什么样的产品。设计衡量指标，追踪企业在目标市场上创造客户满意度和忠诚度的能力，包括相关的核心和普通的衡量指标，如客户满意度、客户印象、新客户需求、客户盈利能力、目标市场份额等。

3. 为重要的内部运营绩效变量设置衡量指标

从内部运营来看，高层管理者必须建立企业在实施战略时所应有的重要内部流程，它们代表企业能够完成任务的处理过程，包括交付能够吸引和保持目标市场上客户的价值量，满足股东财务回报需求等，特别应该关注对客户满意度和完成企业财务目标有重大影响的流程。

创造企业价值链的内部流程一般包括创新流程、运营流程、客户管理流程、法规与社会流程四个主要业务流程。

(1) 创新流程，首先要识别新产品和服务的机会，并为此作出努力，包括研究开发、设计开发新产品和新服务，并推向市场的一系列活动。更大范围的创新流程还包括，为适应外部环境的变化而进行的内部组织结构变化的一系列活动。创新流程是企业持续获得竞争优势的重要途径。

(2) 运营流程，代表了生产与发送产品的流程，它有利于实现两个关键的企业战略要素：向客户生产和传递价值主张，降低并改善成本以实现生产率改进。运营流程开始于客户订单，结束于产品发送，强调效率、连贯、及时性，可以从质量、时间、成本等方面制定相关衡量指标，如投入产出率、存货率、库房占用率、订单发送准确率等。对于生产型企业，运营流程特别要注意：开发并保持与供应商的关系；加强生产和服务管理，降低生产和服务成本；提高柔性制造能力，提高生产效率；加强质量控制，不仅控制产品最终质量，更要控制生产过程质量；向客户分销产品和服务；管理生产和服务过程的风险。

(3) 客户管理流程，指建立并利用客户关系以提高客户价值的流程。客户管理强调客户的选择、获得、培育和保留的理念与过程，强调企业在与客户关系中的主动性，强调良好客户关系对企业成功的重要性。

(4) 法规与社会流程，主要指改善社区和环境的流程，如遵守法律法规、满足社会期望、建立繁荣社区、加强环境保护、承担一定的社会责任等。在法规与社会流程方面越有声望，如以正面形象向社会展示企业良好的形象、减少环境事故、保障员工安全和健康、拓展员工职业发展空间，就越有助于企业吸引和留住高素质员工，使企业的人力资源管理越有成效，同时能够吸引越多潜在客户。

4. 为重要的学习与成长绩效变量设置衡量指标

学习与成长层面描述了企业的无形资产及其在战略中的重要作用。企业的学习与成长层面主要包括三部分：

(1) 人力资源——执行战略所需要的知识、技能和才干。由于知识的隐性特性，只有充分发挥职工的积极性和创新性，才能充分将隐性知识转化为显性知识，其主要使用的指标有：员工满意度、参与决策程度、工作认可程度等；职工稳定性对企业长期发展是有利的，尤其是一些掌握了企业经营过程的高级员工，其重要指标有：人事变动率、人员流失率等；员工创新能力反映企业的发展潜力，其重要指标有：专利数量、非专利技术数量、创意数量等。

（2）信息资源——支持战略所需要的信息系统、数据库、网络和技术基础设施，包括与战略需求相匹配的技术基础设施和信息处理能力，主要指标有：信息传递时间、信息处理程度等。

（3）组织资源——执行战略所需要的动员和持续变革流程的组织能力，可以从几个方面体现出来：企业文化、领导力、团队工作、知识共享等。

实例分享

小公司绩效管理的困惑

有一家小公司，有15名员工，其中一半属于业务人员，另一半是行政后勤人员。公司处于创业阶段，有一套绩效管理方案，绩效管理指标体系分为学习、工作目标设定、业绩、工作态度等。它融合了KPI管理和平衡计分卡管理思想。

但是，这套绩效管理方案实施3个月后便遭遇尴尬。每个月都由总经理评分，并分为A、B、C、D四个级别，总体上看评价向业务人员倾斜，而每次C、D级别总是出现在行政后勤人员中，这使他们觉得不公平。同时，评级较差的人员越来越没有积极性，工作做得越来越不好。

三、平衡计分卡的优缺点

Q公司的平衡计分卡管理

企业管理者应当专注于战略中的因果关系，从而将战略与其衡量指标有机地结合起来。通过平衡计分卡的建立，管理者明确客户满意度、员工满意度、企业氛围与财务表现之间存在的联系，有助于提高对绩效的认识，从而将绩效评价与战略目标联系起来。平衡计分卡的优点和缺点见表3-6。

表3-6　平衡计分卡的优点和缺点

优点	缺点
1. 克服财务评价方法的短期行为。 2. 有助于组织团结一致实现战略目标。 3. 帮助组织将战略目标转化为组织各层的绩效指标和行动。 4. 提高各级员工对组织目标和战略的沟通的意识。 5. 有助于员工学习成长和形成核心能力等无形资产。 6. 提升组织长远发展的意识。 7. 提高组织整体管理水平。	1. 非财务指标往往很难建立，有些指标不易收集，而有些指标需要企业在不断探索中总结，并需要收集大量信息，经过充分加工后才有实用价值，这对企业信息传递和反馈系统提出了很高的要求。 2. 当组织战略或结构发生变更时，平衡计分卡也应当随之调整，这需要耗费大量的时间和资源。 3. 从财务、客户、内部运营、学习与成长四个方面制定详细而明确的目标和指标，执行难且时间长，实施成本高。 4. 衡量指标可能难以量化，而衡量方法又会产生很多衡量指标。

直通职场

一名保险公司员工问经理："经理，我的目标是在一年内赚100万元！请问我应该如何达成我的目标呢？"

经理问："你相不相信你能达成目标？"

员工说："我相信！只要我努力，就一定能达成。"

经理说："那我们来看看，你要为自己的目标做出多大的努力。根据我们的提成比例，获得100万元的佣金大概要做出300万元的业绩。一年实现300万元业绩，一个月就是25万元业绩，每一天就是8 300元业绩，那么每一天大概要拜访多少客户？"

员工说："大概要50个人。"

经理说："一天要50人，一个月要1 500人，一年就需要拜访18 000个客户。请问你现在有没有18 000个A类客户？"

员工说："没有。"

经理问："如果没有的话，就要靠陌生拜访。你平均要与一个客户谈多长时间呢？"

员工说："至少20分钟。"

经理说："每个人谈20分钟，一天要谈50个人，也就是说你每天要花16个多小时在与客户交谈上，还不算路途时间。请问你能不能做到？"

员工说："不能。经理，我懂了，目标不能是凭空想象出来的，是需要凭借一个能达成的计划而定的。"

职场分析：

目标的实现，不仅要在制定目标时符合SMART原则，还需要对目标进行管理，将长期目标分解为短期目标，并制定切实可行的行动方案。

素养园地

哈佛大学曾做过一个关于目标对人生影响的跟踪调查，对象是一群智力、学历、环境等各方面都差不多的人。调查结果发现，27%的人没有目标，60%的人有较模糊的目标，10%的人有清晰的短期的目标，只有3%的人有清晰的长期的目标。25年的跟踪结果显示：有清晰的长期的目标的人25年来都不曾更改过目标，他们朝着目标不懈努力，25年后他们几乎都成了社会各界的顶尖人士。有清晰的短期的目标的人，大都生活在社会的中上层，短期的目标不断地被达成，生活状态稳步上升。有较模糊的目标的人，几乎都生活在社会的中下层，他们能够安稳地生活与工作，但似乎都没什么特别的成就。没有目标的人，几乎都生活在社会的最底层，25年来生活过得不如意，常常失业，靠社会救济，并常常抱怨他人、抱怨社会。

资料来源：https://www.sohu.com/a/231021837_126206.

现在的你是否已感受不到刚刚走进大学校园时的激情？是否过着不知所谓的生活，不知道自己接下来的路应该如何去走？如果是这样，请你反思自己是否有清晰而长远的目标；你的目标是否符合 SMART 原则；是否将目标转化为切实可行的计划。如果没有，可以尝试用本项目的知识来规划自己的大学生活。

实训项目

实训一

1. 实训内容

规划大学生活：制定大学期间的目标，并制订实现目标的行动计划。

2. 实训要求

能够熟练运用目标管理的操作步骤。

3. 实训流程

第一步：制定大学目标（1～3 个）；

第二步：根据大学目标写出本年度目标；

第三步：根据本年度目标编制每月目标；

第四步：根据每月目标编制每周目标；

第五步：根据每周目标编制每日目标和行动计划（写出一周即可）；

第六步：编制大学目标计划表（见表 3－7）。

表 3－7　大学目标计划表

大学目标：			
本年目标：			
本月目标：			
本周目标：			
周一目标：	周二目标：	……	周日目标
行动计划	行动计划	……	行动计划
结果自查	结果自查	……	结果自查

4. 评价指标与标准

（1）目标符合 SMART 原则（50 分）；

（2）行动计划清晰、切实可行（50 分）。

实训二

1. 实训内容

组建模拟公司，并选取其中某一岗位，为其制定 KPI。

2. 实训要求

掌握关键业绩指标（KPI）的设计方法。

3. 实训流程

第一步：进行分组，6～8人为一组，组建模拟公司；

第二步：为模拟公司划分部门和岗位；

第三步：制定公司的战略目标；

第四步：选取其中某一岗位，使用关键成功要素分析方法，绘制鱼骨图，为其制定KPI；

第五步：与其他小组分享本小组的思路及结果。

4. 评价指标与标准

（1）KPI分析思路正确（50分）；

（2）表达清晰，语言流畅（50分）。

小　结

本项目介绍了企业常用的绩效管理工具，包括目标管理（MBO）、360度评价、关键业绩指标（KPI）管理、平衡计分卡（BSC）。它们并不一定完全适合每个企业，各有其优缺点和适用范围，对中国企业的现代化管理水平的提高有重要的借鉴作用，能够帮助企业用现代管理理念和管理方法进行管理。

重点概念

目标管理（MBO）　360度评价　关键业绩指标（KPI）　平衡计分卡（BSC）

复习思考题

1. 名词解释

目标管理（MBO）　360度评价　关键业绩指标（KPI）　平衡计分卡（BSC）

2. 思考题

（1）绩效管理工具是如何发展和演变的？

（2）目标管理的内涵是什么？

（3）如何理解360度评价？

（4）KPI设计的理念和思路是什么？

（5）平衡计分卡使用的条件是什么？有哪些主要特点？

3. 案例分析题

案例一

随着企业改革的不断深入，绩效评价越来越受到管理层的重视，平衡计分卡的提出与应用推广也对国内产生了较大的影响。目前在国内有众多专家、学者及企业界人士在探讨平衡计分卡的推广与运用问题。研究平衡计分卡的学者也由最初的管理会计领域发展到人力资源管理领域、战略管理领域。但显现出来的障碍与困难也是显而易见的。

主要障碍有以下几类：

(1) 沟通与共识上的障碍。根据著名IPO研究机构复兴资本（Renaissance Capital）与美国《财富》杂志的合作调查发现，企业中不到1/10的员工了解企业的战略及其自身工作的关系。尽管高层管理者清楚地认识到达成战略共识的重要性，但却鲜有企业将战略有效地转化成基层员工能够理解且必须理解的内容，并使其成为员工的最高指导原则。

(2) 组织与管理系统方面的障碍。据调查，企业的管理层在例行的管理会议上花费近85%的时间，以处理业务运作的改善问题，却以少于15%的时间关注战略及其执行问题。由于过于关注各部门的职能，没能使组织的运作、业务流程及资源的分配围绕着战略而进行。

(3) 信息交流方面的障碍。平衡计分卡的编制和实施涉及大量的绩效指标取得和分析，是一个复杂的过程，因此，企业对信息管理及信息基础设施建设不完善，成为企业实施平衡计分卡的又一障碍。中国企业的管理层已经意识到信息的重要性，并对此给予了充分的重视，但在实施的过程中，信息基础设施的建设由于受到部门的制约，部门间的信息难以共享，只是在信息的海洋中建起了座座孤岛。这不仅影响到了业务流程，也是实施平衡计分卡的障碍。

(4) 对绩效考核认识方面的障碍。只要企业的管理层没有认识到现行的绩效考核的观念、方式有不妥当之处，平衡计分卡就很难被接纳。长期以来，企业的管理层已习惯于仅从财务的角度来测评企业的绩效，并没有思考这样的测评方式是否与企业的发展战略联系在一起，是否能有效地测评企业的战略实施情况。

主要困难有以下几个方面：

(1) 指标的创立和量化方面。财务指标创立与量化是比较容易的，其他三个方面的指标就需要企业的管理层根据企业的战略及运营的主要业务、外部环境加以仔细斟酌。列出的指标有些是不易收集的，这就需要企业在不断探索中总结；有些重要指标很难量化，如员工受激励程度方面的指标，需要收集大量信息，并且要经过充分的加工后才有实用价值，这就对企业信息传递和反馈系统提出了很高的要求。

(2) 结果与驱动因素间的关系确定方面。大多数情况下，结果与驱动因素间的关系并不明显或并不容易量化。这也是企业实施平衡计分卡所遇到的又一个困难。企业要花很大的精力去明确业绩结果与驱动因素间的关系。

(3) 实施成本方面。平衡计分卡要求企业从财务、客户、内部运营、学习与成长四个方面来考虑战略目标的实施，并为每个方面制定详细而明确的目标和指标。它需要全体成员参加，使每个部门、每个人都有自己的平衡计分卡，企业要为此付出较大代价。

问题：

(1) 通过以上分析，你认为平衡计分卡实施的最主要障碍和困难是什么？

(2) 请分析目前国内企业是否有适合使用平衡计分卡的环境。

案例二

年底，某事业单位又开始了一年一度的年终考核。有一个部门这一年的工作成绩比较突出，主要是因为该部门这一年的人手特别少，原来需8个人干的工作都压在了仅有的4个人身上，同时该部门还单独承担了三项大的工作。部门主任是一位肯干、热情的人，在任务重、人员少、时间紧、条件差的情况下，他硬是带领其他3个人顺利圆满地完成了所有任务，并受到了上级机关的表扬。该部门主任极大地发挥主观能动性，牺牲了许多休息时间，制订了比较完善的计划。另外，部门的其他3个人中，A和B完成工作比较出色，A任务完成得多，但难度都不大，B虽然只完成了几项工作，但难度都比较大。无奈评选优秀员工的名额有限，一个部门只能评出一名优秀员工，单位将A排在部门优秀员工候选人第一位。

部门主任对评选有自己的看法，他认为：(1) 评选优秀就是要将那些真正的优秀员工评选出来，而不应该平均分配名额。(2) 有的部门在一年里并没有做很多工作，有的部门甚至一般工作都很少，为什么也有优秀名额？(3) 对于部门的这一个优秀名额，他更趋向于B。于是部门主任向单位领导建议把A和B都评上，否则就都不要评。理由是按照绩效考核标准来衡量，B只需完成两项难度较大的工作就和A的条件一样了，但B完成了三项工作；如果评选A，他怕B想不通，然而一个都不评又不可能。部门主任真的很为难。

问题：

(1) 你认为A应该被评为优秀吗？

(2) 你能为部门主任出个主意吗？

项目四

绩效实施与管理

绩效管理是指为了实现组织目标所预期的利益，通过持续开放的监督和沟通过程来开发团队和个人的潜能，所产生的管理思想和具有战略意义的、整合的管理流程和方法。

学习目标

知识目标

1. 掌握绩效管理培训的内容与方法；
2. 掌握绩效信息收集的方法与内容；
3. 了解绩效沟通的目的和内容；
4. 掌握绩效沟通的四种方式及其优缺点；
5. 掌握绩效沟通的技巧。

能力目标

1. 能够设计绩效培训方案；
2. 能够科学进行绩效信息收集；
3. 能够与上司和下属进行有效沟通。

素养目标

1. 培养严谨、务实的工作作风，结论基于数据，拒绝“凭感觉、拍脑袋”的虚无作风；

2. 树立正确、科学的价值观和奉献观，理解多样化的价值回报，避免一切向“钱”看。

知识导图

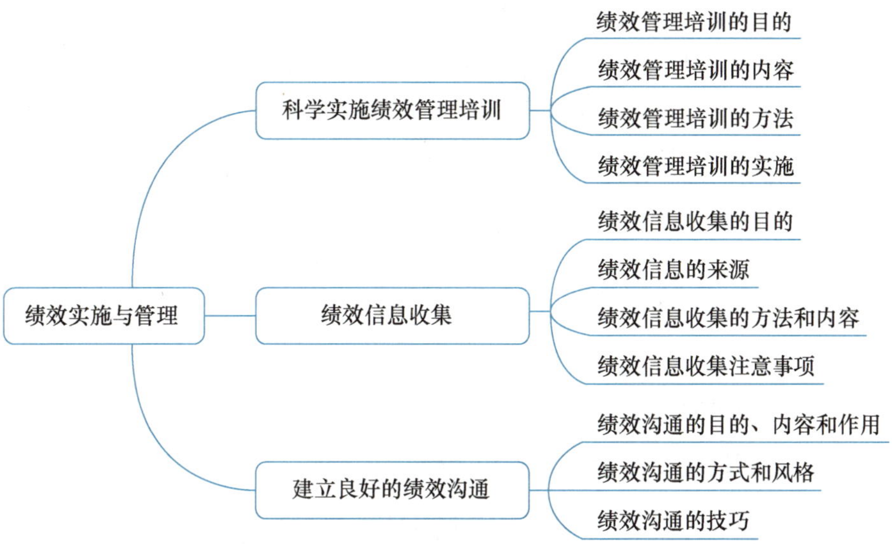

任务一 科学实施绩效管理培训

案例导入 华泰公司部门主管错误的绩效观

华泰公司去年新制定了一套绩效管理体系。该绩效管理体系从绩效管理框架的搭建、绩效考核指标的确定、绩效考核流程的制定、绩效考核结果的运用、绩效考核体系优化等方面为华泰公司的发展提供了解决方案。华泰公司在今年年初按照各种流程确定绩效考核的指标，并在今年年终进行了全员的绩效考核。但是，绩效考核结果并没有预期的那么理想：绩效考核结果不能恰当地反映员工的工作成绩；员工工作态度、工作能力的信息呈现出集中的趋势；每个部门根据员工考核结果制订的培训计划非常雷同；唯一能作为薪酬调整依据的就是客观的业绩。得到这样的绩效考核结果，华泰公司的总经理很不满意。通过人力资源部的调查发现，绩效管理结果不理想，主要是因为各部门经理对绩效考核不重视。华泰公司的部门经理普遍认为绩效考核是人力资源部的事情，进行绩效考核增加了自己的工作量，影响了自己的日常工作，而且对于和下属沟通考核结果感觉很别扭。

资料来源：林筠，胡利利，冯伟副. 绩效管理. 2 版. 西安：西安交通大学出版社，2013：52.

问题：

1. 组织为什么要投入大量人力、物力对主管人员和员工进行绩效管理培训？
2. 绩效管理培训应该从哪些方面进行？

绩效管理的效果不仅取决于绩效管理系统本身设计的科学性与可靠性，还取决于管理者与员工对绩效管理的态度，以及对绩效管理操作技能的掌握情况。通过绩效管理培训，使员工和管理者对绩效管理有一个正确认识，并掌握绩效管理技巧，是保证绩效管理有效实施的前提。本任务主要介绍绩效管理培训的目的、内容、方法和实施。

一、绩效管理培训的目的

绩效管理培训的目的主要体现在以下两方面。

（一）宣传绩效管理理念，消除误解和抵触

员工和主管对绩效管理往往存在一定的抵触情绪，而这些情绪主要来自对绩效管理的了解和理解不够。主要有以下方面：

1. 形式主义论

认为绩效管理是形式主义、走过场，所以抱着无所谓或反感的态度。

2. 缺点论

感觉绩效管理是对自己的品格和能力的不信任，是给自己找碴儿，所以从心底产生抵触情绪。

3. 害怕论

一些员工对上司缺乏信任，害怕受到不公正和不公平的评价，内心有抵触情绪。部分主管害怕考核时给员工较低评价会影响员工的积极性。

4. 无用论

有些主管认为绩效管理既花时间，又无效果，没有什么价值。

5. 负担论

有些主管认为自己本来已经够忙了，又要进行谈话、填表格等绩效管理，工作负担太重。

6. 怀疑论

主要是企业个别高层和主管对绩效管理的作用将信将疑，因而行动上也拖拖拉拉。

7. 畏难论

有些主管因为绩效管理相关技能不过关，怕实施过程中处理不好，产生畏难情绪。

（二）提升绩效管理技能，保证绩效管理顺利推行

绩效管理是一项实战技能要求相当高的管理工程，是人力资源管理六大模块中最难的一块，包括如何制订绩效计划、如何设定绩效指标和标准、如何计算考核指标的得分、如何进

行绩效沟通，等等。如果考核者不能掌握这些技能，就很难保证他们能正确运用这个工具，绩效管理的目的就很难达到。这些技能中，有些是主管要掌握的，有些是主管和员工都要掌握的。绩效管理培训能使主管和员工提升绩效管理技能，保证绩效管理顺利、科学进行。

实例分享

陈思是公司研究部经理，部门中几位人员工作表现平平，他感到非常苦恼。于是，他重点抓低绩效员工的培训工作，要求他们必须参加一系列的业务培训和考试，每月亲自对业绩后进人员做绩效面谈。一年过去了，一天，他无意中听到了一个不好的消息：部门中一位工作表现良好的员工程爽正在寻找新工作，因为她觉得自己被忽略了，没有得到领导重视。陈思很吃惊，因为程爽看上去似乎对自己的工作很满意，也从来不需要陈思投入过多关注。陈思迫切地希望立即采取行动来挽留程爽，但是他不知道应该从哪里着手。

问题：

你觉得陈思的管理出了什么问题？你对陈思有何建议？

首先我们要知道，通常管理者在培养员工方面会有一些误区：

(1) 不自觉地只关注低绩效的员工；

(2) 认为培养员工是人力资源部的职责；

(3) 在职业发展方面侧重于按照可预测的公司晋升阶梯提升有能力的员工；

(4) 认为培养意味着“培训”，即通过内部研讨会或周末讲座提供培训。

然而正确的应该是：

(1) 组织中的每名员工都应该培养，尤其是高绩效和绩效稳定的员工；

(2) 培养员工是每一位管理者的职责；

(3) 在职业发展方面侧重于让员工接受新的挑战，以提高员工的职业能力；

(4) 培养更趋向于非正式的在职学习形式，如拓展任务、岗位轮换、在线学习、行动学习、导师指导等。

所以管理者在带领团队时应该分类培养下属，让每一个下属都能够充分发挥他的优势，对组织产生绩效。

二、绩效管理培训的内容

绩效管理培训通常由人力资源部负责，主管人员和员工共同参与来完成。一般来说，绩效管理培训包括广泛层面的理念、制度等的培训和具体操作层面的培训。

（一）绩效管理广泛层面的培训

1. 对全体员工渗透绩效管理理念的培训

绩效管理系统的运行效果如何，除了与系统本身有关外，更重要的还在于实施的过程和执行的力度。许多管理者和员工认为绩效管理就是在月末、季末或年末，针对过去的表现和业绩进行的管理行为，而实际上通过绩效管理，对被管理者的能力提升和职业生涯规划会起到更有效的推动，并进一步促进管理规范和改进组织绩效。这是实施绩效管理系统的真正目的和意义所在。所以管理者和员工不应把实施绩效管理系统看作一种负担，而应当看作一种先进的管理方式。因此，要对员工进行培训和渗透绩效管理的理念，使管理者和员工双方认识到：

（1）实施绩效管理唯一的目的是提供一条管理者与员工之间真诚合作的途径，帮助员工和组织改进绩效，更为及时有效地解决问题，并非为了批评和指责员工；

（2）通过培训和渗透使组织所有成员明白虽然绩效管理表面上关注的是绩效低下的问题，却旨在成功与进步；

（3）绩效管理虽然平时需要投入大量的沟通时间，但它却能使组织防患于未然，最终将给组织带来长远效益。

2. 对全体员工绩效管理制度的培训

通过系统教育和培训，使员工明确以下问题：组织为什么推行绩效管理制度？组织如何进行绩效管理？绩效管理采用的技术和方法是什么？绩效管理能帮助组织、部门和个人达到什么样的目标？能提出什么样的改进计划？只有当员工明确这些问题，才会予以广泛的支持。

3. 对主管操作方法与沟通技巧的培训

通过教育培训，澄清主管对绩效管理的错误及模糊认识：绩效管理不是为了制造员工之间的差距，而是实事求是地发现员工工作的长处和短处，从而扬长避短，使员工绩效得以改进提高。通过教育培训，使他们真正掌握绩效管理的操作方法和沟通技巧，让他们在组织绩效管理中发挥牵引力的作用，这样才能保证绩效管理的顺利进行。

（二）绩效管理操作技能层面的培训

1. 绩效标准培训

绩效标准培训指的是通过培训向考核者和被考核者提供考核时的比较标准或者是参考的框架。考核者如何理解绩效标准将在很大程度上影响他们对每个被考核者的考核结果，被考核者如何理解绩效标准将对其绩效完成影响很大。进行绩效标准培训是实现绩效管理程序公平的前提条件。

2. 绩效信息收集方法培训

为了使考核的结果更有说服力，为了给考核之后的绩效反馈提供充分的信息，考核者必须在绩效实施期间充分收集各类与员工的绩效表现相关的信息。这方面培训一般以讲座的形式进行，另外还可以通过生动的录像来进行现场的演示或练习。需要注意的是，收集绩效信息不仅要依靠上级的观察，更重要的是要通过员工自发的口头汇报或书面的工作进展报告来收集。事实上，由于不同岗位的工作性质不同，能够获取有关工作绩效信息的渠道各不相同。这方面培训应根据被考核者的不同情况有针对性地进行。

3. 绩效考核指标培训

绩效考核指标培训指的是通过培训考核者和被考核者，让他们熟悉在考核过程中将使用的各个绩效指标，了解它们的真正含义。绩效考核体系中所使用的各个绩效指标，只有在双方正确理解的基础上，才能将绩效考核体系所要表达的信息传达给员工。另外，针对员工的绩效考核指标往往是由人力资源部门在与管理者进行充分沟通的基础上确定的。

4. 绩效考核方法培训

绩效考核中可能采用的具体方法是多种多样的，每种方法都有其优点和缺点。绩效考核方法的培训应该通过考核者培训使考核者充分掌握在实际进行考核时需要采用的各种操作方法，填写表格的注意事项等，以充分发挥该考核方法所具有的优势，并使考核者对考核方法产生认同和信任感。这种认同将有助于绩效考核结果得到管理者乃至所有被考核者的认同。

5. 考核者误差培训

对于绩效考核中发生不准确的问题，最常见的解释就是考核者的主观错误。因此，考核者培训中的一项重要内容，就是通过培训告诉考核者在考核过程中可能会产生的考核误差都有哪些，以及如何减少这些误差的发生。

6. 绩效反馈培训

绩效反馈是考核者与被考核者之间的沟通过程。通过这一过程，考核者将绩效信息反馈给员工，从而帮助他们改进自己的绩效。绩效反馈并不是一个简单的谈话，考核者应该通过这样一个沟通的过程帮助被考核者更好地认识自身在工作中存在的问题。通过考核者培训，管理者应该能够掌握绩效反馈中应当运用的各种技巧。

应该注意的是，绩效培训的主要内容要根据不同组织的情况而确定，并没有统一的模式，每一次的培训内容可以针对不同的问题来进行计划和安排。

三、绩效管理培训的方法

绩效管理培训方法的选择是实施绩效管理培训的基础和关键。培训的方法多种多样，每种培训方法都有各自不同的特点。选择适合的培训方法，才能达到最佳的培训效果。这里讨论几种在绩效管理培训中常用的培训方法。

（一）讲授法

讲授法是最常见的培训方法，是指培训师用语言将他想要传授的内容表达出来的一种培训方法。讲授法的特点是易于操作、经济高效。只要有一名培训师和一间合适的教室就可开展，同时能对大量学员进行培训，还可兼顾知识的深度和广度，并在较短的时间内传递大量信息。由于简便易行，它的应用非常广泛。就初学者而言，绩效管理中需要了解的知识性内容较多，所以，讲授法在绩效管理培训的初期是十分适用的。

然而作为一种单向沟通，这种培训方法的缺点也是显而易见的。讲授法的培训过程由培训师控制，学员基本处于被动接受状态，师生缺少必要的交流和反馈，学员间也缺乏互动和信息交流，过多采用讲授法会助长学员的惰性或抵触情绪。另外，单纯的讲授还会使学员缺乏感性的直观认识，不利于学习内容的消化和记忆。

（二）研讨法

研讨法指由培训师组织受训者，以团体的方式对工作中的课题或问题进行讨论，并得出共同结论的一种方法。这种方法可以让受训者在讲座过程中互相交流、启发，以提高其知识和能力，可达到“1+1>2”的创造性效果。在实际应用中，研讨法并不注重知识的传播，而是侧重于意识的培养和灵感的激发。在绩效管理培训中，“绩效管理的意义”“上下级沟通在绩效管理中的作用”等方面的问题均属于意识培养的范围，研讨法对此更为合适。研讨法能够让学员在参与中相互激发灵感，迅速找到问题的解决方案。与此同时，学员从这种方法中所获得的知识远比培训师单方面的灌输所获的知识更多，更能留下深刻的印象。

（三）角色扮演

角色扮演是情景模拟培训的一种方式，指在一个模拟的工作环境中让一个或几个学员扮演其中的人物，其余学员观看表演，注意其中与培训目标有关的行为。表演结束后进行情况汇报，扮演者、观察者联系情感体验来讨论表演中表现出的行为。角色扮演法可以分为两类：一类是结构性的，角色扮演的条件、问题都是预先设计好的，是从普遍的管理问题中抽象出来的特例；另一类是自发性的，是学员在学习过程中学会发现新的行为模式，减少在人际交往中的拘束和过强的自我意识。与讲授法和研讨法相比，角色扮演与实际工作的联系更直接、紧密，学习过程更直观、真实，学员对学习内容的理解和记忆也更深刻，可以及时获得有关学习结果的反馈，并且学员对这种培训方法会有更高的参与兴趣。

（四）行为示范

行为示范就是先向受训者演示一个标准的行为样例，然后为他们提供实践这些行为的机会。这种培训方法建立在社会学习理论的基础上，强调学习是通过两方面进行的：一是观察示范者演示的行为；二是看示范者演示这些行为而受到强化。行为示范不太适合信息的学习，而适于学习某一种技能或行为。有研究资料表明，行为示范是传授人际关系和计算机技能的最有效方法之一。绩效管理中的人际互动技能，可以通行为示范法加以训练。

（五）实战演习

所谓演习，就是以学员所在企业的实际情况为演习材料，给学员提供主题性的练习活动。如，绩效评价实战演习的具体程序为：首先，将描述某个员工工作情况的书面案例或录像呈现给学员，让学员以企业实际推行或即将推行的绩效评价标准和评价表格为工具，独自对该员工的各项绩效指标进行评价；然后，小组成员比较和讨论各自的评价结果，最终获得一个小组一致认同的评价结果；最后，在全部学员面前，每个小组说明本组评价结果，经过讨论做整体的分数调整。这些讨论过程，可以帮助学员找到自己对评价标准或评价指标理解上的距离，或者发现自己绩效评价时可能会出现的评价偏差，从而学会更加准确地进行绩效评价。

四、绩效管理培训的实施

从前面所述，我们知道，绩效管理培训主要包括绩效管理理念宣传和绩效管理技能培训两个方面。在具体实施过程中，我们需要做好培训计划，掌握好培训时机。有的绩效管理人员在培训时，将绩效管理理念的宣传、绩效管理技能等一大堆内容一次性灌输给受训者，花几个小时就匆匆讲完这么复杂的内容，受训者能一下子搞得清楚吗？恐怕只会是云里雾里，不得其要领。这当然是不可取的。

正确的做法是：分阶段、有步骤、讲方法地进行。绩效管理理念的导入、宣传要在正式推行前进行，所谓“思想挂帅”，让大家有一个消化的过程；具体的绩效管理操作技能，可以在正式推行前先培训，在推行过程中针对问题再培训，予以纠正和强化。先期培训，可以采取灌输式集中培训；再培训，可以在总结工作时针对问题进行探讨和讨论，予以引导；培训效果较差时，再集中开课。绩效管理培训计划示例可参考表 4－1。

怎么做好绩效管理培训

表 4－1 绩效管理培训计划示例

课程主题	单元 1	单元 2
培训目标	了解绩效管理的意义、目的和作用……	掌握考核者绩效考核的工作方法和工具……
课程主要内容	1. 绩效管理的概念 2. 绩效管理的作用 ……	1. 主要工作方法介绍 2. 重要方法讲解 ……
授课者	×××	×××
授课时机	推行绩效管理系统前的适当时间	正式建立部门层级考核体系前
授课时数	2 小时	4 小时
授课形式	讲授＋问答	讲授＋模拟
受训者	班组长以上管理人员	班组长以上管理人员

总之，要通过培训，让主管、员工都成为绩效专家，都能自觉投入绩效管理，绩效管理才能成功。否则，始终摆脱不了人力资源部门唱独角戏的局面，造成费力不讨好，事倍功半。

直通职场　绩效管理落地前必做的培训有哪些？

在绩效管理落地前要做足企业文化思想的培训，还需要不断地对员工的专业能力、思想意识进行培训，因为导入新的管理理念和管理模式，对员工原有的思维模式以及利益分配模式会产生冲击，需要对员工加强相关方面的培训。

首先，通过战略高度的梳理来消除员工的误解和认识上的偏差。

很多员工对任何形式的评估都会很敏感，认为是公司在找自己的麻烦，有的员工平时对公司缺乏信任感，内心也容易产生抵触情况；有的员工认为绩效管理就是走形式、走过场，抱着无所谓的态度。

员工对绩效管理有误解和抵触情绪，如果不消除，就会加大绩效管理落地的难度和阻力。通过绩效管理培训及通过战略高度的思想培训，让员工明白实施绩效管理不仅对组织有利，而且对员工个人也有益。员工有了正确的认识后，才会主动积极地支持与配合。

其次，通过绩效管理操作技能提升的培训提升员工认知。

绩效管理中有许多操作技能，例如如何操作绩效指标与标准、如何实施绩效管理流程、如何做现场记录、如何评分、如何做绩效面谈，等等，这些管理技能是需要所有管理者都学会的，掌握了这些绩效技能，自然就提升了管理者的管理技能与水平。

那么，绩效管理培训在实施过程中到底应包含哪些内容呢?

1. 绩效管理理念的培训

这个培训主要着眼于向员工讲解组织为什么要使用绩效管理系统，导入绩效的目的与意义是什么，有什么用途，以及导入的是怎样的一套绩效管理系统。通过讲解，让员工理解绩效管理真正的意义与作用，破除员工内心的误解与排斥。

2. 绩效管理工具的介绍

为大家讲解使用的绩效管理工具是什么，是KPI还是平衡积分卡，抑或是综合性工具，每个工具的作用及用途是什么。这些都要为员工讲明白，以便更好地实施绩效管理，参加这个培训的人员最好是管理人员。

3. 绩效考核表的设计及关键指标的提炼介绍

这部分可以由讲师重点为管理人员讲解如何设计考核表及考核表中维度的作用和使用方法。管理人员学会这个技能后，可以让部门负责人为自己及部门的岗位亲自设计，这样能更精确地找到关键指标。

4. 绩效闭环的介绍

可以给员工详细讲解绩效管理的全流程，每个应用环节中的应用事项，及其在企业战略或管理中起到的作用与效能。

如果在企业导入绩效管理系统前能充分做好以上管理培训工作，相信绩效管理系统导入的成功率已达到了90%以上，剩下的就是需要企业的重视程度与执行力了。而一套好的绩效管理系统的导入，足以使企业绩效或业绩倍增或迅速提升。

任务二 绩效信息收集

案例导入 如何收集绩效信息?

一名主管要对某一员工进行考核，但他却没有任何关于该员工的信息，即他对该员工平时的表现、跟同事的人际关系、对工作的投入度以及对公司的忠诚度都没有一个准确的认知，那么，他将无法准确判断该员工是否是一个好员工、是否适合公司的需要、是否能为公司的发展做出贡献。

也有一些管理者对员工的考核信息掌握不全面，常常以为自己看到的就是该员工的真实情况。在考核的时候，又往往忽略其他员工对该员工的看法，于是，对该员工做出了不符合事实的考核结果。这样做不仅得不到一个真正意义上的好员工，还有可能引起其他员工的怨言，对企业的凝聚力产生负面影响，最终影响企业的发展。

问题：

1. 管理者应该如何收集绩效信息？
2. 管理者收集绩效信息时如何保证信息的全面性？

所有的决策都需要信息，绩效管理也不例外。客观、公正的绩效评估一定不会是凭感觉进行的，而评估的依据就来自绩效实施的过程中。没有充足有效的信息，就无法掌握员工工作的进度和所遇到的问题；没有有据可查的信息，就无法对员工工作结果进行评价并提供反馈；没有准确必要的信息，就无法使整个绩效管理循环持续运行下去，并实现预期的目标。本任务主要解决绩效管理实施过程中的绩效信息收集问题。

一、绩效信息收集的目的

绩效信息的记录和收集是绩效管理的一项基础工作，很多绩效管理失败的原因就在于绩效信息的不准确以及考核评价的随意性。准确、及时的绩效信息对绩效考核的顺利实施具有重要意义。

（一）提供绩效考核评价的基础依据

绩效管理一般以年度、季度或月度为周期进行。在绩效评估时，需要对员工的各个关键业绩指标进行考核评价，因此相关的考核信息数据就是考核评价公正、客观的基础。

（二）发现员工绩效问题并提出绩效提升的意见和建议

通过对员工的绩效进行记录和收集，可以发现员工绩效方面存在的问题。通过和其他优秀员工的对比，可以提出改进的绩效目标。例如，当管理者对员工说“你在这个方面做得不够好”或者“你在这个方面还可以做得更好一些”时，就需要结合员工本人的具体事例以及优异员工的事例来增强说服力，这样会让员工清楚地看到自己存在的问题以及与优秀员工的差距，有利于员工改进和提高绩效。

（三）研究员工绩效优异或低下的深层次原因，总结、推广经验教训

对绩效信息的记录和收集可以使管理者掌握绩效优异和绩效低下的关键事件，可以探寻绩效优异或绩效低下的深层次原因。发现绩效低下者的真实原因，并有针对性地进行培训，总结并推广绩效优异者的成功经验，可以提高整体员工的绩效。

二、绩效信息的来源

不同的来源可能会得到不同的绩效信息。绩效信息的来源可以有多种途径，包括考核者记录收集、其他相关部门记录收集、被考核者记录收集以及由第三方独立机构负责收集等。

被考核者记录和收集绩效考核信息可能会导致信息的不真实，在以下两种情况下可以减少这种不真实的发生：

（1）绩效考核者应加强对下属工作的了解，做到对下属工作非常清楚，使下属不敢造假。

（2）采取过程性考核指标来进行评价，被考核者收集信息的意义主要在于先对自己这方面的工作做一简单评价，而对于考核者来说，这方面的信息只是评价的参考意见，如果发现被考核者的自我评价有较多水分，那么可以对被考核者该项指标打个较低的分数作为惩罚，并在绩效考核面谈时与被考核者进行充分沟通，使被考核者明白下次要如实地评价自己的工作。

三、绩效信息收集的方法和内容

（一）绩效信息收集的方法

绩效信息收集和记录是绩效管理的一项基础工作，这项工作的好坏对绩效管理的效果具有非常重要的影响。收集绩效信息的方法包括观察法、工作记录法和他人反馈法等。

1. 观察法

观察法是指管理人员直接观察员工在工作中的表现，并记录相关数据和信息的方法。例如，管理者看到员工粗鲁地与客户讲话，或者看到一个员工在完成了自己的任务后热情地帮助其他同事等。这些信息就是直接观察得到的。

2. 工作记录法

员工的某些工作任务完成情况是通过其他部门的工作记录体现出来的。例如，财务数据中体现出来的销售额，客户记录表中记录下来的业务员与客户接触情况，质检部门记录下来的废品、不合格品件数等。这些都是相关部门日常工作记录中体现出来的绩效情况。

3. 他人反馈法

员工的某些工作绩效不是管理者可以直接观察到的，也缺乏日常的工作记录。在这种情况下就可以采用他人反馈的信息。一般来说，当员工的工作是为他人提供服务或工作过程中与他人发生关系时，就可以从员工提供服务的对象或发生关系的对象那里得到有关的信息。例如，对于从事客户服务工作的员工，管理人员可以通过发放客户满意度调查表，或与客户进行电话访谈，以及座谈会的方式获得员工的绩效信息；对于公司内部的行政后勤等服务性部门的人员，可以从接受其提供服务的其他部门人员那里了解信息。

信息收集方法的正确有效与否直接关系到信息质量的好坏，而每种方法都有一定的局限性，因此各种方法的综合运用是值得推荐的，当然也要考虑到收集的成本和效率。

收集绩效数据，你的方法用对了吗？

（二）信息收集的内容

信息的记录和收集需要耗费大量的时间、精力和金钱，因此并非所有的信息都需要记录和收集，也不是收集的信息越多越好。所收集的信息应该与工作绩效紧密相关，以该岗位的关键绩效指标或绩效目标/计划作为依据进行信息的收集是常用的方法。通常来说，应该收集的绩效信息内容主要包括：

（1）工作目标或任务完成情况的信息；

（2）证明工作绩效优秀或不良的事实证据；

（3）来自内、外部客户的积极和消极反馈信息；

（4）与员工进行绩效沟通的记录；

（5）员工因工作或其他行为受到表扬或批评的情况。

这些信息中，有一部分是员工工作结果的数据，还有相当一部分是员工工作行为的“关键事件”。所谓关键事件，是指员工工作中的一些典型行为，其中既包括证明绩效优异的事件，也有证明绩效存在问题的事件。对关键事件的记录要持续进行，建议采用员工绩效记录卡作为必要的辅助（见表 4－2）。

表 4－2 员工绩效记录卡（样表）

员工姓名：	职位：		所属部门：
满意事件		不满意事件	
时间	事件内容	时间	事件内容
2021/1/1	为完成 AS 系统升级，连续 3 个星期加班加点，毫无怨言	2021/4/1	没有按照安全操作规范操作
2021/2/10	尽管遇上机械故障，生产任务仍然能够按时完成		
2021/3/20	在职责范围之外，为公司重要客户授课，客户评价极高		

资料来源：张建国，徐伟．绩效体系设计——战略导向设计方法．北京：北京工业大学出版社，2003.

实例分享

案例一 积极的关键事件

王林是一家公司的销售员，李志光是他的老板。一天，李总路过王林的座位的时候，正巧他在打电话。李总注意到王林正在给买了产品的客户打电话，询问客户使用产品的情况："您觉得用起来怎么样啊？""您觉得我们的产品还有哪些需要改进的方面吗？""除了我们的产品，您还用过其他品牌的同类产品吗？它们在哪些方面比我们好？"并且看到王林认真地记录下客户的意见。过了几天，一份整理完好的客户意见调查报告就呈现在李总的办公桌上。李总发现，王林详细地对客户使用产品的意见进行了总结和归类，并且有自己的分析意见，这些意见对于产品的改进很有帮助。

案例二 消极的关键事件

赵爽将一份打印精美的月度报告交给了高经理。高经理非常认真地阅读了这份报告，他对报告中的一些数据感到有些怀疑，于是就重新计算了一下，果然发现有错误。高经理忽然想到赵爽的报告与林垒的报告用的是同样的模板，于是他拿出了林垒的报告与其对照了一下，结果发现赵爽的报告中有些数据由于粗心没有被替换掉，用的还是林垒原来的数据，这样就导致了数据的错误。

四、绩效信息收集注意事项

（一）员工应该参与信息收集的过程

绩效管理的主要目的是提高员工的工作绩效，绩效管理是管理者和员工的共同责任，因此员工应该自己收集相关绩效信息或者参与相关信息的收集过程。员工参与信息的收集过程，一方面可以及时对工作进行调整，有利于绩效目标的完成；另一方面管理者依据员工参与收集的信息与员工进行沟通时，员工会容易接受这些事实。

对于某些信息，可以由员工自己收集记录，最后报管理者抽查审核；还有一些信息是管理者发现并掌握的，例如工作出现差错等信息，这时管理者应及时将这些信息向相关员工进行通报，这样一方面可以对员工的工作及时进行辅导、纠正，另一方面到绩效期末员工也易于接受这些绩效信息。

（二）收集信息要有目的

信息收集是一项耗时、费力的工作，要占用大量的人力、物力和时间，因此一定要收集那些对绩效管理非常有必要的信息。有些过程信息可以不去关注，而直接关注最终结果；有些重要的过程信息，可以用关键事件记录法来记录；对于重要的结果信息，一定要如实记录。信息收集可以针对 KPI 中的相关内容，组织相关人员进行记录、收集。

（三）抽查是核对信息真实性的好办法

很多信息是员工自己记录的，而且管理者也没有太多的时间、精力来做信息的记录与收集工作，因此员工在做工作记录或收集绩效信息时往往会有选择地记录和收集信息，甚至会提供虚假信息。制约员工这种行为倾向的好办法就是抽查，对抽查中发现的故意提供虚假信息的行为，要进行严厉的惩罚。

（四）信息记录应把事实与推测区分开来

应该记录事实的绩效信息，而不应记录对事实的推测。通过观察可以记录员工的行为，但行为背后的动机和原因往往是推测的，很可能是不可靠的。例如，员工近期工作经常迟到、早退，而且效率低下，不能按期完成任务，上述内容就是事实记录；但是如果记录员工积极性降低、业务水平不高就是简单推测，因为很可能是由于其他原因，例如家中出现变故等，而导致员工工作绩效低下的。

直通职场 绩效信息收集困难，怎么办？

人力资源部在实施绩效管理的时候，常常做好了各部门的绩效指标，制定了绩效信息和数据提交的模板和具体要求，定好了应上交绩效信息的具体时间，可是到了各部门需要提交信息数据的时候，总是会有很多部门交不了数据。这时候，多数人力资源部员工都会开始对绩效管理工作产生疑虑，有的甚至会打退堂鼓，不知道再这样下去，公司的绩效管理能否推行下去。绩效信息和数据收集难的问题，在很多公司都很常见。尤其是对于那些实施绩效管理时间不长、绩效体系建设还没有完善、绩效管理理念还没有深入到员工心里的公司来说，这种情况更是非常普遍。要应对这种情况，我们可以从如下几个方面找出问题，做出努力：

1. 管理层面

人力资源部首先要审视，在组织机构设置时，有没有明确划分出各部门对于绩效信息提供的权责；从组织机构和部门设置的层面，有没有影响部门履行绩效信息提供职责的问题，有没有促进部门职责履行的设计。当公司已经明确规定出某个绩效信息数据应由某个部门在某个时间节点之前提供，下一步是要明确，这件事的实施本身由谁来负责管理；如果该部门没有提供应当怎么办，是否有相应的惩罚措施；如果这位管理人没有起到应有的作用，应当怎么办。公司的最高管理层对此同样有相应的职责。当人力资源部在各部门之间追寻绩效信息数据时，如果公司最高管理层不闻不问，只是把这件事推给人力资源部，那么数据一定会出问题。如果最高管理层能够起到一定的监督和督促的作用，那绩效信息的收集会容易很多。如果绩效信息收集的问题较严重，人力资源部可以组织一次针对此问题的专门的研讨会，请公司的最高管理层和各数据提供部门参加。会上，人力资源部把当前的问题真实、客观地提出来，让所有人参与讨论，形成一致认可的解决方法并付诸实施。

2. 操作层面

流程是保证制度实施的有效措施，但是在设计流程时，也要注意流程设计过程中的关键控制点和关键负责人。要明确规定，谁对流程的实施进行管理、谁对流程的运行负责、谁负责流程的监控、谁来实施流程异常的考核。绩效信息或数据收集不到位，很多时候是部门之间沟通协调不到位。信息的提供部门没有全局观念，是因为没有人告诉这个部门绩效管理的全貌是什么样子，没有人告诉这个部门如果因为他们数据提供的延误，会引发公司什么样的管理后果。有时候人力资源部的勤勉能够收获较好的效果。人力资源部在绩效信息和数据的收集过程中，不仅要履行收集的职责，还要起到督促的作用。对需要提醒的部门及时提醒，对需要帮助的部门及时帮助。

3. 人员层面

绩效信息提供部门的管理者和员工对绩效管理的理解和认识，决定了他们将会如何对待绩效信息和数据提供这项工作。因此，人力资源部还要在公司各部门管理者和员工的意识层面下功夫。如果他们的认识到位，那么这项工作可能不需要人力资源部过多干预，他们就能自觉做好。如果他们并不理解，认为这项工作是对他们原本职责的附加，是在占用他们的工作时间或者浪费他们的时间，那么这项工作将很难有效地开展。人们对事物的认识决定了人们的思维，人们的思维决定了人们的行为。从这一点也能够看出，在整个绩效管理的过程中，人力资源部对相关人员就绩效管理体系相关问题持续的宣导、教育和培训有多么重要。

任务三 建立良好的绩效沟通

案例导入 W公司的沟通

W公司的财务部门经理正在为一位员工不能如期完成月度工作任务而愤怒不已，以下是他们之间的对话：

经理：“月初布置给你的工作任务完成了吗？”

员工：“我的工作需要人力资源部提供数据支持，但人力资源部未提供，所以没有办法完成。”

经理：“人力资源部为什么不提供数据？”

员工：“人力资源部的人说，各部门的数据没有报给他们，以致无法进行汇总统计，当然就无法提供我们工作所需的数据。”

经理：“那你为什么不及时向我汇报？”

员工：“几天前，你正出差在外，我打电话给你请你参加人力资源部主持的一个协调会，你说赶不回来，无法参加。”

问题：

W公司工作中出现了哪些沟通问题？如何进行改进？

对于员工而言，现在的工作环境越来越复杂，竞争压力也越来越大。对于管理者而言，管理员工的绩效和行为变得越发重要。在绩效管理系统中，组织、经理和员工全部参与进来，经理和员工通过沟通的方式，将组织的战略、经理的职责、管理的方式和手段以及员工的绩效目标等绩效管理的基本内容确定下来。在持续不断沟通的前提下，经理帮助员工清除工作过程中的障碍，提供必要的支持、指导和帮助，与员工一起共同完成绩效目标，从而实现组织的远景规划和战略目标。

绩效沟通是绩效管理的灵魂与核心，是绩效管理过程中耗时最长、最关键、最能促进工作开展、产生效果的环节。良好的绩效沟通能够及时排除障碍，最大限度地提高绩效。从上述案例可以看出，该员工未能及时完成月度工作任务，直接原因是人力资源部未能提供其所需要的数据，而非员工不努力。而这正是需要加强绩效沟通的地方。就本案例而言，经理出差在外，员工可采取的有效绩效沟通方法是：定时向经理发送电子邮件或保持电话联系，随时汇报工作进展情况、存在的困难和问题，进行有效的沟通。本任务主要解决绩效管理中的沟通问题，帮助绩效考核顺利进行。

持续的绩效沟通就是管理者和员工共同工作以分享有关信息的过程。这些信息包括工作的进展情况、潜在的障碍和问题、可能的解决措施，以及管理者如何才能帮助员工等内容。为了解决缺乏持续沟通引发的矛盾，实现有效的绩效管理，企业从绩效计划、绩效实施、绩效考核到绩效反馈，都需要管理者和员工的双向沟通，绩效管理系统中每个环节都离不开绩效沟通。

绩效沟通在整个绩效管理中占据着相当重要的地位。在绩效计划制订阶段，绩效沟通能保持信息渠道的畅通，并确保绩效计划制订的科学性、客观性和民主性；在绩效计划实施中，通过绩效沟通，组织能够及时发现绩效问题，并采取相应的改进措施和方法，以保证绩效计划得到更好的贯彻和实施，调整不合理的绩效计划；在绩效考核与反馈面谈中，绩效沟通不仅仅是绩效的简单交流，而且包括绩效的修正。持续的绩效沟通如图 4－1 所示。

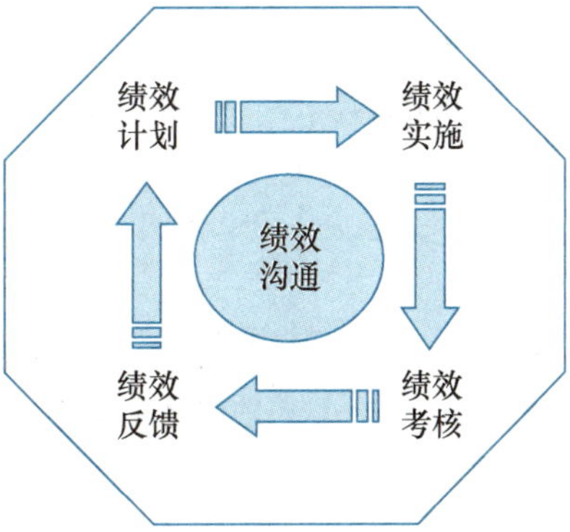

图 4－1 持续的绩效沟通示意图

一、绩效沟通的目的、内容和作用

（一）绩效沟通的目的

1. 管理者通过绩效沟通促进绩效计划的实施

（1）获取员工的信息，掌握员工的工作情况，并根据具体的情况有针对性地提供各种资源和指导，从而帮助提升员工的工作能力；

（2）运用沟通获得的信息帮助管理者向员工传递组织的期望，应付企业内外部发生的各种变化；

（3）使管理者能够客观、公正地评价员工的工作绩效，提高员工对绩效评价的满意度；

（4）通过沟通，管理者和员工探讨并找出绩效存在的问题及原因，使绩效改进计划具有基础和依据。

2. 员工通过绩效沟通获取相关工作信息

（1）可以帮助员工及时了解自己在绩效周期内的业绩是否达到标准，及时发现在这一阶段绩效的不足并加以改进，使双方对绩效评估结果达成一致的看法；

（2）使员工的工作处于一种开放的状态，鼓励其工作的热情和积极性；

（3）帮助员工随时了解企业变化，如组织目标的调整、工作内容的改变等，使其根据这些变化对自己的工作任务作出相应的调整；

（4）使员工及时得到管理者提供的资源和指导、帮助，协助他们更好地完成任务、实现目标。

无论是对于管理者还是对于员工，理想的沟通效果如图 4-2 所示。

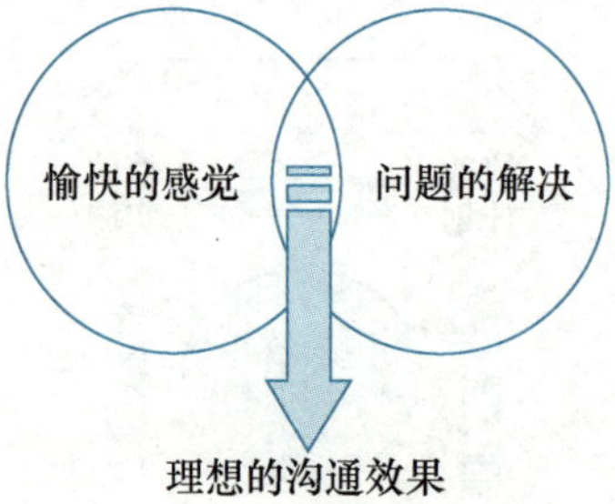

图 4-2　理想的沟通效果

（二）绩效沟通的内容

对于管理者和员工来说，绩效沟通的最终目的都是提高员工的工作绩效。但是，他们通过绩效沟通所要了解的信息内容却是不同的。

对管理者而言，他们需要得到有关下属员工工作情况的各种信息，以帮助他们更好地协调下属员工的工作。当下属员工工作中出现问题的时候，管理者应该及时掌握情况，避免不必要的麻烦。另外，他们还需要了解工作的进展情况，以便在必要的时候向上级汇报。在有些情况下，管理者还应该有意识地收集一些绩效评价和绩效反馈时需要的信息。这些信息将帮助管理者更好地履行他们在绩效评价中担负的职责。

与此同时，员工也需要了解有关信息。通过与管理者之间的绩效沟通，员工可以了解到自己的表现获得了什么样的评价，以便保持工作积极性，并且更好地改进工作。另外，员工还需要通过这种沟通了解管理者是否知道自己在工作中遇到的各种问题，并从中获得有关如何解决问题的信息。当工作发生变化时，员工能够通过绩效沟通了解自己下一步应该做什么，或者应该着重去做什么。总之，这些信息应该能够帮助员工更好地完成他们的工作，应对工作中遇到的各种变化和问题。

通过绩效沟通，管理者和员工应该能够回答以下问题：

(1) 工作进展情况如何?

(2) 员工和团队是否在达成目标和绩效标准的正确的轨道上运行?

(3) 如果偏离方向，应该采取什么样的行动来扭转?

(4) 哪些方面的工作进行得好?

(5) 哪些方面遇到了困难或障碍?

(6) 面对目前的情境，要对工作目标和达成目标的行动作出哪些调整?

(7) 管理人员可以采取哪些行动来支持员工?

(8) 如果目标需要改变，如何进行调整?

其实，在具体情况面前，还要充分考虑到工作中面临的种种变化，甚至双方之间应就什么问题进行沟通，也应该成为双方沟通的话题。

(三) 绩效沟通的作用

绩效沟通的作用不仅仅在于能够前瞻性地发现问题并在问题出现之前予以解决，还在于能将管理者与员工紧密联系在一起，管理者与员工就存在和可能存在的问题经常进行讨论，共同解决问题，排除障碍，达到共同进步和共同提高，实现提高绩效的目的。此外，持续的沟通还有利于建立管理者与员工良好的工作关系。

(1) 通过沟通，帮助员工应对可能出现的变化，探讨未来可能出现的变化并及时制定应对措施。

(2) 沟通能给管理者提供各方面的管理信息。信息尤其是直接获得的正确信息，对管理者提高管理效率和管理准确性意义重大，因此必须通过不断的沟通，获得与企业、自己和下属有关的信息。

1) 了解员工的状态和想法，以便制订工作计划和绩效目标。

2) 了解员工工作的进展情况，以便于及时进行协调调整。

3) 了解员工工作时碰到的障碍，以便发挥自己的作用，帮助员工解决困难，提高绩效。

4) 可以通过沟通避免一些年终考核时意外的发生。

5) 掌握一些年终考核时必须用到的信息，使年终的考核有目的性和说服力。

6）帮助员工协调工作，使之更加有信心地做好本职工作。

7）提供员工需要的信息，让员工及时了解自己的想法和工作以外的改变，以便管理者和员工步调一致。

8）工作计划的安排有什么变化，是否需要调整，如果调整应该怎样调整。

9）同员工有关的绩效反馈，相关部门的员工、客户及其他同事对员工有什么样的看法，应该怎样应对。

10）关于员工工作好坏的考评，及时通过正确的渠道和方式反馈给他，以便于员工获得鼓励与动力或及时调整工作方式。

11）在年终考核时，避免出现两方都不能接受的意外。绩效考核的“没有意外”在很多企业里被当作一个原则问题对待，没有意外的绩效管理才更加成功、更加完善。持续不断的沟通的作用，在于使与绩效管理有关的每个员工包括管理者都获得自己需要的信息，信息在管理者与员工之间充分共享、自由互通。

让绩效沟通深入人心

二、绩效沟通的方式和风格

（一）绩效沟通的方式

进行有效的绩效沟通需要选择正确的绩效沟通方式，并运用恰当的沟通技巧。沟通方式是多种多样的，在进行绩效沟通时，常用的主要有书面沟通、面谈沟通、会议沟通和非正式沟通。

1. 书面沟通

书面沟通是指员工以文字或图表等书面形式向管理者报告工作的进展情况，反映所发现的问题和提出请求与建议。书面沟通是绩效管理中一种比较常见的正式沟通方式，它可以定期地进行，也可以不定期地进行。书面沟通作为以书面形式进行沟通的方式，与其他绩效沟通方式相比具有自身的优缺点，见表 4-3。

表 4-3　书面沟通的优缺点

优点	缺点
1. 提高了管理者收集绩效信息的效率 2. 突破了时间、空间的限制 3. 获得的绩效信息严谨、准确，易于保存 4. 使员工养成对工作及时总结和进行系统思考的习惯 5. 有利于培养员工的书面表达能力	1. 绩效信息从员工到管理者单向流动 2. 大量的文字工作易引起员工厌烦 3. 书面报告得不到重视时，则易流于形式 4. 在以团队为基础的组织中信息不能共享

在实际运用中，对于书面绩效沟通方式的缺陷，可以通过相应的方式去设法弥补。一方面可以对书面沟通方式本身进行调整，例如，可以设法简化书面报告的文字形式，尽量采用简明的记录方式或使用结构化的表格（如表 4-4 和表 4-5 所示），让报告的提供者参与确定报告中包括什么内容及报告采用何种形式。另一方面可以将书面沟通与其他的绩效

沟通方式结合起来使用。例如，在进行书面沟通的同时辅以面谈或电话沟通等方式以解决单向沟通的问题；在进行书面沟通的同时，结合一些非正式沟通方式以避免书面报告流于形式；对书面报告中的内容借助现代化手段可以使绩效信息在团队成员之间进行共享。另外，在书面沟通的基础上，管理者与员工定期再对绩效问题进行讨论，并加强对书面报告中绩效信息的反馈，也能改进书面沟通方式的效果。

表 4-4 个人工作周报表

部门			岗位	
姓名			填表时间	
本周工作计划				
实际工作内容及效果				
月	日	星期	上午	下午
		一		
		二		
		三		
		四		
		五		
		六		
		日		
下周工作计划及所需支持				
员工签字： 年 月 日			部门经理签字： 年 月 日	

表 4-5 部门工作周报表

部门		部门负责人	
本周时间	月 日— 月 日	填表时间	
本周工作总结			
人员信息			
姓名	工作内容及成果	姓名	工作内容及成果
下周工作计划及所需支持			

续表

需公司协调问题				
序号	问题	提出时间	期望解决期限	解决进度 （未解决、解决中、已解决）
部门内协调问题				
序号	问题	提出时间	期望解决期限	解决进度 （未解决、解决中、已解决）
存在的问题及建议：				

2. 面谈沟通

面谈沟通是管理者与员工之间所进行的一对一的口头沟通方式。当这种面谈沟通在事先约定的情况下进行时，就成为一种正式的绩效沟通方式，它可以定期或不定期地进行，是一种常用的绩效沟通方式。

面谈沟通是在管理者与员工一对一的基础上，通过口头交谈的形式而进行的沟通，与其他沟通方式相比具有自身的优缺点，见表 4-6。

表 4-6 面谈沟通的优缺点

优点	缺点
1. 双向沟通 2. 沟通能够具有深度 3. 便于对不宜开会的内容进行沟通 4. 有利于管理者与员工之间形成融洽的人际关系 5. 沟通障碍较少	1. 容易带有个人感情色彩 2. 员工易于产生较大的心理压力 3. 对管理者沟通技巧要求较高

面谈沟通作为一种绩效沟通方式，从表面上看似乎很简单，但是其沟通过程比较复杂，是能体现管理者沟通技巧的绩效沟通方式。要做好面谈沟通，首先在面谈前要明确面谈的目的，为面谈做好充分的准备，并选择在恰当的时机来进行面谈。在面谈进行过程中，重点应放在工作任务和工作标准上，内容以事实性信息为主，避免结论性评价；要积极进行双向沟通，给予员工更多的说话机会，让员工谈出自己真实的想法，而管理者则要在积极地进行引导的同时养成善于倾听的习惯。在面谈结束后，要把有关信息记录下来，并进行相应的小结，为下次面谈沟通提供必要的基础。

面谈沟通时尤其要注意沟通技巧，下面介绍一种面谈方法——汉堡法。

汉堡法，简单地说就是最上面一层面包如同表扬，中间夹着的馅料如同批评，最下面的一层面包最重要，即要用肯定和支持的话语结束。也就是说，首先应表扬员工的特定的成就，给予员工真心的肯定，表现再不好的人也有值得表扬的地方，千万别说“你这个人不行”，而应给予真诚的赞美，这样有助于营造融洽的面谈气氛；然后提出需要改进的特定的行为表现，诚恳地指出不足和错误，提出让员工能够接受的改进要求，消除员工的抵触心理，表达出对员工的信赖和信心；最后以肯定和支持结束，与员工一起制订绩效改进计划，表达对员工未来发展的期望。

实例分享

场景沟通表达

一位秘书有一段时间总是迟到，行政部经理采用汉堡法跟她面谈。

第一步，表扬特定的成就，给予真心的肯定。经理笑着对秘书说：“你最近工作做得不错，文件撰写与管理上没有出现什么差错，上级领导很满意。”秘书面露喜色。第一步就完成了。

第二步，提出需要改进的特定的行为表现。“但是你最近总是迟到，这个星期已经迟到三次了吧?”秘书点头。“行政部的同事找你打印资料，几次没找到你，对你很有意见。”秘书面有歉意。第二步完成了。

第三步，以肯定和支持结束。“你一向工作是很认真的。希望你能改掉迟到的毛病，如果有什么困难可以提出来，大家帮你一起解决。”第三步就完成了。

后来，这位秘书果然不再迟到了。

3. 会议沟通

会议沟通就是管理者通过参与小组或团队会议来进行绩效沟通。在一个小组或团队中，员工的工作任务往往是以某种形式相联系的，进行会议沟通不仅可以掌握整个小组或团队的绩效信息，而且有利于每个员工了解其他员工的工作情况，并从参与解决小组或团队的问题中受益，因此会议沟通是一种非常有效的绩效沟通方式。

会议沟通是在小组或团队范围内进行的，并且是通过讨论的形式来进行的，与其他沟通方式相比具有自身的优缺点，见表 4－7。

表 4－7　会议沟通的优缺点

优点	缺点
1. 双向沟通 2. 便于小组或团队成员沟通 3. 管理者利用会议传递企业战略与文化方面的信息	1. 会议时间可能与员工工作时间相冲突 2. 有些问题不便在会议上公开讨论 3. 易于产生形式主义 4. 对管理者会议管理和沟通技巧要求较高

会议沟通因为是在小组或团队范围内进行的，沟通效果受会议组织情况的影响较大。在会议沟通之前要进行充分的准备，包括确定好会议主题、安排好会议时间和地点、制定好会议程序，并通知有关与会人员提前做好相应的准备。在会议沟通过程中，要形成一种民主沟通的气氛，鼓励大家发表不同意见，真正发挥参会人员的智慧；当与会人员的讨论偏离主题时，会议主持者要及时将讨论内容拉回到与会议主题有关的内容上；在会议上要注意不要立刻作出决策；在会议结束时，回顾会议内容，制订会后行动计划，并布置会后

该做的工作。注意要做好会议记录，包括记录与会议主题有关的重要内容和会议上讨论的关键点，并在会议结束前回顾记录要点，确保记录内容准确、完整。

4. 非正式沟通

绩效沟通作为管理者和员工之间就员工的工作情况而进行的沟通，除了可以采取事先计划好的正式沟通方式之外，还可以经常地进行各种方式的非正式沟通。事实上，在日常的工作过程中，管理者和员工之间随时随地都可能就员工的工作情况进行沟通，包括走动式管理、开放式办公、工作间歇时的沟通、非正式的会议等，这些都属于非正式的绩效沟通的具体形式。

（1）走动式管理。这是指管理者在员工工作期间不时地到员工的座位附近走动，与员工进行交流，或者解决员工提出的问题。管理者对员工及时的问候和关心会使员工减轻压力，受到鼓舞和激励。因此，它是比较常用的也是容易奏效的一种沟通方式。但是，管理者在管理过程中应注意不要对员工具体的工作行为进行过多的干涉，否则会给员工一种突然袭击检查工作的感觉，使员工产生心理压力和逆反情绪。

（2）开放式办公。这是指管理者的办公室随时向员工开放，只要在没有客人或开会的情况下，员工可随时进入其办公室与管理者讨论问题。现在这种方式已被很多公司采用。这种方式的最大优点就是：让员工处于比较主动的位置，使沟通的主动性增强，同时也使整个团队的气氛得到改善。

（3）工作间歇时的沟通。管理者可以在各种工作间歇时与员工进行一些较为轻松的话题的沟通，从而引入一些工作中的问题，并且应尽量让员工主动提出这些问题。

（4）非正式的会议。通过员工欢乐夜、生日宴会、联欢会等各种形式的非正式的团队活动，管理者可以与员工在一种较为轻松的氛围中沟通。这种沟通有助于化解矛盾，增进感情。

（5）其他方式。可以通过网络留言、电子邮件或者即时聊天工具等随时进行沟通。

非正式沟通的最大特点在于：每天都在进行，不受时间、地点和形式的限制，与正式沟通相比具有自身的优缺点，见表4-8。

表4-8 非正式沟通的优缺点

优点	缺点
1. 形式多样 2. 时间、地点灵活 3. 沟通及时，解决问题效率高 4. 拉近管理者与员工的心理距离	1. 缺乏规范性 2. 很多内容不适宜采用非正式沟通

在绩效沟通中，以正式沟通方式为主，辅以有效的非正式沟通方式，会极大地提高绩效沟通的效果。此外，在绩效沟通的不同阶段，所采用的沟通方式也要有所侧重（见表4-9）。

表4-9 绩效沟通四阶段的沟通要点与方式

沟通阶段	沟通要点	沟通方式
绩效计划沟通	目标本身、绩效实施措施、目标所需支持	面谈沟通
绩效实施沟通	工作进展情况、员工问题和目标实现手段沟通	多种沟通方式

续表

沟通阶段	沟通要点	沟通方式
绩效考核沟通	工作情况回顾、总结沟通	多种沟通方式
绩效反馈沟通	考核结果说明、分析，绩效改进沟通	多种沟通方式

直通职场 国际商业机器公司的绩效沟通方式

国际商业机器公司（IBM）的绩效沟通方式值得我们借鉴。在 IBM 内部，绩效沟通渠道分为三类："员工-直属经理"的沟通；"员工-越级管理阶层"的沟通；其他渠道的沟通。

"员工-直属经理"的沟通是最重要的沟通。其主要形式是每年年初由员工与经理沟通，制定出自己的工作目标，并定期考绩检查。其考绩标准分为五个等级：未能执行的是第五级；达到既定目标的是第四级；执行过程中能灵活处理、完成任务的是第三级；在执行前能预知事件变化，并能做好事前准备的是第二级；第一级不仅要达成第二级的工作要求，还要成为其他员工的模范。

"员工-越级管理阶层"的沟通有四种形态：一是"越级谈话"，这是员工与越级管理者一对一的个别谈话；二是由人事部门安排，每次有十余位员工与总经理面谈；三是高层主管者的座谈；四是 IBM 最重视的"员工意见调查"，每年人事部门都要求员工填写一份不署名的意见调查。

其他的沟通渠道分别是"公告栏""内部刊物""有话直说""申诉制度"。在工作中，员工如果觉得受到委屈，可以写信给任何一个主管申诉。

IBM 的绩效沟通采用了正式沟通和非正式沟通相结合的方式。正是由于每种沟通方式都存在着缺点和不足，所以不要仅依赖于单一的沟通方式，而应通过对各种方式的优化组合，选择能够同时满足管理者和员工需求的综合方法。

（二）绩效沟通的风格

1. 四种典型的管理者绩效沟通风格

管理者的绩效沟通活动可以分为以下四种典型风格，但大多数人都兼有两种以上的沟通风格：

（1）封闭型。

封闭型管理者的典型特征是：既很少进行自我披露，也很少运用反馈，好似一只与世隔绝的乌龟待在甲壳之中。焦虑和不安全感是封闭型管理者的典型心态，他们经常担心失去工作或职位，并认为维持现状是唯一安全的策略。这类管理者常用静止不变的眼光看待员工，而且把绩效评价视为浪费时间。他们疏于进行上下沟通，员工既得不到及时、充分的激励，也得不到有效的指导。因此，员工对这类管理者怀有敌对和失望情绪。

（2）隐秘型。

隐秘型管理者的沟通特征具有单一性和防御性，即一味追求他人的反馈信息，却很少自我披露。猜疑和寻求社会认同是隐秘型管理者的典型心理。在猜疑心的支配下，他们往往为了弄清员工的活动和心思而寻求反馈。这类管理者常将个人的情感和评价隐藏起来，但这并不等于他们忘记了过去的问题，提升何人等重大事项常取决于他们的个人好恶。隐秘型管理者也渴望社会认同，为了取得他人的喜爱和认同而寻求反馈。他们认为保持团体的表面和谐或一致是管理工作的宗旨，为达此目的，他们甚至不惜大事化小。在进行绩效评价时，他们倾向于只讲员工优点，少谈缺点。

（3）盲目型。

盲目型管理者更多地进行自我披露，而忽视了反馈的运用，其管理行为具有“独断”色彩，过分自信是他们的典型心理。这类管理者自信是行家里手，热衷于披露自我信息，如时时发布“某项工作该如何做”“某问题该如何处理”等指示；他们不屑于从员工处获取反馈，因为员工在他们心里往往是“无能”或“笨拙”的代名词。他们更多地看到员工的缺点，而忽视其优点和潜力。对盲目型管理者，员工心怀不满，很少将自己视为组织的一员，导致生产率下降。如果上下级关系日趋糟糕，员工可能采取强制性反馈手段，如提意见、向上级告状、隐瞒重要信息来报复管理者等。

（4）开放型。

开放型管理者既重视自我披露，又注意运用反馈，能在团体中营造出宽容、互信的开放气氛。他们敏于体察员工需要，鼓励员工积极参与组织事务。因此，这种沟通风格不仅创造了健康、融洽的人际氛围，而且提高了团队的工作绩效。

2. 培养健康的绩效沟通风格

管理者要培养积极、健康的绩效沟通风格，应从反馈与自我披露两个方面着手。

（1）就反馈而言，管理者应做到以下几个方面：

1）反馈的目标应指向外部事件或行为而非具体的人，即“对事不对人”。

2）反馈方式应属描述性而非评价性。描述性反馈既客观又富有诚意；而评价性反馈则有很强的主观判断性，容易夹带个人偏见或刻板印象。如不赞同一个下属穿红色的外套，评价性反馈通常是：“你怎么能穿这样的颜色!”这类反馈容易伤害对方自尊。描述性反馈是：“我个人认为，深蓝色更能体现职业女性的气质。”这样容易为对方所接受。

3）反馈的主旨应是信息共享而非训导他人。用平等的、经验分享的语气来反馈信息，容易为人接受；而指手画脚式的训导语气，如“你应该（必须）……”则给人以不平等的感觉。如果采取袒露自己过去遇到类似问题时的感受和做法的反馈方式，供对方参考和决定，会促进彼此之间的合作关系。

4）反馈的信息量不宜过大，应以别人能接受为准。应根据员工的个人特点和工作性质，有主次、分阶段地提出若干意见，使其既感到有压力，又能看到希望。

5）反馈应迅速而适宜。迅速的反馈能使对方及时改正错误，起到强化作用。同时，反馈也应分时间和场合，倘若当众指出一位自尊心很强的员工的缺点，便是不适宜的反馈；相反，在一种轻松的气氛中进行个别反馈则能收到事半功倍的效果。

6）反馈时应注意运用转述和知觉检查技巧。转述，即用自己的话把对方的言语内容进行综合整理后再加以反馈，有助于更准确地理解对方的语义，也有助于对方剖析自我，重新组合那些零碎的语句和关系，深化谈话的内容。知觉检查，即个体把对方的非言语

（如表情、姿态、服饰等）和副言语（如声调、节奏等）信息进行综合整理后反馈给对方。

知识拓展

反馈的操作五步骤

1. 深呼吸，保持冷静；
2. 仔细聆听，试图站在别人的立场看问题；
3. 弄清所有的问题，以确定你的理解；
4. 承认你听到的和懂得的，不去争论；
5. 整理你听到的，然后决定你将同意什么。

（2）就自我披露而言，管理者应注意以下几个方面：

1）自我披露不应用作获取同情或者向他人宣泄消极情绪的手段，而是寻求建立牢固的人际关系。研究表明，人们更可能对与自己相似的人进行自我披露，也更倾向于喜欢自我披露的伙伴。随着我们对一个人的接纳性和信任感越来越强，我们会越来越多地暴露自我，良好的人际关系便在相互披露逐渐增加的过程中发展起来。所以，自我披露是发展人际关系的必要条件。

2）自我披露应是彼此开放，双向共享。在交流中，如果只有一方披露个人信息，是不可能建立起健康的人际关系的。不容否认，自我披露会冒一定风险。假如你呈现了个人的观点、意见和感受，无意中可能授人以话柄而易受人攻击。然而，如果所有成员能相互袒露个人信息，大家共同承担人际风险，便会营造出信任、安全的人际气氛，就能增强彼此的信任和尊重，就能实现有效的沟通。

3）自我披露应是一个循序渐进的过程。一个真正开放的人际关系需要时间的磨炼，并非一蹴而就。如果见面不久，便向他人袒露自己，对方便很可能怀疑沟通者的动机。社会心理学研究发现，自我披露与人际关系的融洽度存在正相关，即随着人际关系由浅入深，双方共同心理领域将逐步扩大，个体的自我披露水平也越来越高。人际沟通一般经过注意定向、情感探索、感情交流和稳定交往四个阶段，个体的自我暴露程度也应按照人际沟通的发展阶段逐步加深。一个组织要创建一种开放性气氛，管理者就应首先进行自我披露，敞开沟通的大门，员工也会随后自我披露，人际开放度便越来越大，凝聚力也自然越来越强。

实例分享

不同的沟通风格对比

（命令和威胁）“我不管你怎么去做，但你必须在周五前将报告放到我桌上！”

——（可能的积极回应：意译对方话的内容）“你是说你在周五之前没时间完成报告，是吗？”

（劝诫和批评）“你该知道将本部门的问题拿到全体会议上去渲染是不明智的。”

——（可能的积极回应：陈述对方的困扰）“听起来部门里的问题令你非常困扰。”

（审问）“为什么不事先告诉我你没明白指令呢？”

——（可能的积极回应：陈述自己的感受）“我很失望到目前工作还没完成，而且担心是否能如期交工。”

（将问题缩小）“你认为那项任务很糟糕。但你看看我这周得做些什么。”

——（可能的积极回应：要求提供信息或澄清问题实质）“你的任务的哪些部分看来最难解决？”

（建议）“你为什么不把要做的事列一个清单，然后看看哪些项目最重要呢？”

——（可能的积极回应：帮助共同解决问题）“有什么我能帮忙的吗？”

三、绩效沟通的技巧

某公司员工小韩发现上个月的绩效工资少了许多，因此向上司询问原因。上司告诉他：由于他上个月工作没做好，因此月度绩效考核被扣了 10 分。小韩觉得很委屈，他认为自己每天都加班加点干活，上司没有理由扣他的分。于是，小韩和上司的关系开始变得紧张……这类事件在公司内部经常发生，究其原因就是缺乏有效的沟通。其实，只要小韩和上司都能运用适当的绩效沟通技巧，是可以取得满意效果的。

（一）与上司的沟通

1. 巧用与上司沟通的渠道

（1）逐级上报。

在一个制度健全、等级分明的公司，员工可以通过现有的通道逐级进行沟通，注意尽可能不要做越级报告。因为有些管理者对于这样的做法比较敏感，而且这样做也意味着他们没有把工作做好。

（2）紧急情况下的处理。

假使直接上司不在，或有紧急情况必须立即处理，员工在准备向更高层领导报告之前可以先打个电话告知其上司目前的情况，或是用电子邮件沟通联系。在寄送邮件给公司高层领导的同时，寄份副本给直接上司，这样的方式透明且公开，同时也让相关人员都能掌握目前的情况。

2. 准备好必要的资料和提出的问题

在与上司进行绩效沟通前，员工要充分准备好表明自己观点的一些事实依据。如对于完成得好的工作任务，需要以事实为依据说明具体在哪些方面做得好，完成得不好的工作任务也需要以事实为依据来说明理由。由于绩效沟通是一个双向交流的过程，上司和员工可以相互提问，员工可以准备好一些与绩效管理有关的问题，主动向上司提出而不必担心谈话内容被第三者知道。

3. 安排好自己的工作

由于绩效沟通可能要占用比较长的时间，这段时间员工无法在自己的工作岗位上，因此应事先安排好工作时间，在这段时间内避开一些重要的事情。如果有非常紧急的事情，应交代给同事，由同事帮助处理一下。

4. 留意上司的肢体语言

从上司口中说出的话并不一定是他希望传送的全部信息，多观察他的肢体语言，这对员工掌握其心中所想会有帮助。

动作 1：你仍在说话，但他已经以背部对着你了。

意思：我要在不受你影响的情况下考虑你提出的建议。（这时你应该语气放缓或暂时打住。）

动作 2：他一边跟你说话，一边快步向前走。

意思：我相信你能将这件事做好，现在不要问我问题了。（此时你可以转移话题。）

动作 3：把你请入他的办公室，然后关上房门。

意思：我现在跟你说的话要保密。（你的表情应庄重些。）

动作 4：你问他是否有时间听你汇报，他说有时间，但眼睛一直没离开手中的文件。

意思：简单的事情现在快说，重要的事情另约时间。（你的语言要简练，最好是一两句话便能触动他的兴奋点。）

动作 5：你汇报时，他看了一下手表或翻动桌上的文件。

意思：你汇报的时间太长，或他对汇报的内容不感兴趣。（你需起身告辞，另择时机沟通。）

通常，与上司定期的绩效沟通结束后，应填写相应的表格备查（见表 4－10）。

表 4－10 月度绩效沟通记录表

部门		员工	
时间		部门负责人	
绩效计划进展情况			
绩效超过或低于预期的原因			
下属需要上级提供的支持			
绩效计划能否按期完成并说明原因			
绩效计划如何作出调整			
下属签字： 年 月 日		直线上级签字： 年 月 日	

（二）与下属的沟通

1. 营造沟通氛围

良好的氛围对沟通效果至关重要。首先，应选择适当的时间和地点。地点的选择不要由管理者单方决定，而应该由管理者和员工双方商量决定，这样会使员工感觉受到尊重，烘托沟通前的融洽气氛。沟通的地点通常会选择在办公室、会议室或比较休闲的地方。在办公室，容易产生上级对下级的威慑感，但气氛比较正式、严肃，会令员工重视此次沟通；在休闲处，则氛围轻松、愉悦，员工可以敞开心怀、畅所欲言，为管理者提供更多他们所需要的绩效信息。要充分地计划好沟通时间，时间的选择应该不影响双方的正常工作；而且每次沟通的时间长度应该恰到好处，既要达到绩效沟通的目的，又不会让员工产生厌烦感。其次，在规定的时间与地点进行沟通，以尽量避免受到打扰，也应避免因其他事情打断谈话，保持沟通的连续性。同时，应确保管理者与员工之间对话的平等。这些都会极大地影响沟通效果。

2. 对事不对人

对事不对人，要求管理者和员工双方针对问题本身提出看法，充分维护他人的自尊，不要轻易对人下结论，从解决问题的目的出发进行沟通。但是，有些管理者在遇到问题时往往会非常轻易地将问题归咎于人，而不能为解决问题提出任何积极可行的建议，这样做不仅于事无补，还会引起员工的反感和防卫心理。在这种情况下，沟通不但不能解决问题，反而会对双方的关系产生破坏性的影响。

实例分享

沟通方式选择一："小刘，你接电话的方式真是太唐突了，你需要从现在开始接受职业化的训练。"

沟通方式选择二："小刘，我关注了你在电话中与顾客的交谈方式，我想和你讨论一下。我注意到你讲话的速度相当快，因而，我担心对一些顾客来说，可能很难理解你所表达的内容，毕竟你比顾客更了解、更熟悉产品的情况。"

3. 积极倾听

积极倾听能够帮助管理者获取信息，整理思路，从而更好地解决问题，因此管理者应多给员工讲话的机会，积极主动地接收员工传递的信息。积极倾听的管理者表现出以下几种行为：

（1）使用目光接触。当管理者在同员工讲话时却不看着对方，通常被理解为冷漠和不尊重。另外，使用目光接触也会使谈话双方集中注意力，减少分心的可能性，并能鼓励说话的人。

（2）展现赞许的表情和恰当的面部表情。当讨论员工的优秀业绩或员工在做陈述时，管理者应该通过非语言信号来传递自己对员工所说内容的反应，包括赞许性的点头、恰当的面部表情和目光接触等，向员工表明自己正在聆听。

（3）不要多说。大多数管理者乐于畅谈自己的想法而不是聆听员工的谈话。他们在沟通时总是乐于施展自己的口才，虽然他们也会听一听员工的想法，但仅把这当作是让别人听自己说话的一种必要付出。这是不可取的。

（4）避免中间打断员工的谈话。在管理者作出结论之前，应该听完员工的陈述，不要根据已有的一些信息就妄加推断得出结论。

（5）复述。指用自己的话再将员工的意思重复一遍。这种方法既能让员工觉得你在认真地听他讲话，对他是一种极大的尊重，又可以帮助管理者准确把握员工的真实意图。因为当管理者复述中出现错误时，员工会重申自己的想法。

（6）避免分心的动作或举动。引发员工说话兴趣从而能让其说出真实想法的另一种做法是避免那些表明思想走神的举动。在倾听时，最好不要看表、心不在焉地翻阅文件、拿笔乱画等，这会向员工暗示你很不耐烦，他们就可能没有心思再说下去了。

4. 运用非语言沟通

沟通并不是一个简单的语言传递的过程。在沟通的过程中，沟通双方往往需要通过非语言的信息传递各自的想法。肢体语言往往是人们在沟通的过程中无意识地表现出来，或无意识地接收信息并作出的反应。学习肢体语言的可能含义能够帮助管理者在沟通中对这些无意识的反应作出有意识的认识，从而更好地把握员工的真正意图。常见肢体语言的基本含义见表4-11。

沟通中的不良习惯动作

表4-11 常见肢体语言的基本含义

序号	肢体语言	基本含义
1	说话时捂嘴	说话没有把握或撒谎
2	摇晃一只脚	厌烦或不耐烦
3	把铅笔等物放到嘴里	需要更多的信息，焦虑
4	没有眼神的沟通	试图隐瞒什么
5	脚置于朝着门的方向	准备离开
6	擦鼻子	反对别人所说的话
7	揉眼睛或捏耳朵	疑虑
8	触摸耳朵	准备打断别人
9	触摸喉部	需要加以重申
10	紧握双手	焦虑
11	握紧拳头	意志坚定、愤怒
12	用手指指着别人	谴责、惩戒
13	坐在椅子的边侧	随时准备行动
14	坐在椅子上往前移	赞同
15	双臂交叉置于胸前	不乐意
16	衬衣纽扣松开，手臂和小腿均不交叉	开放
17	坐在椅子上晃动小腿	不在乎
18	靠坐在椅子上	支配性
19	背着双手	优越性
20	脚踝交叉	收回
21	搓手	有所期待
22	手指叩击皮带或裤子	一切在掌握之中

续表

序号	肢体语言	基本含义
23	无意识地清嗓子	担心、忧虑
24	有意识地清嗓子	轻责、训诫
25	双手紧合指向天花板	充满信心和骄傲
26	一只手在上、另一只手在下置于大腿前部	十分自信
27	坐时跷二郎腿	舒适、无所虑
28	眨眼过于频繁、说话时掩嘴、用舌头润湿嘴唇、不停地做吞咽动作、冒虚汗和频繁地耸肩	撒谎

素养园地

绩效太低医护集体转岗

网传一份安徽省安庆宿松县人民医院《关于儿科全体医护人员要求转岗的报告》显示，因7月绩效考核明显偏低，儿科部分医护人员联名向该院领导请求集体转岗，此事件引发关注。随后，医院发布情况说明称，已迅速调整了儿科绩效工资发放标准，决定给予儿科绩效考核分配倾斜政策，35名儿科医护人员7月份绩效工资按医院平均水平发放。

医院临时调整政策，将儿科医护人员绩效工资“倾斜”到平均水平，就这次事件来说，似乎平息了双方矛盾，但综观儿科医护人员工作强度普遍高于行业平均水平的现实，可以说，问题仍然没有得到根本解决。儿科被认为是最忙、最累、最容易发生医患冲突的科室，但该院在计发绩效工资时，儿科1.0系数仅为498元，远低于行政后勤1.0系数的2 600元，更无法与其他高绩效工资的科室相比。

报道中，该院儿科医护人员认为自己“不能为医院创造财富”，此番表述虽带有一定情绪，却触及医院绩效考核一个不合理的现象。据悉，该院绩效考核的主要依据是营收能力，为医院创造的财富多少，决定了绩效工资的高低。医院坦承，因儿科服务人数在7月下降幅度较大，儿科医护人员绩效工资与平时相比明显偏低。不能忽视的事实是，儿童住院周转很快，但病历书写等常规工作一样都不能少。儿科诊疗操作难度大，检查和化验都很少，药量则是成人的零头，这些因素决定了儿科很难“为医院创造财富”。尽管儿科的工作量很大，若以创造财富多少定绩效，儿科将成为收入最低的科室之一。

医护人员的绩效与营收挂钩，由于操作起来简单，且表面上看似乎还算公平，又具有激励创收的作用，因此被很多医院所采纳。然而，假如绩效考评忽视了儿科、急诊科等科室的特殊性，就很容易挫伤这些科室医护人员的积极性。近年来，儿科医生流失严重，与不合理的绩效考评方式不无关系。

资料来源：罗志华．绩效太低儿科医护人员要求集体转岗，别再忽视不赚钱的儿科了．新京报，2020-09-26.

本案例中冲突现象的发生，首先，从绩效管理角度讲，是源于绩效考核体系设计的缺陷和不科学，要保证绩效考核体系科学完善，发挥其激励作用，首先要做好绩效考核的各项信息收集。其次，从组织使命角度来讲，绩效管理应该体现以人为本的情怀。正如2020年新冠肺炎疫情期间，针对疫情防控人员薪酬待遇，国家陆续出台系列补助政策，医院在坚持公益性基础上，充分发挥绩效工资分配的激励导向作用，重新梳理医院的绩效岗位体系，极大地增强了医护人员的工作信心，激发了他们的自豪感与使命感，使之知难而进，迎难而上，始终发扬斗争精神，真正体现了绩效管理的终极目标和价值。

实训项目

实训一

1. 实训内容

为了收集更多的关于管理层的绩效信息，A公司人力资源部请各部门员工匿名填写管理层绩效信息表，列举出部门领导工作中的优点和缺点，人力资源部的小王负责该表的发放及收集工作。小王来到公共事务部办公室，一进办公室看见包括公共事务部张主任在内的所有员工都在场，小王长舒一口气，暗自高兴可以尽快完成任务了，于是将信息收集表赶忙发放给大家，并表示要当场回收。就在员工填表之时，张主任一边与等待的小王闲聊，一边不时地看看员工填写情况。

第二天，小王开始整理公共事务部的信息表，结果发现公共事务部虽然信息收集表回收率达100%，却无一人填写部门领导在工作上的不足之处。小王非常沮丧，不知道为什么会出现这个结果。

2. 实训要求

能够熟练运用绩效信息的收集方法。

3. 实训流程

第一步：列举小王无法收集到有效信息的原因；

第二步：将列举的原因同小组其他成员进行讨论；

第三步：找到解决以上问题的可行性措施；

第四步：各小组汇报讨论结果。

4. 评价指标与标准

(1) 绩效信息收集的方法运用合理（50分）；

(2) 条理清晰，团队合作意识强。(50分。

实训二

1. 实训内容

进行角色扮演实训，首先复盘绩效沟通的相关基本理论、方法和技巧；然后通过互联网搜索或深入一家企业调查收集资料，作为绩效沟通的背景资料；最后运用所学知识，模拟案例中的角色，体验角色心理，找出解决问题的方案。

2. 实训要求

掌握绩效沟通的技巧。

3. 实训流程

第一步：教师向学生说明实训要求及实训步骤，确定演练的内容及角色；

第二步：分小组进行角色扮演，其他同学进行观察、记录，并安排录像人员；

第三步：演示结束后，演示者发表自己对案例的理解和角色的看法，如成功之处、失败之处及改进方法；

第四步：观察者对演示者的表演进行分析评价，包括优缺点及以后需注意的问题；

第五步：教师总结，对角色扮演进行点评，对案例进行解读；

第六步：实训结束，每个小组提交一份实训报告。

4. 评价指标与标准

（1）小组活动中的表现度，包括参与度、发言积极程度等（20 分）；

（2）活动中对知识和技能的掌握正确、熟练（20 分）；

（3）小组活动中对扮演角色把握精准（20 分）；

（4）汇报环节准备充分、阐述清晰（20 分）；

（5）实训报告规范、翔实（20 分）。

小　结

本项目从绩效实施与管理在绩效管理中的重要性出发，基于绩效实施与管理工作流程，重点介绍了绩效管理培训、绩效信息收集、绩效沟通三个工作任务。绩效管理培训重点介绍了绩效管理培训的目的、内容、方法、实施过程及注意事项；绩效信息收集重点介绍了绩效信息收集的目的、来源、方法和内容；绩效沟通重点介绍了沟通的目的和内容，分析了常用的书面沟通、面谈沟通、会议沟通和非正式沟通四种沟通方式的优缺点，并指出了怎样培养健康的绩效沟通风格，讨论了进行持续绩效沟通的技巧，包括如何与上司及下属进行有效的沟通。

重点概念

绩效管理培训　绩效信息收集　绩效沟通　书面沟通　面谈沟通　会议沟通

复习思考题

1. 单选题

（1）绩效管理的有效实施需要（　　）的密切合作才能实现。

A. 人力资源管理部门、企业高层及员工

B. 人力资源管理部门、直线管理者及企业高层

C. 人力资源管理部门、直线管理者、企业高层及员工

D. 直线管理者、企业高层及员工

（2）从主管的角度来讲，为了对绩效计划进行有效的跟进和辅导，为了总结绩效管理

实施过程中的经验和教训，也为了（　　），主管人员需要通过多种方式收集和记录员工绩效实现过程中的信息。

A. 给绩效考评工作、绩效反馈工作提供详细的参考信息
B. 总结绩效实现过程中的经验和教训
C. 对绩效计划的实施过程进行自我督促检查和自我管理提升
D. 在绩效沟通中获得主管的指导和帮助

(3) 现代企业中员工每天把自己主要从事的工作和工作过程中的关键事项记录下来，并交给直接主管审核认可，可以通过（　　）来实现。

A. 公司的办公自动化系统　　B. 工作报告
C. 工作记录　　D. OA 系统

(4) 下面不是影响绩效管理实施的因素的是（　　）。

A. 技术　　B. 组织结构
C. 环境　　D. 人

(5) 在企业的绩效管理中，员工有责任和义务参与，并应该扮演相应的角色，下面不是员工在绩效管理实施中扮演的角色的是（　　）。

A. 任务执行者　　B. 信息沟通者
C. 记录员　　D. 业绩记录者

(6) 在持续绩效沟通的方法中，下列哪项是正式的沟通方式？（　　）

A. 定期的书面报告　　B. 开放式办公
C. 走动式管理　　D. 非正式会议

(7) 下列哪项不属于绩效信息收集的方法？（　　）

A. 观察法　　B. 工作日志法
C. 他人反馈法　　D. 小组讨论

(8) 在持续绩效沟通的方法中，可以使主管人员与员工进行深入的沟通，易于建立主管和员工之间融洽关系的方法是（　　）。

A. 定期的书面报告　　B. 一对一正式会谈
C. 定期的会议沟通　　D. 开放式办公

(9) 为使绩效管理发挥作用，在绩效管理过程中下列说法错误的是（　　）。

A. 明确绩效管理的核心目的——提升员工能力
B. 绩效管理不仅仅是人力资源部的事，应明确各级管理者在其中担任的角色
C. 绩效管理不一定需要从组织的战略出发
D. 绩效管理过程须坚持持续的双向沟通

(10) 刘阳是企业的人力资源的主管，在刚刚进行完的会议上，她就即将进行的绩效考核与各部门的主管进行了交流。她希望各部门的主管能够给出有关绩效管理的一些改进建议，但是大家最终都没有给出什么建议，只让她按照已经制订好的绩效计划一步步实施下去。刘阳认为绩效管理不应该就这样草草了事，要相互沟通。

根据上述案例，回答以下问题：

1) 刘阳认为“绩效管理要沟通”体现了什么样的观点？（　　）

A. 绩效管理促使人力资源管理成为一个完整的系统

B. 绩效管理需要持续的绩效沟通

C. 绩效管理提高员工的工作动机水平

D. 绩效管理为报酬方案的制定提供依据

2）绩效沟通需要收集的信息不包括（　　）。

A. 工作进展情况　　B. 绩效工具

C. 潜在的障碍和问题　　D. 可能的解决问题的措施

3）通过绩效沟通，企业期望达到目的是（　　）。

A. 让员工了解绩效考核的流程

B. 绩效反馈

C. 绩效考核的意义

D. 聆听员工对绩效管理的意见与建议，使绩效管理达到预期的目的

2. 名词解释

绩效沟通　走动式管理　会议沟通

3. 思考题

（1）绩效信息收集的内容和方法有哪些？

（2）绩效沟通的重要性是什么？

（3）分析书面沟通、面谈沟通、会议沟通、非正式沟通的优缺点。

（4）简要介绍汉堡法。

（5）绩效管理培训包括哪些内容？

（6）什么是研讨法？有哪些不同的做法？研讨法可以用来培训绩效管理中的哪些内容？

4. 案例分析题

新星公司是一家小型公司，创业初期，降低成本、提高销售额成为公司的总目标。由于业务繁忙，公司没有时间制定一套正式的、完整的绩效考评评价制度，只是由公司老总王某兼任人力资源总监，采取了一些补救措施。如：他会不定期地对工作业务好的员工提出表扬，并予以物质奖励；也会对态度不积极的员工提出批评；一旦员工的销售业绩连续下滑，他会找员工谈心，找缺陷，补不足，鼓励员工积极进取。现在公司规模大了，已经由最初的十几个人发展到现在的上百人。随着公司规模不断扩大，管理人员和销售人员增加，问题也出现了：员工的流失率一直居高不下，员工的士气也不高。王某不得不考虑，是否该建立绩效管理的正式制度，以及如何对管理人员进行绩效管理等问题。

请根据以上案例，分析在该企业实施绩效管理是否有必要，请说明具体原因。

项目五

绩效考核

今天，管理一个组织的复杂性，要求经理们能同时从几个方面来考查绩效。

学习目标

知识目标

1. 熟悉绩效考核的内容和程序；
2. 了解绩效考核指标的定义和特点；
3. 掌握绩效考核指标的分类。
4. 理解绩效考核指标标准和权重的确定依据。

能力目标

1. 能够设计绩效考核指标体系；
2. 能够熟练运用绩效考核方法。

素养目标

1. 树立公平意识；
2. 树立团队合作意识。

知识导图

- 绩效考核
  - 认知绩效考核的内容和程序
    - 绩效考核的内容
    - 绩效考核的程序
  - 认知绩效考核指标与标准
    - 绩效考核指标的定义和构成
    - 绩效考核指标的特点
    - 绩效考核指标的分类
    - 绩效考核指标的权重
    - 绩效考核指标标准的确定
    - 绩效考核指标体系的设计
  - 绩效考核方法的运用
    - 分级法
    - 考核清单法
    - 量表考核法
    - 关键事件法和评语法
    - 行为锚定法

任务一 认知绩效考核的内容和程序

案例导入

公司年终的绩效考核结束了，小王的绩效考核分数低于她的同事小何。小王和小何是同时应聘进入这家公司的，两个人又被分配到同一部门，做着同样的工作。这是她们进入公司后接受的第一次绩效考核，而且此次绩效考核结果可能会影响到下一年度谁能够被提升的问题。自从进入这家公司，小王就一直努力工作，并希望自己的付出能够得到上司的认可。小王认为，无论是学历还是工作能力，自己都优于小何，这一考核结果着实令小王困惑。这时，邻座的电话响了，电话铃声不由得使她想起了一件事情。在刚进入这家公司后的一个周末，她和小何都在加班，因为有事情需要请示领导，小何拨通了上司家的电话。刚开始接电话的是上司 5 岁的儿子，上司接了电话后，小何并没有直接谈工作，而是先问："刚才接电话的是亮亮吗？真可爱，让他再和阿姨说几句话？贝贝在叫啊，是不是着急让您带它出去了？"小王觉得奇怪，她怎么会知道上司儿子的名字？贝贝又是谁？后来她才知道贝贝是上司家的一条宠物狗。小王当时的感觉是，这件事情很无聊，也很浪费时间，如果是她打电话，一定会直接和上司谈工作，上司的儿子和狗与工作有什么关系？现在小王开始明白了，自己恐怕是在人际关系方面出了问题，不仅仅是和上司之间，和同事之间也是这样。因为自己过于关注工作，忽视了与同事之间的沟通，并且在工作中过于认真的态度，也可能会令同事感觉紧张，给人不够随和的感觉。但是，人际关系和工作质量有什么关系呢？小王自认为自己的工作质量和业绩是无可挑剔的。进入公司以来，她承担了大量的工作，并且工作一直勤勤恳恳，这也是大家有目共睹的，为什么最后的考核结果仍然很低呢？毕竟人际关系只是考核内容中的一个方面而已呀！是不是搞好人际关系是考核的大前提？如果是这样的话，也许自己和公司的理念是不一致的。那么究竟是应该改变自己的个性，适应公司的这种方式，还是应该考虑重新找工作的问题呢？

对绩效考核结果产生困惑的不只小王一个人。广告部的员工对金融部员工的考核成绩普遍高于自己也感到不满，而公司里有些年龄较大的员工也认为他们的绩效考核低于年轻人是因为上司觉得自己年龄大，绩效就一定低。

绩效考核结束了，公司却开始变得不平静了。员工们的这些抱怨也传到了总经理的耳朵里。他在思考，究竟问题出在哪里？

问题：

1. 为什么小王会得到这样的绩效考核结果？
2. 公司里其他员工对绩效考核结果不满的原因是什么？
3. 在绩效考核中如何避免以上问题的发生？

绩效考核，就是一种评估制度，运用特定的标准和指标，采取各种科学方法，对员工的工作质量、数量、效率、效益等绩效情况进行考核和评价的活动。作为绩效管理的重要环节，绩效考核能够为人力资源管理的各项职能（规划、招聘、培训、薪酬、职业生涯规划）提供正确的依据。在整个绩效管理系统中，绩效考核是绩效管理的重点和关键，没有绩效考核，就无法对员工过去的绩效表现进行总结，发现工作中存在的问题，然后找到解决问题的方法。

一、绩效考核的内容

绩效考核中可能出现的问题及原因

绩效考核分为工作业绩、工作能力、工作态度三大部分，不同部门和不同职位的员工，其考核权重也不同，各部门应根据各职位的要求来确定其权重。

（一）工作业绩

工作业绩就是工作行为所产生的结果。对于业绩的考核结果直接反映了绩效管理的最终目的——提高组织的整体绩效以实现既定的目标。

（二）工作能力

工作能力是员工在职务工作中发挥出来的能力。比如，在工作中的判断是否正确、工作效率如何、工作中协调能力怎样等。根据员工在工作中表现出来的能力，参照标准和要求，对员工所担当的职务与其能力是否匹配做出评定。这里的能力主要体现在四个方面：常识、专业知识和其他相关知识；技能、技术和技巧；工作经验；体力。需要指出的是，企业人事考评中的能力考评和能力测试不同，前者是同员工所从事的工作相关；而后者是对员工的能力从人的本身属性进行评价，分出优劣，强调人的共性，不一定要和员工的现任工作相联系。

（三）工作态度

工作态度主要考核员工对待工作的态度和工作作风，可以从工作主动性、责任感、纪律性、协作性、考勤状况等方面设定具体的考核标准。

二、绩效考核的程序

绩效考核的程序包括：确立目标、建立绩效考核体系、收集整理数据、考核、得出考核结果、沟通。

（一）确立目标

在一个新的绩效周期开始前，根据企业确立的发展战略目标，通过目标分解、逐层落实的方法，将企业的中长期目标分解成若干个短期目标，明确到每一个部门及员工个人，同时根据岗位职责，制定相应的绩效评估指标和标准。这是绩效考核时为避免主观随意性不可缺少的前提条件。

（二）建立绩效考核体系

绩效考核体系是由一组既独立又相互关联，并能较完整地表达评价要求的考核指标组成的评价系统。绩效考核体系的建立，有利于评价员工工作状况，是进行员工工作考核的基础，也是保证考核结果准确、合理的重要因素。考核指标是能够反映业绩目标完成情况、工作态度、能力等级的数据，是绩效考核体系的基本单位。

（三）收集整理数据

主要是通过各种途径，收集与员工绩效相关的数据，并对收集到的数据进行归类和整理。

（四）考核

考核者对信息再次进行审查，并且与其他各种可能相关的信息结合在一起，从工作态度（主动性、合作、团队、敬业等）、工作成果、工作效率等几个方面进行评价员工。

（五）得出考核结果

给每项内容细化出一些具体的档次，每个档次对应一个分数，每个档次要给予文字的描述以统一标准（比如“优秀”这个档次的员工一定是在同类员工中表现明显突出的，并且需要用具体的事例来证明），最终确定被考核者的考核等级。

（六）沟通

考核者与被考核者进行充分的沟通，使被考核者能够充分了解考核的结果，并帮助被考核者认识到自己在工作中取得的进步和存在的问题。

绩效考核的程序如图 5－1 所示。

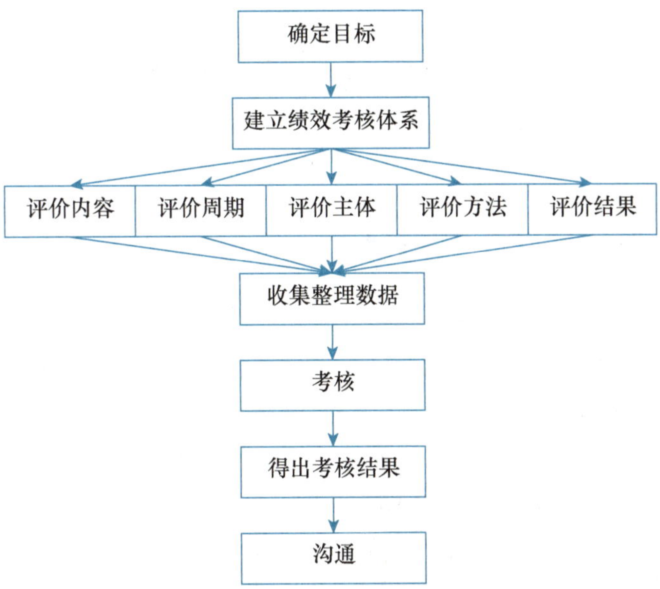

图 5－1　绩效考核的程序

任务二 认知绩效考核指标与标准

案例导入　TH 企业的绩效管理困惑

TH 企业隶属于某市地铁运营有限企业，随着地下交通的快速发展，TH 企业的业务规模和人员规模都在快速增长。企业管理层认为要向现代企业的方向发展，还有许多方面需要进行改进。目前，员工反映最多的问题是绩效考核管理办法不合理，表现最突出的就是直接沿用运营企业的考核指标，没有根据TH企业自身发展战略和工作重点制定考核指标，不能满足TH企业内部运营和管理的需要。此外，运营企业对TH企业的考核本身就存在不合理之处，TH企业应该根据自身实际情况制定考核指标，而不是将不合理的考核指标直接往下分解。

TH企业的问题是比较常见的。通常情况下，总公司和下属企业的利益、目标不能完全一致，一味照搬总公司的考核指标无法适应下属企业自身的发展要求。而且，下属企业经营层承担来自总公司的业绩压力，需要独立地应对不断变化的内外环境的挑战，因此需要相应的调配资源的权力以便作出及时的应变。

针对TH企业的实际情况，要设计出适合企业自身管理需要的考核指标，将总公司的考核指标分解转化为具体且切合本企业实际的指标。

问题：

指标和标准在管理中是经常运用的，尤其是在绩效管理中。那么，到底什么是绩效考核指标和标准呢？

一、绩效考核指标的定义和构成

（一）绩效考核指标的定义

绩效考核中，用以衡量员工绩效的依据称为绩效指标。绩效考核指标是一种行为的信号，通常是一种以量化的形式来表达某种活动特征的测量工具。这种测量既可以是绝对的，也可以是相对的。只有通过考核指标，考核工作才具有可操作性。比如，“个人成就”可以用收入来衡量，“肥胖”可以用体重来衡量，等等。一般来看，我们在使用指标的时候，隐含了它的极性。同时，在不同环境下，即使是相同的指标也可能具有不同的极性。例如，对于员工流失率来说，在有些行业是越低越好，而在有些行业则需要维持在一个比较高的范围内。

总的考核结果的优劣往往需要通过各个考核指标的考核结果来综合体现。例如，办公室的工作绩效可以通过文件编写质量、行政车辆管理、总体工作令领导满意度、总体工作令中层管理者满意度等指标来考核；出纳的绩效考核可以从现金收付、日记账登录、现金提存与保管等方面的指标来进行。

（二）绩效考核指标的构成

绩效考核指标一般包括以下四个构成要素：

（1）指标名称，是对考核指标的内容作出的总体概括。

（2）指标定义，是指标内容的操作性定义，用于揭示考核指标的关键可变特征。

（3）标志。考核的结果通常表现为将某种行为、结果或特征划归到若干个级别之一。考核指标中用于区分各个级别的特征规定就是绩效考核指标的标志。

(4) 标度，是用于对标志所规定的各个级别包含的范围作出的规定，或者用于揭示各级别之间差异的规定。

表 5－1 是一个简单的例子。

表 5－1　绩效考核指标举例

指标名称	协作性				
指标定义	在与同事一起工作时表现出来的合作态度				
标志	S	A	B	C	D
标度	合作愉快	肯合作	尚能合作	偶尔合作	我行我素

(三) 考核尺度

从表 5－1 中可以看出，绩效考核指标的标志和标度是一一对应的，我们往往将二者统称为绩效考核中的考核尺度。考核尺度可分为下列四种：

1. 量词式的考核尺度

量词式的考核尺度是采用带有程度差异的形容词、副词、名词等词组表示不同的等级水平。例如，“较好”“好”“一般”“差”“较差”。

2. 等级式的考核尺度

等级式的考核尺度是使用一些能够体现等级顺序的字词、字母或数字表示不同的考核等级。例如，“优”“良”“中”“差”，“甲等”“乙等”“丙等”“丁等”，“1”“2”“3”等。

3. 数量式的考核尺度

数量式的考核尺度是用具有量的意义的数字表示不同的等级水平。数量式的考核尺度包括离散型和连续型两种。下面的两个例子（见表 5－2、表 5－3）分别是离散型的考核尺度和连续型的考核尺度。其中，后者是连续型的考核尺度与量词式的考核尺度混用的做法。

表 5－2　离散型的考核尺度

指标名称	指标定义	考核尺度				
勤勉性	员工是否遵守规定的上下班、工间休息、用餐时间，总体的出勤率。	0 分	3 分	6 分	9 分	12 分

表 5－3　连续型的考核尺度

指标名称	考核尺度				
	91～100 分	81～90 分	71～80 分	61～70 分	60 分及以下
生产率	杰出	很好	好	需要改进	不合格

4. 定义式的考核尺度

如果指标的考核尺度中规定了定义式的标度，我们就将这种考核指标的尺度称为定义式的考核尺度。相对于前面三种考核尺度而言，定义式的考核尺度比较复杂。

在前面的三种情况中，有的指标也规定了定义式的标度，但往往是非常简单的定义，而且在各个不同的指标之间通用（可能是量词式的考核尺度）。在定义式的考核尺度中，制度的设计者针对每一个考核指标的不同标志设定了相应的标度。这种考核尺度体现出的考核标准更加具体，并且更具针对性。

定义式的考核尺度制定的方法较为复杂，但能够有效地提高考核的客观程度，更好地实现考核的行为引导作用，因此在绩效考核中得到了越来越广泛的应用。表 5－4 是定义式的考核尺度的一个例子。

表 5－4　定义式的考核尺度

被考核者	指标定义	考核尺度				
		优秀	良好	中等	差	极差
内训师	是否能用清楚的方式授课，是否能正确地回答学员的问题，是否有不良习惯。	能清楚、简明、正确地回答学员的问题。	当试图强调某一点时，能举例说明。	用清楚、能使学员明白的方式授课。	授课时表现出许多令人厌烦的习惯。	在授课时给学员不合理的批评。

二、绩效考核指标的特点

有效的绩效考核指标主要有以下几个特点。

（一）一致性

一致性是指绩效考核指标必须与组织战略相一致。它强调的是绩效考核指标对组织所有员工的引导作用，如组织要求生产数量，员工就会很努力地追求数量；如要求质量，员工就会追求质量。当组织的战略发生转移的时候，绩效考核指标应该及时调整，体现出战略转移之后对员工新的要求。

（二）可控性

可控性是指用来考核绩效的指标必须是被考核者可以影响和控制的。被考核者可以通过自己的努力来影响和改变该指标的数值。如会计可以通过自己的细心改变会计数据的出错数量。

不论是从激励的角度还是从学习的角度看，绩效考核指标的可控性都非常重要。影响工作绩效的原因是多方面的，受自身不可控制的因素影响越大，不可控因素对绩效考核指标信息的歪曲作用越大，人们的努力也就越容易被这些不可控力量所压倒，以至于很难将个人努力的作用和外在因素的影响区别开来。整体经济大环境（不论是萧条或繁荣）对部门和员工个人工作绩效的影响都是不容忽视的，在制定绩效考核指标时，应尽可能剔除那些不可控因素，公平、合理地衡量员工的努力和贡献。

（三）符合实际

符合实际是指在考核过程中要把绩效考核指标与组织目标联系起来，要把通过工作分析得到的绩效考核指标与考核范围联系起来，包括被考核职位的工作职责、业务重点以及考核着力点。

对一项工作的数量和质量的要求就是我们所说的工作要求，工作要求的具体表现形式就是工作绩效指标。工作绩效指标中规定了员工行为是否可接受的界限。符合实际的含义还包括对工作分析、考核指标以及工作考核系统进行周期性的调整修改，以保证组织实行的绩效考核指标符合组织现在的实际情况。绩效考核指标并非静止不变的。组织的内外部环境变化以后，组织战略、目标和结构都要作出相应调整，与之相适应，组织的绩效考核指标也应随之变化。

即使是制定了明确的战略，并将其分解为一套自上而下、协调一致的绩效考核指标，也必须通过定期审核来保证指标的有效性和适用性。组织结构应随着组织规模和组织生命周期的不同成长阶段而进行变革，既然组织结构明确规定了组织内各个部门和每个员工的职责权限，那么衡量部门业绩的绩效考核指标及其权重也应该随结构而变化。

（四）敏感性

敏感性是指绩效考核系统区分工作效率高的员工与工作效率低的员工的能力。如果绩效考核系统缺乏这种区别的能力，就会出现不公正的局面，组织就无法依据该系统进行人事决策，更为严重的是，缺乏敏感性的绩效考核系统不仅毫无正面作用，反而会挫伤员工和主管的工作积极性。

考核者对一些完全相同的工作考核信息会作出完全不同的处理，处理的方式取决于考核的目的，这反映了员工绩效考核用于管理目的与用于促进员工个人发展的矛盾。绩效考核用于管理目的时，考核系统需要收集有关员工之间绩效差别的信息；若用于促进员工个人的发展，则考核系统需要收集每位员工在不同阶段自身工作情况差别的信息。这两类用于不同目的的信息不能交换使用。因此，同时满足管理和员工发展的考核系统更为复杂。

（五）可靠性

可靠性是指不同的考核者对同一员工考核结果的一致性，即不同的考核者对同一员工所进行的独立考核结果应大体一致。由于主管、上级、下级和同事是处于不同位置的考核者，对同一个人的绩效考核的结果可能会有很大程度的差异，因此，考核者必须有足够的机会去观察员工的实际工作情况。此外，实际绩效考核中的真与假是很难鉴别的，只要考核系统满足科学和合法合规的要求，就可以认为考核结果是有效的。

（六）可接受性

可接受性是指包括员工绩效考核在内的任何人力资源管理方案必须取得与该方案有关人员（管理者和员工）的支持或接受，能够真正付诸实施，否则将会遇到巨大的阻力。因此，组织必须重视员工的参与和支持。

如果不考虑组织中的人际因素，即使再好的考核方法也是不成功的。人力资源管理措施的实施并不是人与人之间力量的较量。一般来讲，只要将工作要求详细、准确地告诉员工并征求员工的意见，可接受性就会大大提高。

（七）实用性

实用性是指绩效考核系统要易于被主管与员工理解和使用。如果考核系统过于复杂，员工看不清楚工作和绩效之间的联系以及考核结果的根据，主管不清楚或不理解考核的指标，就必然导致员工和主管的不满和抵制。

三、绩效考核指标的分类

绩效考核指标有多种分类方式。为了更好地设计绩效考核指标，我们将分类作介绍。

（一）根据绩效考核的内容分类

1. 工作业绩考核指标

工作业绩就是工作行为所产生的结果。对于业绩的考核结果直接反映了绩效管理的最终目的——提高组织的整体绩效以实现既定的目标。

组织成功的关键要素决定了绩效考核中需要确定的关键绩效结果。这种关键绩效结果规定了在考核员工绩效时应着重强调的工作业绩指标。这些指标可能表现为该职务的关键工作职责或一个阶段性的项目，也可能是年度的综合业绩。工作业绩通常具体表现为：完成工作的质量指标、数量指标、成本指标以及时间指标（见图 5-2）。工作业绩考核指标有明显的优点，如可量化、具有客观性、与企业经济效益直接挂钩，但同时也有易造成考核过程失控和导致被考核者行为短期化的缺点。

工作业绩考核指标

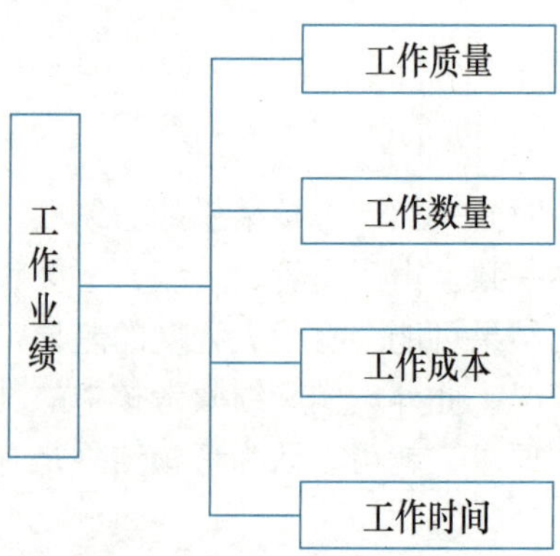

图 5-2 工作业绩考核指标

2. 工作能力考核指标

不同的职务对于人的工作能力要求是不同的，只有绩效考核体系中加入工作能力方面的考核指标，才能使考核结果真正反映出员工的整体绩效。工作能力考核指标通常具体表现为专业知识水平指标、业务能力和技巧指标、工作经验指标以及身体条件指标（见图 5-3）。

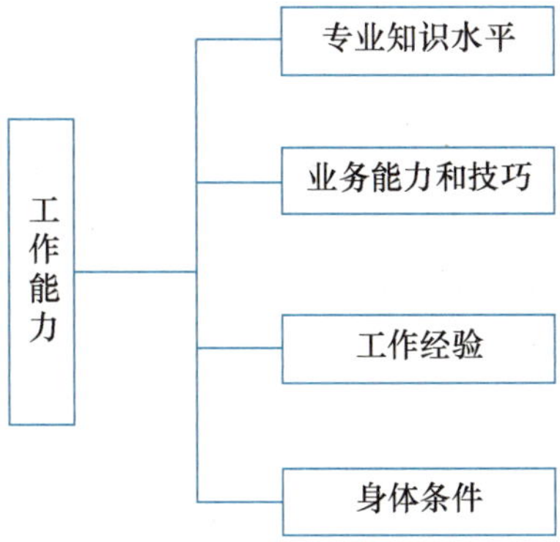

图 5-3　工作能力考核指标

此外，通过工作能力考核指标的行为引导作用可以鼓励员工提高与工作相关的能力，并通过能力考核的结果作出各种有关的人事调整决定。常见的工作能力有语言表达能力、书面表达能力、解决问题能力、协调控制能力、创新能力、决策能力、人际技能、沟通技能、协调技能、公关技能、组织技能、分析和判断技能、处理和解决问题技能等。

3. 工作态度考核指标

我们常常可以看到这种现象：一个能力很强的人出工不出力，没能实现较高的工作绩效；而一个能力一般的员工兢兢业业，却作出了十分突出的工作业绩。这两种不同的工作态度产生了截然不同的工作结果。因此，为了对员工的行为进行引导从而达到绩效管理的目的，在绩效考核中应加上对工作态度的考核。工作态度考核指标通常具体表现为纪律性指标、协调性指标、责任性指标以及积极性指标（见图 5-4）。

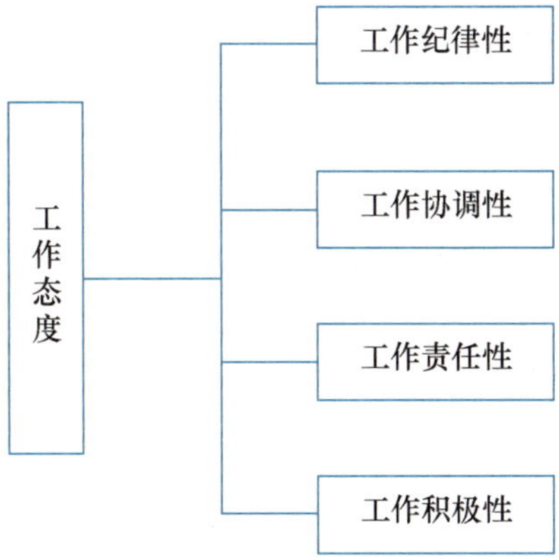

图 5-4　工作态度考核指标

工作态度与工作能力在某种程度上决定了员工实际的工作业绩。但是，即使有好的工作态度，工作能力也未必能够得到全部的发挥，从而转化为相应的工作业绩。这是因为从能力、态度向业绩转化的过程中，还要受到人为以外的一些因素的影响，如工作环境是否正常、工作分工是否合理等，这也在一定程度上说明了能力考核与态度考核的必要性。常见的态度指标有主动性、责任感、敬业精神、服务意识、整体观念、团队精神等。但是，工作态度考核指标却是难于客观评价的。实际工作中可以采用关键事件法、试探法、观察法等进行考核和记录。

4. 工作行为考核指标

工作行为很难用精确的数字或金额来描述，常用频率或次数来评价，如出勤率、事故率、表彰率、违纪违规次数、访问客户人次、客户满意度、员工投诉率、合理化建议采纳次数等。

（二）根据绩效考核指标的性质分类

1. 定量指标

定量指标是经过研究和分析，事先确定的可以进行量化考核的指标。它对每个员工可以进行独立评判。根据格利伯特（Glibert）四要素（数量、质量、成本、时效）法则可以将定量指标分为以下几类：

（1）工作的质量。

通过计算工作的错误率来考核工作的质量，这里的错误指的是相对于工作标准的偏差。

（2）工作的数量。

该方法的缺点是，由于工作的数量不单由员工的能力和表现来决定，其他的许多因素也会影响工作的数量，因此可能出现不够准确的情况。此外，许多工作无法由工作的数量来衡量，例如程序员、医生、消防员等从事的工作就具有这样的特点。

（3）工作的安全性。

违反安全工作制度的员工可能会损坏机器设备或者受到身体上的伤害，从而使员工和组织遭受不必要的损失。

（4）工作成本。

工作成本是指在工作过程中发生的成本，包括原材料成本、能源成本、人工成本和机械成本等。

（5）时效性。

时效性是指各种工作计划的完成情况，即是否按照计划节点完成、完成的比率等。

以工资及统计岗位为例，工资计划管理是该岗位的重要职责之一，通过相关职责分析，可以将定量指标分为时间、成本、数量、质量四大类，如图 5－5 所示。

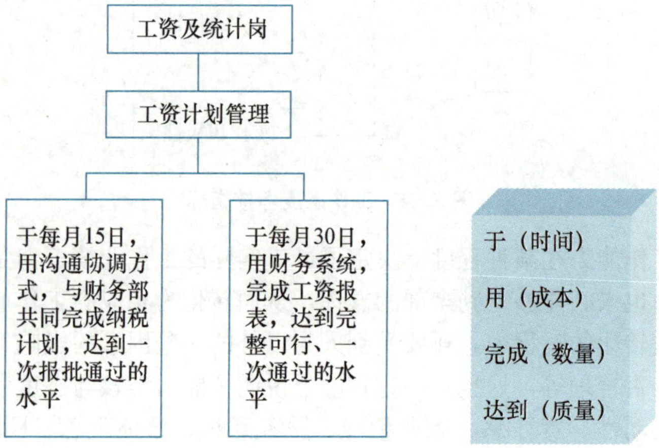

图 5－5　工作定量指标示例

定量指标有其自身的优点和缺点。其优点是不像主观考核指标那样容易存在偏见性的错误。但是，作为客观考核的定量指标却很少能完全反映出个人对组织的全部贡献。因此，许多组织采用定性指标来补充定量指标进行考核。

2. 定性指标

定性指标是指不能用定量数据衡量的指标。虽然定性指标有着众所周知的缺点，但它却是被许多组织经常使用的方法。通过定性指标可以了解员工在工作过程中的所有付出，即使在员工没有生产出实际产品的情况下，这种方法也能使用。定性指标举例见表 5-5。

表 5-5　定性指标举例

考核指标	A 级	B 级	C 级
物料管理状况	物料管理井然有序，物资出入库手续齐全，物料登记准确无误，严格按照规章制度进行物料出入库的管理。	物料管理比较有序，规章制度执行尚可，基本不存在浪费现象。	物料管理混乱，出现过物资丢失问题，存在较为严重的浪费现象。

（三）“特质、行为、结果”三类绩效考核指标

通过综合运用“特质、行为、结果”这三类指标进行绩效考核指标体系的设计，是一种较为常见的方式。让我们来看一看这三类考核指标的比较（见表 5-6）。

表 5-6　三类考核指标的比较

类型	特质	行为	结果
适用范围	适用于对未来的工作潜力作出预测。	适用于考核可以通过单一的方法或程序化的方式实现绩效标准或绩效目标的岗位。	适用于考核那些可以通过多种方法达到绩效标准或绩效目标的岗位。
不足	1. 没有考虑情景因素，通常预测度较低。 2. 不能有效地区分实际工作绩效，员工易产生不公平感。 3. 将注意力集中在短期内难以改变的人的特质上，不利于改进绩效。	1. 需要对那些同样能够达到目标的不同行为方式进行区分，以选择真正适合组织需要的方式，这一点是十分困难的。 2. 当员工认为其工作重要性较小时，意义不大。	1. 结果有时不完全受考核对象的控制。 2. 容易诱使考核对象为了达到一定的结果而不择手段，使组织在获得短期利益的同时丧失长期利益。

这三类绩效考核指标可以采取如下选择方式：将考核指标冠以“特质”之名，考核指标的定义和尺度则采用行为导向和结果导向相结合的方式。

以如何确定销售部秘书的绩效考核指标为例。销售部秘书的主要工作职责有：

（1）协助销售部经理处理日常事务，包括起草文件、收发信件、接待客人等；

（2）协助销售部的业务人员处理日常事务，包括会议后勤、差旅安排和其他一些日常事务；

（3）汇总部门的财务票据和数据，提供给财务部门。

因此，销售部秘书面对的客户主要有三类：一是部门经理；二是本部门的业务人员；

三是财务部门和相关人员。

秘书向部门经理提供的主要工作产出有：起草日常公函、通知等；录入、打印文件；收发传真、信件；接待来客。向本部门的业务人员提供的工作产出有：差旅安排；会议后勤；其他日常服务，包括与行政部门协调借用设备等有关事宜。向财务部门提供的工作产出有：各项财务报销和费用支出的相关数据和票据。因而销售部秘书的绩效考核指标可参照表 5－7 进行设计。

表 5－7　销售部秘书绩效考核指标

绩效考核指标	指标定义
文件撰写	以销售部经理的名义起草各种信件、通知，并打印成文，报销售部经理审阅
文件管理	对销售部内外往来的传真、信件等资料进行登记、传送与管理
差旅安排	为部门出差人员预订机票、酒店等
会议后勤	为部门会议预订会议室、安排会议设备，会议过程中为参会者提供会场服务等
财务辅助服务	编制销售部的费用报表，提供给财务部门

选择和确定什么样的绩效考核指标是绩效考核中一个重要的，同时也是比较难解决的问题。一般来说，员工的绩效中可评价的指标一部分应该是与其工作产出直接相关的，也就是直接对其工作结果的评价，被称为任务绩效指标；另一部分绩效指标是对工作结果产生影响的因素，但并不是以结果的形式表现出来的，一般为工作过程中的一些表现，被称为周边绩效指标。

四、绩效考核指标的权重

在绩效考核中，经常要使用权重设计，权重不仅可以把不同的指标综合求和，而且可以指明指标的重要程度。但在实际操作中，员工往往会采取反向操作策略，即给重要程度低的指标赋予较高的权重，其目的就是避免总分太低。主管有时也会如此操作，以避免员工在收入上蒙受损失，但这样做的效果与绩效管理的目的背道而驰。为了防止绩效考核指标产生错误的导向作用，合理设计绩效考核指标的权重就变得意义重大。

（一）权重的定义

权重也称权数，是指对测量对象的不同属性进行权衡比较时的一种量上的区分判断，也可以说是对测量对象所属的各种要素的影响程度作出的量化限定。在评价研究中，常常根据评测的系统、对象、目的、时间和角度，对不同的指标选择不同的比例系数，即构成权重。相同指标的权重也因系统不同而发生变化。因此，要根据不同的测评主体、不同的测评目的、不同的测评对象、不同的测评时期和不同的测评角度，以及各考核指标对考核对象反映的不同程度而恰当地分配与确定不同的权重。

权重是一个相对概念，是指该项指标在整体绩效考核中的相对重要程度，是每个绩效考核指标在整个指标体系中重要性的体现。各个考核指标相对于不同的考核对象来说，有不同的地位与作用。

确定权数的过程称为加权，其数值准确与否将直接影响评价结果的客观性和可比性。因此，权重不能随意而定，必须运用一定的方法，结合经验和理论，在反复论证的基础上方可求得。确定权重的方法有很多种，一般是在指标体系建立之后进行分配或同时进行。

（二）确定权重的原则

1. 针对性原则

考核对象的特征决定了某个考核指标对于该对象整体工作的影响程度，不同的岗位其考核维度的权重是不一样的。例如，责任感是考核员工工作态度时常用的一个指标，但是对于不同工种的员工来说，责任感这一考核指标的重要程度是不同的。例如，对于一名保安人员来说，责任感可能是工作态度中权重最大的指标，而对于其他类型的员工来说，责任感的权重则相对不那么重要。

2. 系统优化原则

在考核指标体系中，每个指标对体系都有它的作用和影响，都有它的重要性。每个指标虽然是独立地描述被考核者的某一方面，但是，从系统的角度来看，指标权重之间存在相关性。例如，一名工人的绩效，除了产量指标的完成情况外，还有质量、原材料消耗、能耗、出勤，甚至团结、服从、纪律性等方面指标的完成情况，当某一个指标权重变动时，其他指标权重势必会跟着变动，因为所有指标权重之和等于 1。

所以，在确定指标权重时，不能只从单个指标出发，而是要处理好各考核指标之间的关系，合理分配它们的权重。应当遵循系统优化原则，把整体最优化作为出发点和追求目标，合理权衡之后分配权重。

在这个原则指导下，对考核指标体系中各项考核指标进行分析比对，权衡它们各自对整体的作用和效果，然后对它们的相对重要性作出判断。确定各指标的权重，既不能平均分配，又不能片面强调某个指标最优化而忽略其他方面的发展。在实际工作中，应该使每个指标都发挥其应有的作用。

3. 目标导向原则

考核指标权重的设计应反映考核者对被考核者工作的引导意图，应成为影响被考核者观念、行动的重要手段之一。通过加大某一指标的权重彰显其重要性，被考核者在工作中必然给予此项指标相应的重视来获得较好的考核成绩。从这个意义上来说，指标权重体系是组织文化制度层的一个构成部分。

在确定具体的权重时并不需要明确到每个绩效考核指标上，通常的做法是将考核指标分为业绩考核指标、能力考核指标和态度考核指标三大类，然后根据不同的考核目的规定这三个考核维度分别占多大的比重。

但工作的现实情况往往与人们的主观意愿不完全一致，因此，确定权重时应该将以下问题综合考虑：历史的指标权重和现实的指标权重；社会公认的和组织的特殊性；同行业、同工种间的平衡。所以，确定权重时必须同时考虑现实情况，把引导意图和现实情况结合起来。

（三）确定权重的方法

绩效考核的关键是权重设置。确定权重有很多方法，组织中比较常见的主要有下述几种。

1. 专家意见法

这种方法又分为专家个人意见法和专家集体意见法。

专家个人意见法主要由组织高层管理者根据个人的管理经验和认知，对员工绩考核效指标确定不同的权重。这是一种简单灵活的权重确定方法，一般适合于小型组织或处于初创期的组织。由于这种方法集中于某个人的意志和智慧，如果面对较复杂的指标体系，则容易导致主观偏差，影响绩效考核效果。

专家集体意见法一般是通过组成专家考核小组，以小组讨论形式来确定绩效考核指标权重。专家小组可以由组织管理实践专家构成，也可以由组织管理实践专家与外聘的理论或咨询专家共同构成。这种方法汇集多人的知识、经验和智慧及信息，具有较高的客观性和可信度。但这种方法易受到来自面对面的专家的影响和压力，屈从于某些权威或领导的意见，以致不能充分发挥集体成员的作用，从而影响权重决策的效果。

2. 德尔菲法

德尔菲法是一种背对背的集体决策咨询方法，它是美国兰德公司在20世纪40年代末发明并推广使用的一种预测方法。德尔菲法不需要成员正式出席会议，一般通过匿名的通信联系，群体成员各自充分发表自己的观点，然后以系统的、独立的方式综合他们的判断。它可以避免面对面的来自成员的影响和压力，克服受某些权威左右的不足，提高预测的可靠性。

德尔菲法的具体做法如下：首先，将预测主题提供给专家，并要求每位专家针对预测主题提供预测项目，并说明理由。其次，将专家的意见汇总整理后，进行适当的定量处理，把具有收敛特征的预测意见按照各位专家提供的依据和理由再次寄给专家，要求专家进一步论证或补充意见。如此反复，直到达成统一认识，总结出预测结果为止。

德尔菲法最大的特点是匿名、反复的知识启发、剔除差异、提倡群体反馈，这些都是有效的群体决策所必需的要素。与其他计划和预测方法不同的是，德尔菲法的目标不是获得唯一的答案或者达成共识，而是从专家组中获取尽可能多的高质量方案以提高决策水平。

3. 倍数加权法

首先选择出最次要的考核要素，以此为1；然后将其他考核要素的重要性与该考核要素相比较，得出重要性的倍数，再进行归一处理。

例如，对营销员考核要素的加权分为以下几个步骤：

第一步，六项考核要素（品德素质、工作实践、智力素质、推销技巧、销售量、信用）中，我们假设“智力素质”最为次要，其他要素的重要性与“智力素质”相比，重要性倍数见表5-8。

表 5-8 倍数加权法举例

序号	考核要素	与"智力素质"的倍数关系	权重
1	品德素质	3	0.18
2	工作实践	2	0.11
3	智力素质	1	0.06
4	推销技巧	4	0.24
5	销售量	5	0.29
6	信用	2	0.12
合计		17	1.00

第二步，将表 5-8 中的重要性倍数加总，合计为：

3+2+1+4+5+2=17

第三步，各项考核要素权重分别为：

品德素质=3/17=0.176 5
工作实践=2/17=0.117 6
智力素质=1/17=0.058 8
推销技巧=4/17=0.235 3
销售量=5/17=0.294 1
信用=2/17=0.117 6

倍数加权法的优点在于，它可以有效地区分各考核要素之间的重要程度。另外，我们也可以不选用最次要考核要素，而选用最具代表性的考核要素为基本倍数。

4. 权值因子判断法

权值因子判断法的基本操作步骤是：

第一步，组成专家考核小组。包括人力资源专家、考核专家和其他相关人员。根据对象和目的的不同，可以确定不同的构成。

第二步，制定考核权值因子判断表，如表 5-9 所示。

表 5-9 权值因子判断表

序号	考核指标	考核指标						评分值
		指标 1	指标 2	指标 3	指标 4	指标 5	指标 6	
1	指标 1							
2	指标 2							
3	指标 3							
4	指标 4							
5	指标 5							
6	指标 6							

第三步，由各专家分别填写考核权值因子判断表。填写方法是将行因子与列因子进行比较，非常重要的指标为 4 分，比较重要的指标为 3 分，同样重要的指标为 2 分，不太重要的指标为 1 分，很不重要的指标为 0 分。除了相同的两个外，任何两个都要进行比较。如表 5－10（此表为一个专家的打分表）所示，指标 1 和指标 2 相比，指标 1 显得非常重要：4 分；指标 1 和指标 4 相比，指标 1 显得比较重要：3 分；指标 2 和指标 4 相比，指标 2 显得同样重要：2 分；指标 3 和指标 2 相比，指标 3 显得不太重要：1 分；指标 5 和指标 2 相比，指标 5 显得很不重要：0 分。

表 5－10　对考核项目依次比较和打分

序号	考核指标	考核指标						评分值
		指标 1	指标 2	指标 3	指标 4	指标 5	指标 6	
1	指标 1	—	4	4	3	3	2	16
2	指标 2	0	—	3	2	4	3	12
3	指标 3	0	1	—	1	2	2	6
4	指标 4	1	2	3	—	3	3	12
5	指标 5	1	0	2	1	—	2	6
6	指标 6	2	1	2	1	2	—	8

第四步，对各位专家所填权值因子判断表进行统计，并将统计结果折算为权重，最后对权重进行调整，如表 5－11 所示（表 5－10 为第 5 位专家打分表）。其中，权重＝该项平均评分/60 分。

表 5－11　权值因子计算表

考核指标	评分人								评分总计	平均评分	权重	调整后权值
	1	2	3	4	5	6	7	8				
指标 1	15	14	16	14	16	16	15	16	122	15.25	0.254 17	0.25
指标 2	16	8	10	12	12	12	11	8	89	11.125	0.185 42	0.20
指标 3	8	6	5	5	6	7	9	8	54	6.75	0.112 50	0.10
指标 4	8	10	10	12	12	11	12	8	83	10.375	0.172 92	0.20
指标 5	5	6	7	7	6	5	5	8	49	6.125	0.102 08	0.10
指标 6	8	16	12	10	8	9	8	12	83	10.375	0.172 92	0.15
合计	60	60	60	60	60	60	60	60	480	60	1.000 01	1.00

值得注意的是，权值因子判断法依然是专家凭个人感觉的对比打分，这样仍然会出现不同的专家因为对每个项目的了解情况不一样，在对两个项目进行比较的时候，评判标准也不一样。那么，如何使专家们打出来的总分更符合客观现实呢？

具体可以这样做：

（1）成立一个考核小组，由考核小组来为项目评分。

（2）为了防止由于不同的人对岗位认识的不同而出现打分不同，造成打分不客观的情况，可以通过给每一个人的打分加权重的方式平衡。比如说考核人为 5 个，其中一位是本岗位的上司，因为他比较了解该岗位，他打分的权重为40%，然后对其他人的打分也赋予相应的权重，这样就保证了相对的准确性（见表5-12）。

表5-12 考核者及权重举例

被考核者	考核者及权重			总计
	董事长	总经理	常务副总经理	
营销部经理	60%	30%	10%	100%
财务部经理	60%	30%	10%	100%
生产部经理	30%	50%	20%	100%
研发部经理	30%	50%	20%	100%
人力资源部经理	30%	30%	40%	100%

此外，在企业中还运用层次分析法（analytic hierarchy process，简称AHP）来确定权重。经过众多学者的探索和在企业中的实际应用，AHP目前已发展得比较成熟。它的科学性更强，但施行起来有一定难度，一般需要专家的支持。

确定完整、合理的绩效考核指标是绩效考核的重要前提，但真正的难点是确定每个指标的权重，权重的确定绝不可能等同于简单的数学计算。合理的考核指标体系是整个考核成功的关键。当然，考核是一个体系，其他环节如绩效反馈等都将影响考核的整体效果。

五、绩效考核指标标准的确定

（一）绩效考核指标标准确定的依据

绩效考核指标标准确定的依据，可以分为以下四类：

1. 计划（预算）标准

计划（预算）标准是指以事先制定的年度计划、预算和预期达到的目标作为绩效标准。计划标准主观性较大，人为因素较强，但如果制定得科学合理，激励效果就比较好。

2. 历史标准

历史标准是指以组织以往年度的业绩状况作为衡量标准。这是一种自身最优判断方法，可以进行自身的纵向比较，具有排他性。

3. 客观标准

客观标准是指以其他同类组织的业绩状况作为考核标准。它是以一定时期、一定范围内的同类组织作为样本，采用一定的方法，对相关数据进行测算而得出的平均值。

4. 经验数据标准

经验数据标准是指根据经济发展规律和长期的组织管理经验而产生的考核标准。

上述四类指标标准的优劣与否不能一概而论，必须与组织的实际和岗位绩效特征结合起来。也就是说，可能对一些绩效考核指标需要确定计划标准，而对另外一些指标采用客观标准，这是制定绩效考核指标标准所应注意的问题。表 5-13 为一般管理人员绩效考核指标标准举例。

表 5-13　一般管理人员绩效考核指标标准举例

指标	标准	评分范围	评分
责任心	消极被动，不负责任	0	
	有时责任心强，但多数情况下缺乏责任心	1	
	有一定责任心，并敢于对自己的工作负责，知错就改	2～3	
	责任心强，能清楚地知道自己的责任，并勇于负责	4	
	对任何事情都有强烈的责任心，并积极付诸行动	5	
专业知识	……	……	
工作质量	……	……	

可见，指标解决的是“评价什么”的问题，是指从哪些方面来衡量和评价。标准解决的是“被评价者怎么做、做多少”的问题，是指在各个指标上应分别达到怎样的水平。显然，标准成为附着在指标上的一个点位。

（二）定性、定量指标标准的确定

绩效考核指标和每个指标的权重确定以后，还要确定每个指标的考核标准。绩效指标在确定的时候分为定性指标和定量指标，这两类指标要分别进行标准的设定，行为化指标的标准可以直接从任职资格的行为标准中抽取或转换得出，数量化指标则要根据具体情况设定考核标准。在设定绩效考核标准时，首先要确定基准值，如果我们考核体制的层次是奇数的话，那么处于中间层次的标准就应当视为基准，基准应该是正常情况下多数人都可以达到的水平。一般来讲，绩效标准应由被考核的部门或个人事先与管理阶层或主管共同讨论后制定，以此作为管理的执行依据。这样做有两个目的：一是希望通过员工的参与来激励他们达到甚至超越标准；二是员工协助制定标准可能使员工有较多的承诺。

定量指标标准的确定　　定性指标标准的确定

（三）绩效考核指标标准确定的注意事项

为使绩效考核指标标准客观、科学，在标准确定过程中需注意如下事项：

（1）绩效考核指标标准必须是可以衡量的或是可以计算的，必须符合 SMART 原则。表 5-14 是某公司客户服务秘书的绩效考核指标和标准示例。

表 5-14 某公司客户服务秘书绩效考核指标和标准示例

职位	序号	指标	标准
客户服务秘书	1	提高电话接听质量	于10月25日前按照公司规定100%完善客户档案资料。
	2	提升客户服务满意度	本月内确保客户投诉率为零。
	3	按时完成销售计划	本月计划完成回款200万元，完成销售额300万元。
	4	向关键客户电话推荐新产品	在八大系统用户中推荐公司新产品KW100和DWN600，确保于10月28日前与八大系统中每位用户进行一次有价值的交流。

（2）对绩效考核指标标准的设定要区分出层次。

合格标准是指对某个被考核者来讲，期望达到的一般水平，或者对多个承担同一指标的人来说，这个标准是每个被考核者经过努力都能够达到的水平。这个标准通常用于判断被考核者的绩效是否能够满足基本的要求。如果绩效水平低于合格标准，说明被考核者的绩效没有达到基本的要求。当绩效水平高于合格标准的时候，就可以根据高出的程度和考核制度的需要，划分出一至两个层次，如良好或优秀标准。一般情况下，优秀水平应该是只有少数员工经过120%的努力才可以达到的。如果考核结果是多数人处于优秀水平，那么显然是标准制定有问题，需要提高标准的要求。

（3）在制定绩效考核指标标准时，要注意与员工的沟通。

传统的自上而下的下达任务的沟通方式，更多地体现出对员工的控制作用。在绩效管理循环中，需要管理者和员工经过充分沟通，共同确定绩效考核指标标准。

六、绩效考核指标体系的设计

（一）绩效考核指标的选择方法

绩效考核指标应按照科学有效的方法进行选择，常见的方法包括工作分析法、个案研究法、问卷调查法、专题访谈法和经验总结法。

1. 工作分析法

科学的管理必须建立在详尽分析的基础之上。工作分析是人力资源管理的基本工具，是对工作本身最基本的分析过程。工作分析是确定各项工作所需履行的责任和具备的知识及技能的系统工程。

在制定绩效考核指标的过程中进行工作分析，最重要的就是分析从事某一岗位工作的员工需要具备哪些能力和条件，其职责与完成工作任务的情况应以什么指标来考核，指出这些能力和条件及考核指标中哪些比较重要、哪些相对不那么重要，并对不同的指标完成情况进行定义。这种定义就构成了绩效考核指标的考核尺度。

2. 个案研究法

个案研究法是指对个体、群体或组织在较长时间里连续进行调查研究，并从典型个案中推导出普遍规律的研究方法。例如，根据考核的目的和对象，选择若干个具有代表性的人物或事件作为调研对象，通过对他们的系统观察和访谈来分析、确定考核要素。

常见的个案研究法有典型人物研究与资料研究两大类。典型人物研究是以典型人物的工作情境、行为表现、工作绩效为直接对象，通过对他们的系统观察和分析研究来归纳总结出他们所代表的群体的考核要素。资料研究是以表现典型人物或事件的文字材料为研究对象，通过对这些资料的总结、对比、分析，归纳出考核要素。

3. 问卷调查法

这种方法就是设计者根据需要，把要调查的内容设计在一张调查表上，写好填表说明和要求，分发给被调查者，让他们根据个人的知识与经验，自行选择答案，以收集和征求不同人员的意见。调查的问题应设计得直观、易懂，调查问题不宜过多，应尽可能减少被调查对象的回答时间，以免影响调查表的回收率和调查质量。例如，研究者通过访谈法把考核某职务人员的绩效考核指标归纳为 40 个指标，为了从这 40 个指标中筛选出关键的考核指标，就可以进行问卷式的民意调查。

问卷调查法按答案的形式可以分为开放式问卷和封闭式问卷两大类。

(1) 开放式问卷。

开放式问卷没有标准化答案，被调查者可以按照自己的意愿自由回答。如某组织对推销员绩效考核的问卷中的如下问题：

您认为营销部门的员工应具备何种能力？

您认为对于营销部门的员工来说，沟通能力重要吗？

如果所有公司都采取统一价格、统一交易条件，您将选择哪家公司？

在您和公司的所有接触中，哪一次服务最使您满意并给您带来愉悦？请您写下为您服务的人员的姓名或工号、所在部门，时间及当时状况。

(2) 封闭式问卷。

封闭式问卷的呈现形式分为是非式、选择式、计分式、排列式四种。

1) 是非式。问卷列出若干问题，要求被调查者作出“是”或者“否”的回答。例如：

销售人员是否需要具备较强的服务意识？

A. 是　　　　B. 否

研究和开发人员是否应具备较强的服务意识？

A. 是　　　　B. 否

2) 选择式。要求被调查者从并列的两种假设提问中选择一项。例如：

□ 对部门主管而言，最重要的工作能力应该是高深的专业理论知识。

□ 对部门主管而言，最重要的工作能力应该是协作能力。

3) 排列式。要求被调查者对可供选择的多种方案按其重要程度排序，例如：

您认为一个优秀的部门经理应具有哪些特征？(按重要程度进行排序)

A. 沟通能力　　　　B. 协调能力　　　　C. 高度的责任心

D. 丰富的专业知识　　　　E. 足够的耐心

4) 计分式。问卷列出几个等级分数，要求被调查者进行判断选择。例如：

您对工作环境和工作设施（　　）。

A. 非常满意　　　　B. 基本满意　　　　C. 尚可

D. 不太满意　　　　　　　　　E. 非常不满意

您对所提出的问题或要求的解决及时性（　　）。

A. 完全满意　　　　　　　　　B. 满意　　　　　　　　　　C. 基本满意

D. 有一点不满意　　　　　　　E. 不满意　　　　　　　　　F. 非常不满意

4. 专题访谈法

专题访谈法是指研究者通过面对面的谈话，利用口头沟通的途径直接获取有关信息的研究方法。例如，通过与组织各部门主管、人力资源部门人员、某职务人员等进行广泛交谈来获取绩效考核指标。专题访谈的内容主要围绕下述三个问题展开：

（1）你认为担任××职位的员工最基本的要求是什么？

（2）××职位的工作的主要特点是什么？

（3）检验××职位的工作成效的主要指标是什么？

研究者通过分析、汇总访谈所得的资料，可以获取许多极其宝贵的材料。专题访谈法又分个别访谈法和群体访谈法两种。个别访谈轻松、随意、活跃，可快速获取信息。群体访谈以座谈会的形式进行，具有集思广益、民主等优点。

5. 经验总结法

众多专家通过总结经验，提炼出规律性的研究方法，称为经验总结法。一般它又可分为个人总结法和集体总结法两种。个人总结法是请人力资源专家或人力资源部门人员回顾自己过去的工作，通过分析最成功或最不成功的人力资源决策来总结经验，并在此基础上设计考核员工绩效的指标目录。集体总结法是请若干人力资源专家或组织内有关部门的主管（6～10人）集体回顾过去的工作，分析杰出人才与平庸之辈的差异，列出长期以来用于考核某类人员的常用指标，在此基础上提出绩效考核指标。

（二）绩效考核指标体系设计的步骤

绩效考核指标体系的设计步骤如图5-6所示。

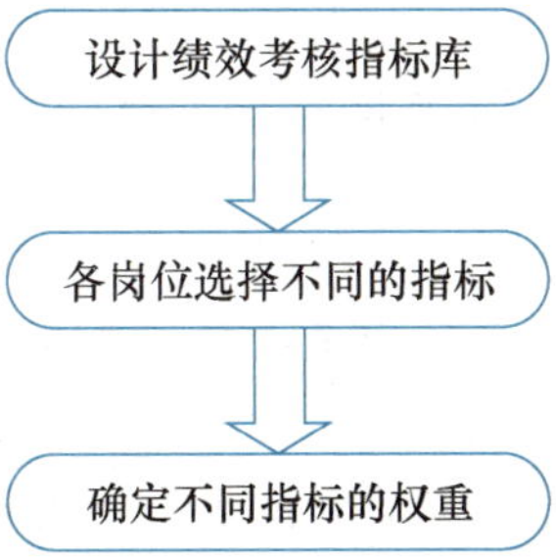

图5-6　绩效考核指标体系的设计步骤

1. 设计绩效考核指标库

组织负责此方面工作的人员首先应建立一个适合组织特点和战略需要的绩效考核指标库。需要注意的是，这个指标库并不一定完全能够涵盖最终确定的每个岗位的绩效考核指标。许多指标往往是在下一个步骤中通过不同的操作方法逐一产生，并补充到这个指标库中。指标库的建立在很大程度上体现了企业文化的要求。

一般来说，为全面反映指标信息，指标库要设计充足的字段，包括指标的分管领导、岗位所在部门、岗位名称、指标属性、关键业绩领域、指标名称、指标定义、计算公式、指标收集、指标来源、指标核对、统计周期、统计方式、考核分数、相关说明等内容。其中一些内容如计算公式、指标属性等，只需要在指标库中一次性列出，无须重复列示。

2. 各岗位选择不同的指标

选择考核指标的一个重要标准就是被考核者所承担的工作内容和绩效标准，这种区别正好反映在员工的职务职能等级上，因此我们将这种绩效考核方式称为“分层分类的绩效考核体系”。“分类”主要是依据工作性质不同（职务种类不同）进行的横向分类；“分层”主要是依据职能等级形成的纵向层次。一般来说，如果分得较细，则可按照职位职级的数量而定；如果分得较粗，也可分为高层、中层、基层。

按职务职能标准进行绩效考核的前提就是在组织中建立健全一个明确的职位分类标准。在分层分类考核时，不一定要严格按照职位系列来进行，通常会对比较复杂的职位系列进行一定的合并。特别是分层考核的层次并没有统一的标准，应根据组织的规模和实际情况，特别是管理幅度和管理层次来确定。至于分类的标准则要根据组织的生产经营对人员类别的需要而定。

对不同类型的工作内容，绩效考核所使用的考核指标自然各不相同。另外，由于职位等级上的区别，被考核者还承担了不同的管理职能（也可能不承担任何管理职能），这种职位等级上的区别也会对绩效考核指标和权重产生影响。

3. 确定不同指标的权重

影响指标权重最重要的因素是绩效考核的目的。对于不同的考核目的，应该对绩效考核中各个考核指标赋予不同的权重。另外，企业文化倡导的行为或特征也会反映在绩效考核指标的选择和权重上。

需要强调的是，这种权重的不同并不一定会表现在每个指标的权重上，而可能仅仅表现在三个常见的考核维度（工作能力、工作业绩、工作态度）的权重上。

知识拓展　NAA关于企业成长阶段与绩效评价指标的选择

美国全国会计师协会（National Association of Accountants，简称NAA）于1986年发布《管理会计公报》第4号，主要目的是规范管理会计衡量绩效行为。NAA认为绩效衡量的方法要视不同环境而定，不能千篇一律。NAA在公报中讨论的重点在于管理人员如何才能正确衡量企业的经营绩效。在谈到关于企业成长阶段与绩效评价指标的选择时，NAA建议管理人员应注意企业所处的不同阶段，选择比较合理的评价指标。

1. 企业创始阶段

此时企业发展取决于非财务事项，如新产品的开发、设立新的组织，或寻找新的投资者等。因此，创始阶段的企业，如何以有限的资源获取市场上的有利地位，通常是最关键的因素，收入的增长及经营的现金流量成为企业特别关注的指标。

2. 企业成长阶段

此阶段除了仍必须关注收入增长外，还应同时考虑获利率与资产的管理效率，以实现收入与报酬的平衡。

3. 企业成熟阶段

此阶段的核心指标是资产及股东权益的投资报酬率。企业必须有效监控所有的财务性绩效指标，这样才能使企业拥有活力，避免衰退。

4. 企业衰退阶段

这一时期，现金流量特别重要，成为衡量企业绩效的中心指标，而一些长期性的绩效指标已变得不那么重要了。

由此可知，企业绩效评价体系应根据企业所处环境及发展阶段不同而调整。所以，任何单一的财务绩效指标，如净利、每股盈余、现金流量或投资报酬率等，均不足以衡量企业所有阶段的财务绩效。恰当的做法是，应考虑建立一套整合性的绩效衡量方法，这样才能适应企业的发展与社会的需求。

任务三 绩效考核方法的运用

案例导入 猎人和老鹰、猎狗、马的故事

深山里，住着一个猎人，他养了3只动物，分别是老鹰、猎狗和马。每次出去狩猎，猎人都带着它们一起去。它们的分工十分明确，老鹰负责“航测”——寻找猎物；猎狗负责追捕猎物；马负责驮着主人追赶猎物，最后将猎物驮回家里。这3只动物都非常优秀，从来没有失过手，彼此之间也合作得很好，猎人按照每只动物的表现给它们发食物。

一天，猎人在打猎中受了伤，需要休养一段时间。猎人将老鹰、猎狗、马叫到自己的床前说：“我现在不能出去打猎了，但我们还要活下去。我看你们3个已经配合很多年了，今天你们自己出去打猎，不用找大的动物，找一些野兔、狐狸之类的小动物就可以了。还是和以前一样，老鹰负责寻找猎物，猎狗负责追捕猎物，马负责将猎物驮回家。你们干好自己的工作就可以了。回来后我会按照你们的表现给你们发食物的。”

3只动物出发了，由于它们一向分工明确，所以也不用多说，均按照各自的方式开始行动。老鹰飞上天后，发现在丛林中有一只兔子，立刻告诉猎狗，猎狗按照老鹰指引的方向向前飞奔，马跟在猎狗后面。老鹰仔细观察，发现兔子向西跑去，就提醒猎狗说：“注意，注意，兔子向西跑了。”猎狗又向西追赶。“兔子又向南跑了。”猎狗又向南追去。

兔子不断变换自己奔跑的方向，猎狗与兔子的距离越来越远。老鹰想："这样哪能抓得着呀！"于是，一个俯冲，将兔子抓住带上天，再使劲从半空中摔下来，猎狗一下子冲过去，咬住兔子，叼着回家了。猎人很高兴，也没有询问打猎的具体过程，就按照出发前的承诺给大家发放食物。

晚上，3只动物互相埋怨起来。

猎狗说："老鹰，你的工作是发现目标，用不着管我的事，你去抓兔子算怎么回事？要是猎人知道了，会觉得我没有做好呢！"

老鹰说："我好心帮你，要不然你怎么能抓住猎物呢？"

猎狗说："我的事不用别人管，要是出了问题，你负责吗？"

马说："猎狗，这也是我想对你说的。运猎物是我的工作，你干吗自己叼回来？幸好猎人没有问我们是怎么抓到猎物的，要是知道了，老鹰发两份食物，猎狗发一份食物，我只有看着你们享用的份了。"

老鹰说："好，那我们各司其职，我负责发现猎物与指引方向。"

猎狗说："我负责抓猎物。"

马说："我负责运回猎物。咱们谁也别管谁。"

第二天，3只动物又出去打猎，大家互相之间不说话，按照头天晚上的约定，开始工作。

老鹰飞上天空，发现树林里面有一只兔子，就向猎狗发出信号，猎狗按照老鹰的指示去抓兔子，就要抓住兔子时，突然旁边蹿出一只狼与猎狗厮打起来。

老鹰想："要不要去帮猎狗呢？帮它，说不定会被骂；不帮，猎狗不但抓不住猎物，还可能会受伤。"可一想到昨晚被猎狗骂了，老鹰决定还是只管好自己的事情。

马这时候也看见了，心想："要不要去帮猎狗踢狼一脚呢？"但仔细一想昨天晚上的事，"嗯，各司其职，不管了。"

猎狗继续和狼撕咬，最后虽然胜利地赶走了狼，自己却受了伤，猎物也跑了。3只动物空手回到家。

猎人见它们没有带猎物回来，猎狗还伤痕累累，便询问原因。了解情况后，猎人把3只动物都训了一通。最后，大家谁也没有得到食物。

3只动物耷拉着脑袋，心里开始嘀咕：各司其职、明确分工不是很好吗？老鹰错了吗？老鹰以前主动帮助过猎狗，但猎狗不愿意接受老鹰的帮助，老鹰好像没有错。猎狗错了吗？猎狗觉得自己的工作应该自己负责，如果别人帮助，出了问题，自己还是要负责，那么猎狗也没有错。马错了吗？马也是遵守自己的职责，也没有错。猎人错了吗？猎人给它们进行了分工，希望它们能够各尽其职，并且按照它们的工作成绩发放食物，激励它们做得更好，猎人的初衷也没有错。

问题：

如果大家都没有错，那问题出在哪里呢？该用什么方法解决呢？

一、分级法

分级法是将被考核者的绩效按相对优劣程度，通过比较来确定每人的相对等级或名次，即排出全体被考核员工的绩效优劣顺序，因而也称排序法。它可以是单一维度的排序，也可以是多维度的综合排序。

按分级程度不同，有简单分级法、交替分级法、范例对比法、对偶比较法和强制正态分布法。

（一）简单分级法

简单分级法是最简单和运用最普遍的工作绩效考核方法之一。考核者根据需要考核的绩效构成要素，针对每一项考核要素对每位员工的实际状况给出分值，或是针对每一项考核要素对全体员工进行排序，最后进行整体考核，得出最终考核结果。

管理者通过综合评价，可以将部门或一定范围内的员工的绩效进行排序；也可以根据考核者的通盘考虑结果，以自己对被考核者工作绩效的整体印象为依据进行评价，并最终排出顺序。

简单分级法的具体操作方法是：在全体被考核职工中先挑选绩效最出色的一个，并列于序首，再找出次优列作第二名，如此排序，直到最差的一个列于序尾，由最好到最差依次对被考核者进行排序（见表 5－15）。

表 5－15　直接排序结果

顺序	等级	员工
1	好	赵×× 钱××
2	中	孙×× 李×× 周××
3	差	吴××

（二）交替分级法

交替分级法是根据某些绩效构成要素评出绩效最优的员工，再评出绩效最劣的员工，即先找出最优者，再找出对比鲜明的最劣者，然后是次优者和次劣者，交替进行，直到评价完成。

交替分级法的具体操作步骤是：第一步，将需要进行考核的所有员工名单列出来，然后将不是很熟悉因而无法对其进行评价的员工名字划去；第二步，运用表格来显示：在被评价的某一特点上，哪位员工的表现最好，哪位员工的表现最差；第三步，在剩下的员工中重复进行第二步操作，直至完成（见表 5－16）。

表 5-16　交替分级法绩效评价等级

<table>
<tr><td colspan="2">评价所依据的要素：
列出所要评价的要素，将员工姓名列出。将工作绩效评价最高的员工姓名列在第 1 行的位置，评价最低的员工姓名列于第 10 行的位置。再将次最好员工姓名列于第 2 行，次最劣员工姓名列于第 9 行。以此类推，交替进行，直至所有员工姓名都列出。</td></tr>
<tr><td>评价最优员工：
1. ____________
2. ____________
3. ____________
4. ____________
5. ____________</td><td>6. ____________
7. ____________
8. ____________
9. ____________
10. ____________
评价最劣员工</td></tr>
</table>

（三）范例对比法

此方法通常从多个维度进行评价，每个维度分为 N 个等级。以每个维度作为标准，先找出一个特定人物作为“标准人物”，将其他人与这一“标准人物”逐一比较，按他们与“标准人物”的近似程度进行等级评价。最后各维度分数的总和即是被考评者的绩效等级。

范例对比法的具体操作步骤是：第一步，确定评价维度；第二步，在评价之前，选出一位员工，评出其等级；第三步，将其他员工与其对比，根据他们的近似程度评出其他员工的等级。表 5-17 是范例对比法评价等级的例子。使用本方法的关键是，注意标准人物的挑选，并对标准人物在该维度上的表现有明确的了解和认识，这样才能便于比较。

表 5-17　范例对比法评价等级

标准：李××　评价维度：领导能力

被考核员工	优	良	中	较差	差
赵××		√			
钱××				√	
孙××	√				

（四）对偶比较法

对偶比较法是指将所有员工分别按评价维度逐一进行配对比较，即两两比较，按比较中被评的总结果来确定等级名次，是一种相对等级顺序。这种方法比简单排序法更加科学、可靠。但应注意的是，当人数超过一定数量时，如 10 人以上，对偶比较次数太多，工作量会相应增加许多，因此应注意评价的人数。

对偶比较法的具体操作是：由考核者对每一个被考核员工与其他被考核员工在某一维度下一一对比，优胜为“+”，稍逊为“-”，从而比较每个员工的得分，排出次序。从表 5-18 中可以看到，假定需要对 5 个员工 A、B、C、D、E 在 2 个维度上进行绩效评价，在工作质量的评价中，B 的评价最高；在创造性的评价中，A 的评价最高。

表 5-18 对偶比较法评价表

评价维度	工作质量				
考核对象	比较对象				
	A	B	C	D	E
A		+	+	−	−
B	−		−	−	−
C	−	+		+	−
D	+	+	−		+
E	+	+	+	−	
评分	2+	4+	2+	1+	1+

评价维度	创造性				
考核对象	比较对象				
	A	B	C	D	E
A		−	−	−	−
B	+		−	+	+
C	+	+		−	+
D	+	−	+		−
E	+	−	−	+	
评分	4+	1+	1+	2+	2+

（五）强制正态分布法

强制正态分布法是指建立在一个假设基础之上，即一个范围内的人员工作状况是按正态分布的，如工作状况有好、中、差三种，一般是两头小、中间大，呈正态分布，如图 5-7 所示。强制正态分布法需要提前确定一个比例，将被考核者分别分布到某个工作绩效等级上去。比如，若在某次考核中预先将员工绩效考核结果好、中、差分别给予的比例为 20%、65%、15%，有 20 个员工参加考核，则考核为“好”的员工为 4 人，“中”的员工为 13 人，“差”的员工为 3 人。

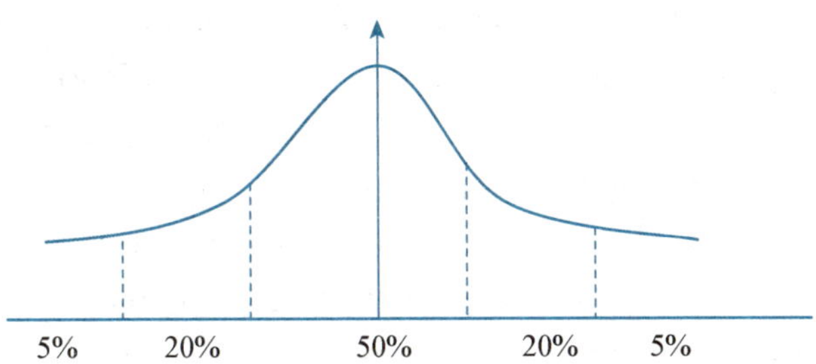

图 5-7 强制正态分布图

强制正态分布法往往与其他考核方法联合使用。如用简单排序法将员工工作状况排序，并对这一结果进行综合考虑后，按强制正态分布法确定比例，将员工分配到相应的等级上。

在许多情况下，强制正态分布法并不确定所有等级的比例，而只确定上限或下限的比例，以表彰先进或警示落后者。如在进行先进评选中，确定先进的比例为全体员工的 10%。强制正态分布法具有等级清晰、区别显著、操作简便、刺激强烈，且因强制区分等级而有效地避免了考核中过严或过松现象等优点。

强制正态分布法是大多数企业在评估绩效考核结果时所采用的。杰克·韦尔奇凭借该规律，绘制出了著名的“活力曲线”（见图 5-8）。按照业绩以及潜力，将员工分成 A、B、C 三类，三类的比例分别为：A 类 20%、B 类 70%、C 类 10%。对 A 类员工，韦尔奇采用的是“奖励、奖励再奖励”的方法，包括提高工资、给予股票期权以及职务晋升；对于

B类员工，根据具体情况，确认其贡献，并提高工资；对于C类员工，不仅没有奖励，还要从企业中淘汰出去。

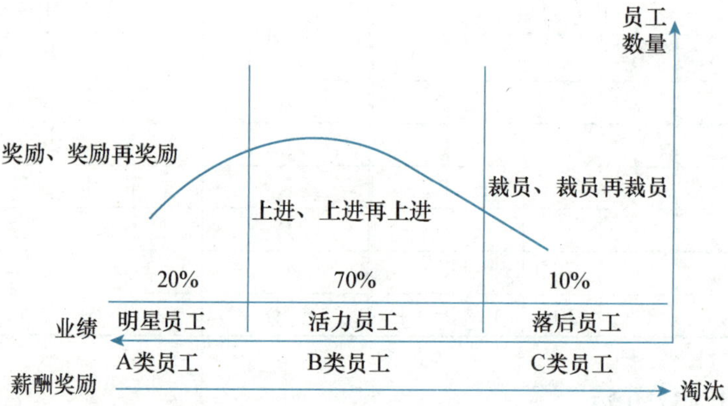

图5-8　活力曲线

实例分享

是绩效考核造成的混乱吗？

有一家私人企业，老板禀性敦厚，生意一直不错。为了使企业管理走向正规，老板决定效仿先进企业的做法，开始了轰轰烈烈的考核——采用强制正态分布法，将考核结果分为四级。对10%的“优异”员工，工资上调20%；对10%的“优秀”员工，工资上调5%；对75%的“一般”员工，不涨工资，根据企业当月效益，给予一定的奖金(优异和优秀同样)；对5%的“较差”员工，无任何奖励，并限期改善，否则淘汰。没有想到，考核开始了，老板的烦恼也开始了……

第一是团队的合力问题。“优异”和“优秀”的员工之间颇有微词，因奖励相差甚远。“一般”员工更不平衡：“奖励都让你们拿了，工作也由你们干好了。”“优异”的员工因受到排挤，情绪开始消沉起来。大家开始出工不出力。

第二是分数的公正性问题。有的员工在部门内评价“一般”的，也许到其他部门可以得到“优秀”；部门内按照强制正态分布法的规则，必须有人是最差的，部门领导难以接受，更不忍心“下手”，采用了“滚雪球”的办法；为了使自己部门的员工能够有更好的排名，出现“考核政治”。

第三是淘汰难以实行。有些岗位的员工（专业性强、行业内紧缺）主动按照规则“炒了老板鱿鱼”。

第四是奖励难以兑现。考核结果“优异”的员工中有相当一部分难以服众，老板也不愿意给二流的员工发一流的工资，于是，考核“优异”的员工认为老板言而无信；考核“优秀”的员工心里不服气；考核“一般”的员工有了推卸责任的借口；考核“较差”的员工，一部分需要老板绕过规则苦苦挽留，另一部分则要谨慎淘汰。

上述发生在绩效考核实施过程中的混乱局面提醒管理者：对于强制正态分布法的使用，应该慎重。首先，在使用一些看似简单的绩效考核方法时，一定要留意方法使用的前提条件，如绩效文化的建设（强制正态分布法较之其他考核办法，更需要文化的吻合）、制度间的融合性等。其次，需要根据本企业的特点来灵活运用各种绩效考核的方法，如使单一的奖惩刺激多样化，在等级之间增加一定的柔软性，适当给予团队绩效优异的群体一定的倾斜等。

二、考核清单法

考核清单法借鉴了心理测试技术，将考核要素、标准隐去，着重评价员工的行为，适合素质方面的考核，具体可以分为两类：简单考核清单法和加权考核清单法。

（一）简单考核清单法

简单考核清单法是考核者结合工作说明书和与员工实际工作绩效优劣相关的典型行为进行评价的方法。考核者首先拟订考核清单条目，然后逐条对照被考核者的实际状况，将两者一致的地方打钩或作出“是”或“否”的选择。这种方法通常只考核员工总体状况，不分维度考核。表 5－19 是简单考核清单的示例。

表 5－19 简单考核清单

行为描述	评价
1. 工作不认真，疏忽操作规则	是　否
2. 严格遵守操作规则，并推动和改进操作规范	是　否
3. 工作中显现出厌倦、懈怠神态与行为	是　否
4. 工作勤奋，有时能超额完成工作任务	是　否
5. 对上级的批评指导能虚心接受	是　否
6. 与同事关系和睦，能主动关心和帮助他人	是　否
7. 能力强，对所从事的工作得心应手	是　否
8. 掌握工作需要的技能有困难	是　否
……	……

这种清单可以很长，只要与工作相关的行为描述都可以列入其中。考评者根据清单提示的考核内容，将日常工作中观察到的行为表现与之相对照再进行勾选，便捷易行。

（二）加权考核清单法

如前所述，同一个工作评价维度对不同的员工绩效考核的重要性是不同的。例如，若评价标准设立了包括“工作纪律”和“创新能力”这两个维度，对于管理人员及技术人员来说，则后者的重要性大于前者，所以应将“创新能力”给予更高的权重；对于操作工人来说，前者的重要性大于后者，所以应将“工作纪律”给予更高的权重。

如果将考核清单中行为描述分入设立的评价维度中，如表 5－20 中的行为描述，第

1～4条可列入“工作态度”，第5～6条可列入“人际关系”，第7～8条则可列入“工作能力”，这些维度的重要性可根据职位要求确定，给予不同的权重，这样就建立起了加权考核清单表，可以更好地体现绩效考核的公正性和客观性。

表5-20 加权考核清单表

评价维度	行为描述	评价
工作态度	1. 工作不认真，疏忽操作规则 2. 严格遵守操作规则，并推动和改进操作规范 3. 工作中显现出厌倦、懈怠神态与行为 4. 工作勤奋，有时能超额完成工作任务	是 否 是 否 是 否 是 否
人际关系	5. 对上级的批评指导能虚心接受 6. 与同事关系和睦，能主动关心和帮助他人	是 否 是 否
工作能力	7. 能力强，对所从事的工作得心应手 8. 掌握工作需要的技能有困难	是 否 是 否

三、量表考核法

量表考核法是较为普遍和常用的绩效考核方法。此方法通常作维度分解，首先将一定分数或比重分配到各个绩效维度或评价指标上，然后由考核者根据被考核者的实际工作表现与评价指标列出的表现情况相对照，对被考核者作出程度判断并给出分值，汇总得出最终评价结果，如表5-21所示。通过设置量表（尺度）亦可实现量化考评，操作也比较简便。

表5-21 量表考核法示例1

一般工作绩效考核要素	权重	评价尺度	评价结果及评语
1. 质量：所完成工作的精确度、彻底性和可接受性	20%	90～100分 80～90分 70～80分 60～70分 60分以下	评价分数：
2. 效率：在特定时间内完成工作的程度	20%	90～100分 80～90分 70～80分 60～70分 60分以下	评价分数：
3. 工作知识：实践经验和技术能力以及在工作中所运用的信息	20%	90～100分 80～90分 70～80分 60～70分 60分以下	评价分数：

续表

一般工作绩效考核要素	权重	评价尺度	评价结果及评语
4. 可信度：在完成任务和听从指挥方面的可信度	15%	90～100 分 80～90 分 70～80 分 60～70 分 60 分以下	评价分数：
5. 勤奋性：上下班准时程度、遵守规定程度、出勤率等	5%	90～100 分 80～90 分 70～80 分 60～70 分 60 分以下	评价分数：
6. 独立性：完成工作的自觉性和完成能力	20%	90～100 分 80～90 分 70～80 分 60～70 分 60 分以下	评价分数：

若对于有些职位无法用一般性工作绩效因素（如工作数量和工作质量）进行评价时，也可将工作职责进行分解来作为评价标准。如表 5－22 所示，将行政秘书工作的 5 种主要职责标准从工作说明书中选取出来，并就其对本职位的重要性进行分析，且给予不同权重。

表 5－22 量表考核法示例 2

<table>
<tr><td>考核职位：行政秘书</td><td colspan="2" rowspan="2">评价尺度定义：
1. 未能达到工作要求
2. 基本达到工作要求
3. 全部达到工作要求
4. 很好地达到工作要求
5. 超过工作要求</td></tr>
<tr><td>姓名：__________ 部门：__________
职位：__________
考核期间：从__________到__________
考核者姓名：__________</td></tr>
<tr><td>描述</td><td>权重</td><td>评价</td></tr>
<tr><td>1. 打字速度
以每分钟输入 90 个单词的速度，按照适当的格式，准确地将来自以下各方面的指令打印成文件：录音内容、手写笔记、正式笔记、会议纪要等；通知、会议议程、工作日程及其他材料；各种报告、调查，包括文本和表格；整理打印信件、备忘录、文本副本及其他要求打印的文件</td><td>30%</td><td>评价等级：
1□2□3□4□5□
评语：</td></tr>
<tr><td>2. 接待
当面或通过电话核定已签订的合同；热情地帮助来电者和来访者；回答打进来的电话，转达信息、提供信息或电话例行转接；接待来访者，提供信息或直接将来访者引领到相应办公室或个人处；作为主人在客人等待期间提供临时服务；操纵自动应答设施；与来电者及来访者保持一种合作态度</td><td>25%</td><td>评价等级：
1□2□3□4□5□
评语：</td></tr>
</table>

续表

3. 计划安排 对工作日程进行有效管理，包括对约见、会议、旅行以及其他此类活动的安排；对工作日程进行安排，为总经理、董事会成员或其他人员约见会面人员；为办理出差补贴做好准备；协助进行年度会议的安排；为保证在职培训计划的实施，在房间内、课间供应饮料并提供其他服务；对组织各项设施的使用进行计划安排；为外部发言人、咨询专家等安排好交通、旅程及相应费用	20%	评价等级： 1□2□3□4□5□ 评语：
4. 条件与资料管理 创建并维护一个合适的文件管理系统，能够按照要求迅速地放置和取出文件；制订文件空间分配计划，分别在文件管理系统中为回函、会议记录、报告、规定及其他相关文件作出妥当的安排；将资料放进文件夹中的适当地方；从文件夹中查找并取出需要的资料；对文件进行挑选、装订和剔除，在必要时进行文件汇总和销毁；保存和保护某些重要文件；将文件资料整理成可直接使用的形式	15%	评价等级： 1□2□3□4□5□ 评语：
5. 办公室一般服务 以一种受欢迎的方式和既定的程序履行相关的办公室职责；通过邮递中心处理邮件、寄送文件和邮品；拆阅外来邮件并进行分送；对文件进行复制；掌握一定现金；负责公告栏书写；完成其他预定工作	10%	评价等级： 1□2□3□4□5□ 评语：

资料来源：JAMES BUFORD，Jr. BETTY BURKHALTER，GROVER JACOBS. Link job descriptions to performance appraisals. Personnel Journal，1998（6）：132-140.

考核量表的制定流程有很多种，其中最常见的流程是：先由员工依据部门工作计划、KPI 制定出本岗位的考核量表，然后再与部门经理进行沟通和确认，最后由部门经理对考核量表进行调整。这种方式的最大好处在于，能充分调动员工的积极性和参与感。当部门的绩效指标被明确下来时，员工能根据自己的实际情况，最大限度地发挥岗位职责，寻找最佳方法去承担和实现这些 KPI。

当然，对大多数企业来讲，并非所有岗位的员工都需要制定考核量表。有些岗位的工作内容非常简单，重复性强，且非常稳定，基本上不会发生变化，对这些岗位是不需要制定考核量表。还有一些岗位，与部门 KPI 相关性很弱或基本没有关系，这些岗位也可以不用强制性要求制定考核量表。除此之外，还有一些采用计时、计件考核的岗位，以及采用协议工资的辅助岗位，由于它们的绩效构成非常简单，也可以不制定考核量表。

在量表考核法的基础上还发展出一种考核方法——混合量表考核法。操作方法是：第一，分解出若干考核维度，为每一维度的好、中、差各拟定出一个典型表现的陈述句；第二，把这些陈述句打乱，混杂无序地排列（目的是使考核者不易察觉各陈述句是考核哪一个维度或哪一等级，使其主观成分难以掺入）；第三，被考核者与陈述句相符合的画“○”，优于陈述句的画“+”，不及所述的画“−”；第四，根据所画符号，较准确地判断该员工在各维度上所应得分数。

例如，某企业建立的混合量表如表 5－23 所示，从打乱的陈述句中可以发现，序号 7、6、2 句考核员工的工作效率；序号 8、1、4 句考核员工的工作自信心；序号 3、9、5 句考核员工的工作汇报质量。任何维度的好、中、差评价所得的符号组合可能有 7 种，如表 5－24 所示，并给予相应的考核得分。

表 5-23 混合量表考核法示例

序号	典型绩效表现	考核符号
1	有自信，通常对工作有把握，只偶尔踌躇一下	
2	工作效率欠佳，完成任务时间长，有时不能按期完成	
3	口头及书面汇报有条理，考虑周到，很少需另作补充	
4	工作中有些畏缩，往往不果断，甚至偶尔回避对事情表态	
5	有时汇报得无条理、不完整，因而价值不大，或需返工补充修改	
6	工作效率符合要求，一般能在适当时间内完成所给任务	
7	敏捷利索，总能完成计划进度，并能很快地适应新任务	
8	言行举止都表现出颇有自信，对各种情况能迅速做出反应	
9	汇报的内容多是有意义且有用的，结构也较合理，但往往需做补充报告	

表 5-24 某一维度的好、中、差所得的符号的 7 种组合

	组合一	组合二	组合三	组合四	组合五	组合六	组合七
	−	−	−	−	−	○	+
	−	−	−	○	+	+	+
	−	○	+	+	+	+	+
考核得分	1	2	3	4	5	6	7

如果某员工的考核符号结果如表 5-25 所示。

表 5-25 某员工的考核符号

序号	1	2	3	4	5	6	7	8	9
考核符号	○	+	+	+	+	+	○	−	+

显然，参考表 5-24，该员工三项考核维度得分情况如表 5-26 所示。

表 5-26 某员工三项考核维度得分

考核维度	考核符号			考核得分
工作效率	○	+	+	6
工作自信心	−	○	+	4
工作汇报质量	+	+	+	7

最终，该员工的绩效考核总分为 17 分。

四、关键事件法和评语法

(一) 关键事件法

关键事件法就是针对工作中的关键事件，制定相应的扣分和加分标准，来对被考核者的业绩进行评价的方法。关键事件法适用于那些关键事件能够充分反映被考核者工作表现

或业绩的情况。

此法由弗拉纳根（J. C. Flanagan）在 1954 年发展起来。其主要原则是认定员工与职务有关的行为，并选择其中最重要、最关键的部分来评定其结果。它首先从领导、员工或其他熟悉职务的人那里收集一系列职务行为的事件，然后描述“特别好”或“特别坏”的职务绩效。这种方法考虑了职务的动态特点和静态特点。

关键事件法通常可作为其他绩效考核方法一种很好的补充，它所具有的优点有：

（1）为员工解释绩效考核结果提供了一些确切的事实证据；

（2）确保对员工进行绩效考核时，所依据的是员工整个考核期间的表现，而非最近一段时间的表现；

（3）能够将组织期望的行为和价值观结合起来；

（4）动态的关键事件记录，使管理者能够获得一份关于通过何种途径消除不良绩效的具体实例。

运用关键事件法可以将年度工作目标或期望结合起来使用。表 5－27 为某工厂助理管理员的绩效考核情况，列明了这个职位的员工应负职责、目标及其为此所做的努力。

表 5－27　某工厂助理管理员关键事件

负有的职责	目标	关键事件
安排工作的生产计划	充分利用工厂的人员和设备，及时发布各种指令	为工厂建立了新的生产计划系统；上个月指令延误率降低×%；上个月提高机器利用率×%
监督原材料采购和库存控制	在保证充足的原材料供应前提下，使原材料的库存成本降低到最小	上个月原材料成本上升×%；A 部件和 B 部件订购多余×%；C 部件订购短缺×%
监督设备维修保养	不出现因机器故障而造成的停产	为工厂建立了一套新的设备维护和保养系统；由于及时发现设备部件故障而避免了设备的损坏

显然，关键事件法在认定员工特殊的良好表现和劣等表现方面十分有效，它用公允、客观的态度及时、准确地记录各类事实情况，可作为充分有力的事实依据，此法对于改善不良绩效大有助益。

关键事件法也有两个主要的缺点：一是费时，需要花费大量的时间去收集关键事件，并加以概括和分类。二是关键事件的定义是显著的对工作绩效有效或无效的事件，但是，这就遗漏了平均绩效水平。但对工作而言，最重要的一点就是要描述“平均”的职务绩效。利用关键事件法就难以涉及中等绩效的员工，因而就不能完成全面的职务分析工作。

（二）评语法

评语法是一种常见的、以一篇简短的书面鉴定来进行考核的方法。对考核内容、格式、篇幅与重点等均不拘泥，完全由考核者根据需要自由掌握，无特定的标准规范。通常涉及被考核者的优缺点、成绩与不足、潜能、改进建议及培养方案等，也可加入考核者的期望和鼓励。由于它针对每个个体的实际情况，无对照标准，无相互对比，因此一般作定性描述。

评语法一般与其他方法联合起来使用，如关键事件法中的事件可以作为评语法中的评价依据。评语法一般适用于直接上下级关系，且多用于上级对下级。由于是直接的上下级关系，对上述涉及的评价内容更容易观察到；评语由直接上级给出，对被考核者更有影响力，尤其是上级对下级的鼓励及对关键事件细节的描述，使被考核者有受重视的感觉。在我国，这是一种传统的考核方法。

实例分享

评语法示例

员工××，作为企业全职安全员，能严格遵守企业安全规则要求，根据安全规则履行自己的职责。在日常安全管理中，主动积极，工作开展得有声有色，使全企业安全工作得到很好开展；在安全检查中，认真细致，不放过任何一个安全隐患。如今年4月在A车间的一次例行检查中，及时发现了压力表存在的问题，并认真监督进行更换，及时排除了设备的安全隐患。

五、行为锚定法

行为锚定法是根据关键事件法中记录的关键行为设计考核量表进行评价的方法。行为锚定法实际上是量表法与关键事件法的结合，它将行为描述等级性量化，每一水平的行为均用某一标准行为加以界定，从而将定性的描述性关键事件法和量化的等级评价法的优点结合起来。

行为锚定法为每一职务的关键事件设计出一个评分量表，并有一些典型的行为描述说明词与量表上的刻度（评分标准）相对应（锚定），供考核过程中作为对被考核者实际表现的评分参考依据。对锚定行为的描述，一是数量上不会无限多；二是千变万化的员工实际表现行为，不能与量表提供的说明描述完全吻合。但是，有了这些行为的描述，考核者在评价时便有了评价的坐标，被考核者也能明确了解自身实际情况与组织期望的行为的差距以及未来改进的目标。图5-9为售货员对待顾客退换货处理态度与方式行为锚定评价图例。

行为锚定法步骤

行为锚定法是多种考核方法的组合，需要花费更多的时间，设计所需时间长、信息量大，且适用于不太复杂的工作。但它仍有十分突出的优点：

（1）对工作绩效的计量更加精确。由于是由那些对工作及要求最为熟悉的人来编制行为锚定等级体系，因此，这种方法能够比其他考核方法更准确地对工作绩效进行评价。

（2）工作评价标准更为明确。等级尺度上所附带的关键事件有利于考核者更清楚地了解各种评价等级上的工作行为的具体表现情况及其之间的差别。

（3）具有良好的反馈功能。关键事件可以使考核者更为有效地向被考核者提供反馈信息。

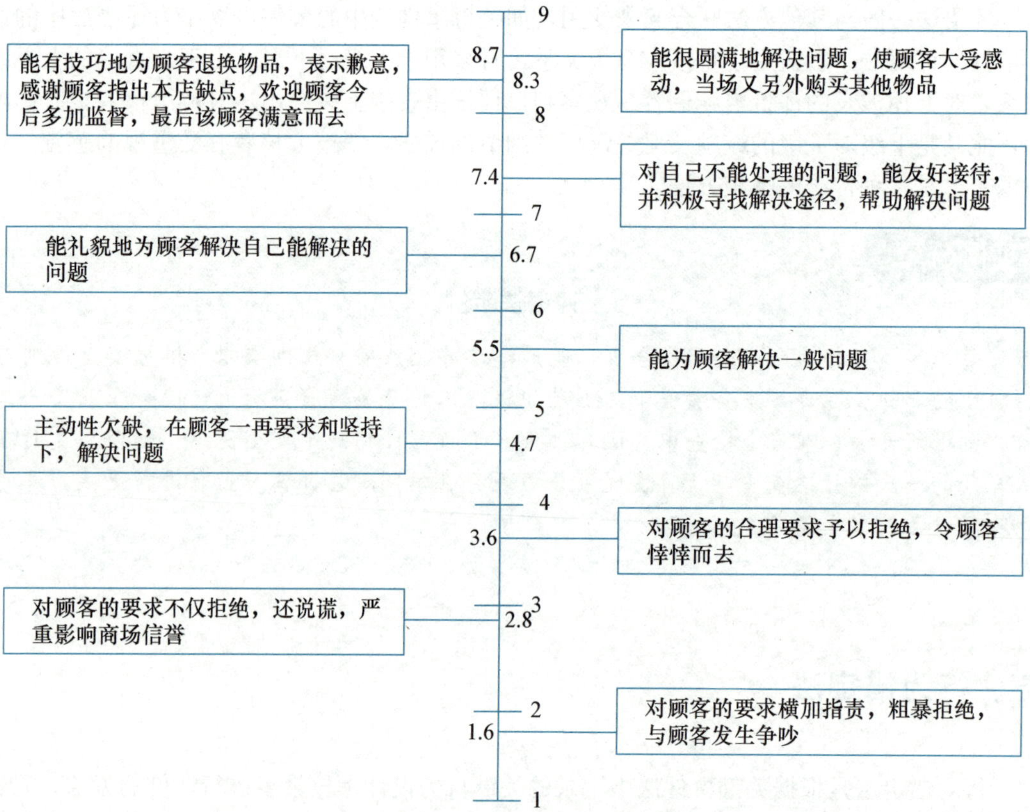

图5-9　售货员对待顾客退换货处理态度与方式行为锚定评价图例

（4）各种评价维度之间有较强的独立性。由众多关键事件合并的评价维度，各自代表了评价的一个方面，如上述的售货员“对待顾客退换货态度与方式”是一个评价维度，“售货态度与方式”“着装及语言表达方式”是评价售货员工作的另外一些评价维度。某一维度的评价代表了售货员的一个方面，全部维度评价的汇总才代表对该员工总的考核结果。

（5）具有较好的连贯性和可信度。不同考核者采用统一标准对同一个人进行评价，可以减少主观判断带来的差别，其结果易获得连贯性和较高的可信度。

直通职场

某公共汽车公司为了提高公司的效益，树立公司的形象，形成文明礼仪的风貌，准备对公司的售票员从以下几方面进行考评：（1）能有效地保证票款的收取；（2）微笑服务，礼貌用语；（3）注意仪表，形象良好；（4）熟悉相关线路的中转情况；（5）熟悉沿途重要设施的分布情况。

根据以上内容为售票员设计一张考核量表，以评选出优秀的员工。设计方案时需考虑各因素权重的不同，还要注意设计总分所对应标准。例如下表：

售票员考核量表

考核说明：
考核售票员的行为，用1～5代表下列各种行为出现的频率，评定后填在括号内：
5表示总是能观察到这一行为；
4表示经常能观察到这一行为；
3表示有时能观察到这一行为；
2表示偶尔能观察到这一行为；
1表示从来没有能观察到这一行为。

考核项目：

考核项目		权重
1. 能有效地保证票款的收取；	( )	50%
2. 微笑服务，礼貌用语；	( )	20%
3. 注意仪表，形象良好；	( )	10%
4. 熟悉相关路线的中转情况；	( )	10%
5. 熟悉沿途重要设施的分布情况。	( )	10%

等级划分标准：
A：4.6～5分，优秀；
B：4.1～4.5分，良好；
C：3～4分，尚可；
D：1～2分，不足。
考核等级：( )

素养园地 绩效考核的公平公正性

某公司又到了年终绩效考核的时候，从主管人员到员工每个人都忐忑不安。公司采用强制正态分布法，到年底，根据员工的表现，将每个部门的员工划分为A、B、C、D、E五个等级，分别占10%、20%、40%、20%、10%。如果员工有一次被排在E级，工资降一级；如果有两次排在E级，则下岗进行培训，培训后根据考查的结果再决定是否上岗；如果上岗后再次被排在E级，则被淘汰。培训期间只能领取基本生活费。

主管人员与员工对这种绩效考核方法都很有意见。财务部主管老高每年都为此煞费苦心，该部门是职能部门，大家都没有什么错误，工作都完成得很好，把谁评为E级都不合适。去年，小田因家里有事，请了几天假，有几次迟到了，但是也没耽误工作。老高没办法只好把小田报上去了。为此，小田到现在还耿耿于怀。今年又该把谁报上去呢？

这是绩效考核中遇到的常见问题，党的二十大报告中明确提出，“改革原有制度中的顽疾，贯彻公平正义原则，坚持人民至上原则和共享发展的理念”。因此我们在考核过程中要做到考核指标体系的公平公正性、考核方式方法的公平公正性。

实训项目

1. 实训内容

采访你所在学校的系主任或教研室主任，了解他们的工作内容和职责，并根据你的调查所得设计一份被调查者的年度绩效考核表。

2. 实训要求

掌握绩效考核表的设计方法。

3. 实训流程

第一步：收集调查材料；

第二步：分析从事某一岗位工作的员工需要具备哪些能力和条件，其职责与完成工作任务的情况应以什么指标来考核；

第三步：指出这些能力和条件及考核指标中哪些比较重要、哪些相对不那么重要，并对不同的指标完成情况进行定义；

第四步：设计绩效考核表。

4. 评价指标与标准

（1）考核指标的合理性（40 分）；

（2）考核标准的合理性（30 分）；

（3）考核方法的公平性（30 分）。

小　结

本项目首先介绍了绩效考核的内容和程序；随后介绍了绩效考核指标的定义、构成、特点及分类，绩效考核指标权重的确定方法，绩效考核指标标准的确定依据与注意事项，以及绩效考核指标体系的设计步骤；最后介绍了几种常用绩效考核方法，包括分级法、考核清单法、量表考核法、关键事件法、评语法和行为锚定法，对其优缺点及运用进行了分析。

重点概念

绩效考核指标　权重　定性指标　定量指标　绩效考核方法

复习思考题

1. 名词解释

绩效考核指标　数量式的考核尺度　权重　定量指标　德尔菲法　问卷调查法
分级法　考核清单法　量表考核法　关键事件法　评语法　行为锚定法

2. 思考题

（1）绩效考核指标的类型有哪些？

（2）确定绩效考核指标权重的方法有哪些？

(3) 绩效考核指标标准确定的依据是什么?
(4) 绩效考核指标体系设计的基本流程是什么?
(5) 绩效考核的方法主要有哪些? 各有什么特点?
(6) 试述绩效考核中的行为导向作用。
(7) 在选择绩效考核方法时应注意哪些影响因素?

3. 案例分析题

案例一

K公司是一家中型民营制造企业，其经济效益一般。近一年来公司产品质量不断出现问题，生产成本居高不下，而且员工流失率较高。在此情形下，公司决定加强绩效管理，董事长为此专门成立了绩效管理委员会。委员会由董事长、总经理、常务副总经理和各部门经理组成，该委员会是公司有关绩效管理事项的最高决策机构，主要负责对公司各部门经理进行绩效考核。目前，K公司有生产部、营销部、研究与开发部、财务部和人力资源部五个部门，委员会拟对各部门经理进行年度绩效考核，人力资源部黄部长受命拟定K公司部门经理年度绩效考核表。黄部长在确定工作业绩、工作能力、工作态度的考核指标与权重时，一筹莫展。

问题:

如果你是黄部长，你将如何确定部门经理工作业绩、工作能力、工作态度的考核指标与权重?

案例二

G是某企业生产部门的主管，今天他终于完成了对下属人员的绩效考核，并准备将考核结果交给人力资源部。

该绩效考核表标明了每位员工工作的数量和质量，以及合作态度等情况，表中的每一个特征都分为五等：优秀、良好、一般、及格和不及格。表中还显示所有员工都完成了本职工作。除了S和L两名新员工外，其他员工还完成了G交给他们的额外工作，因此G对其他员工的工作量评价为“优秀”。由于X曾对G作出的一个决策表示过异议，因此在“合作态度”一项，X被评为“一般”，但考虑到意见分歧只是工作方式方面的问题，所以G没有在表格的评价栏上进一步说明。针对D家庭比较困难，G有意识地提高了对他的评价，想通过这种方式让D多拿绩效工资，将上级对下级的帮助落到实处。C的工作质量不好，刚及格，但为了避免双方难堪，G便把对他的评价提到“一般”。这样，所有员工的评价都分布于“优秀”“良好”“一般”，没有“及格”和“不及格”。G觉得这样做可以使员工不至于因发现自己绩效考核结果低而产生不满情绪。同时，上级考核自己时，自己下级的工作做得好，对自己的绩效考核也有利。

问题:

(1) 案例中的绩效考核在指标设立方面有什么问题?
(2) 案例中的绩效考核在指标量化方面有什么问题?
(3) 案例中的绩效考核在考核者方面存在什么问题?
(4) 案例中的绩效考核在评价过程方面存在什么问题?

项目六

绩效反馈

绩效管理是一个持续的交流过程，该过程由员工和其直接经理之间达成的协议来保证完成，并在协议中对未来工作达成明确的目标和理解，并将可能受益的组织、经理及员工都融入绩效管理系统中来。

学习目标

知识目标

1. 了解绩效反馈的目的；
2. 熟悉绩效反馈面谈的实施过程；
3. 掌握绩效反馈面谈的技巧。

能力目标

1. 能够实施绩效反馈面谈；
2. 能够制订绩效改进计划。

素养目标

1. 树立沟通意识；
2. 培养良好的职业道德。

知识导图

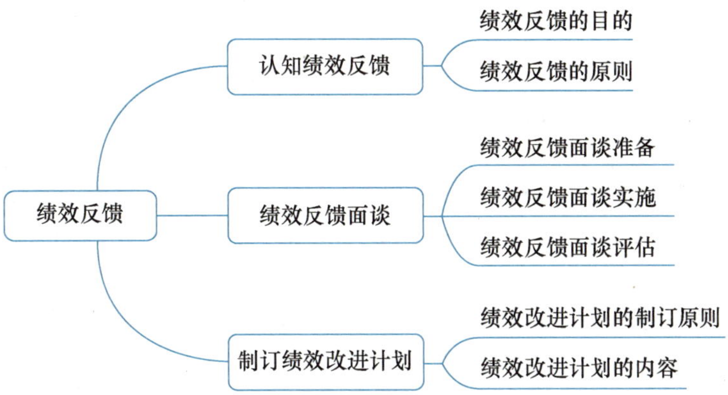

任务一

认知绩效反馈

案例导入

方先生是S公司新任销售部经理。按规定，销售部每季度末和每年末都会有一次例行的绩效考核。方经理十分重视绩效考核的结果，所以每次都会将考核成绩告诉员工，让每位员工知道自己的考核成绩在本部门的排名，目的是让员工了解自己的差距，以此激励员工不断进步。但是几个月后，方经理发现效果并不显著，部门中很多员工对考核结果表示不满，一部分考核成绩比较差的员工甚至直接质问方经理分数的由来。方经理陷入了苦恼之中。

问题：

方经理在绩效考核中存在什么问题？

绩效反馈是指在绩效考核结束后，考核者与被考核者进行反馈面谈，将考核周期内的绩效情况反馈给被考核者，在肯定成绩的同时，找出不足及原因，并共同制订绩效改进计划的过程。

一、绩效反馈的目的

绩效反馈是考核者与被考核者就当前绩效的总结和未来绩效的实现进行的有效沟通。

它不仅可以激发被考核者的工作积极性和上进心，还能为被考核者指明今后努力的方向，从而提高企业的整体绩效，进而达到绩效管理的预期和目的。

具体而言，管理者对员工实施绩效反馈的目的主要包括以下 5 个方面。

“反馈效应”心理实验

（一）及时向员工反馈考核结果

绩效考核结果与员工的切身利益息息相关，员工有权了解自己在本绩效周期内的目标达成情况以及主管和其他人员对自己的看法，以便对自己有客观正确的认识。根据这些反馈信息，在下一个绩效周期中不断改进绩效并提高自己的技能。当员工无从了解自身存在的问题时，他们就无法有效地纠正自己的行为。另外，每个人都需要得到来自周围的人的认可，由此产生自我成就感，从而激励他取得进步。

（二）对绩效考核结果达成共识

绩效考核往往包含着许多主观判断的成分，即使是客观的考核指标，也存在对采集客观数据的手段是否认同的问题。由于考核者与被考核者的立场和角色不同，双方对于考核结果的认同必然需要一定的过程。员工也需要就一些他们不理解的地方或自己的想法与管理者进行交流，绩效反馈的过程实际上也为管理者与员工提供了这样一种交流的机会。双方通过沟通，能有效地降低考核过程中不公正因素所带来的负面效应，让考核者与被考核者达成共识，这对整个绩效管理体系的完善具有积极作用。

（三）改进员工绩效

管理者与员工进行沟通，向员工指出其不足，并提供帮助，指导其改进，提高员工的绩效能力，是绩效反馈要达到的一个重要目的。通常情况下，不仅绩效不佳或者绩效平平的员工可能存在一些绩效不足的地方，绩效优良的员工可能也有需要改进的地方。因此，除了被告知绩效考核结果之外，员工更希望有人能够帮助自己找出问题的原因。而且，有时候导致员工绩效不佳的原因并不在于员工本人，而可能是管理上的问题。所以，对于双方来说，共同寻找绩效差的原因是非常有意义的。

（四）制订绩效改进计划

绩效管理是一个各环节首尾相接的循环过程，绩效计划并不只是在绩效管理周期开始时才进行的工作，而应在前一个绩效周期将要结束时，就应该考虑下一个周期的绩效目标和计划。绩效反馈的一个重要目的是实施绩效改进，即针对被考核者当前绩效存在的不足提出改进计划，为下一个绩效管理周期中工作的开展提供帮助和指导。在绩效反馈中，管理者与员工就本绩效周期中的绩效考核结果进行探讨，修订原有的绩效计划，就下一周期的绩效目标和计划达成共识。双方在制定下一个绩效周期绩效目标的时候，就能够以员工在上一个绩效周期中的绩效表现和存在的问题为依据，更加有的放矢地帮助员工履行工作责任，并能够指导员工采用更加科学、有效的工作方法完成预期的工作任务。

（五）为员工职业规划和发展提供信息

员工的职业规划和发展是建立绩效管理体系的目的之一。因此，在绩效反馈阶段，管理者应当鼓励员工讨论个人发展的需要，以便建立起有利于达成这些发展的目标。此外，为了帮助员工掌握职业发展所需技能，管理者与员工要讨论是否需要培训以及需要哪些培训。管理者应当保证提供一定的资源，为员工的学习提供支持。在绩效反馈结束后，管理者与员工应当根据反馈结果，结合组织、部门和个人的下一步计划，共同制订员工个人的发展计划。这些发展计划必须非常具体，明确员工需要做些什么、什么时候做，管理者要做些什么、什么时候做等。

二、绩效反馈的原则

为了达到绩效反馈的目的，提升绩效反馈的效果，管理者在实施绩效反馈时应当遵循以下 7 个原则。

（一）相互信任原则

绩效反馈是管理者与员工双向沟通的过程。沟通要想顺利进行，要想达到理解和达成共识的目的，就必须建立起相互信任的基础。要建立彼此的信任，双方首先必须摆正自己的心态，开诚布公，坦诚沟通。一旦沟通过程出现意见不一致，双方都应该本着真诚的原则将问题说清楚，避免对立和冲突。尤其是管理者，如果习惯于用领导者的权威压服下属，会影响彼此的信任。反之，管理者多从员工的角度考虑问题，会赢得员工的信任，实现双赢。

（二）经常性原则

绩效反馈应当是经常性的，而不应当是一年一次。管理者一旦意识到员工在绩效中存在缺陷，就有责任立即去纠正它。如果员工绩效在 1 月份时就低于标准要求，而管理者却非要等到 12 月份再向员工反馈绩效结果，那么员工就没有办法及时纠正自己的行为，这就意味着企业要蒙受 11 个月的生产率损失。

（三）对事不对人原则

在绩效反馈中，双方应该讨论和评估的是工作绩效，也就是工作中的一些事实表现，而不是讨论员工个人的性格。员工的性格特点不能作为评估绩效的依据。但是，在谈及员工的主要优点和不足时，可以谈论员工的某些性格特征，不过要注意这些性格特征必须是与工作绩效有关的。例如，一个员工不太喜欢与人沟通，由于不能与人很好沟通，影响了必要的工作信息的获得，也不能得到他人的配合，从而影响了工作绩效。类似这样关键性的影响绩效的性格特征还是应该指出来的。

（四）多问少讲原则

绩效反馈的目的是帮助员工发现问题、改进工作方法，进而提高工作绩效。对于管理者而言，需要完成从上司到“帮助者”“伙伴”的角色转换。因此，在绩效反馈中，建议管理者多问少讲，在与员工进行绩效沟通时遵循“二八法则”：20%的时间留给自己讲，80%的时间留给员工讲。而管理者在这20%的时间内可以将80%的时间用来发问，20%的时间用来“指导”“建议”“发号施令”。因为员工往往比管理者更清楚本职工作中存在的问题。换言之，管理者要多提好问题，引导员工自己思考和解决问题，让员工自己评价工作进展，而不是对其发号施令，居高临下地告诉员工应该如何做。

（五）着眼未来原则

尽管绩效反馈中有很大一部分内容是对过去的工作绩效进行回顾和评估，但这并不是说绩效反馈就只关注过去。实质上，绩效反馈的重点不是过去，而是未来。回顾和评估过去是为了从过去的事实中总结出一些对未来发展有用的东西。因此，任何对过去绩效的讨论都应着眼于未来，核心目的是制订未来发展的计划。

（六）正面引导原则

在绩效反馈中，不管员工的绩效考核结果是好是坏，一定要多给员工一些鼓励，至少让员工感觉到：虽然我的绩效考核成绩不理想，但我得到了一个客观认识自己的机会，我找到了应该努力的方向，并且在我前进的过程中会得到上司的帮助。总之，要让员工把一种积极向上的态度带到工作中去。

（七）制度化原则

绩效反馈必须建立一套完善的制度，只有将其制度化，才能保证它持久地发挥作用。

任务二 绩效反馈面谈

案例导入

H公司月度考核之后，销售部门绝大多数员工集体跳槽，只留下一个销售总监和三个销售主管，于是公司派员调查跳槽原因，以下是跳槽员工的答复。

销售主管小祖说，每月都是销售总监直接与员工进行绩效反馈面谈，每次面谈时销售总监只谈分摊到每个人的具体销售定额，并以此打分来确定奖金的多少。

员工小孙说，自己对面谈没有充分的时间进行准备，原因是交当月考评表的前一天他才接到销售总监的电话，要求他马上过去进行绩效反馈面谈。

员工小雷说，销售总监平时与他没有任何沟通，但在面谈中却列举了每周客户投诉他的一些小事件，这是销售总监给自己“穿小鞋”，何况自己已经完成了当月的销售定额。

员工小戴说，销售总监不尊重员工，每个月的绩效反馈面谈大都是批评之辞，而且还不允许下属提反对意见，面谈中若稍微辩解两句，销售总监就咆哮起来。事实上，从主管到普通员工，每个月大家都在想方设法完成销售总监制定的销售定额。

问题：

如何正确进行绩效反馈面谈？

想要获得良好的反馈效果，就必须选择合适的绩效反馈方式。常见的绩效反馈方式主要有个人绩效面谈、部门绩效面谈、电话反馈、邮件反馈和部门公示等。每一种反馈方式都有不同的特点和适用场景。

其中，绩效反馈面谈是绩效反馈中最直接、最有效的沟通方式。不会组织绩效反馈面谈的管理者，不可能带出一个高绩效团队。因此，管理者必须重视绩效反馈面谈。一般而言，一次成功的绩效反馈面谈，至少应该包括面谈前的准备工作、面谈中的具体实施工作以及面谈后的效果评估工作三个部分。

一、绩效反馈面谈准备

（一）收集整理绩效反馈面谈信息资料

在绩效反馈面谈之前，管理者必须准备好面谈所需的资料，主要包括绩效考核表、员工日常工作情况的记录和总结、该绩效考核周期的绩效计划，以及对员工的基本绩效考核结果（包括各考核主体对员工的评价和经过加权处理的各个绩效考核标准的考核结果）等。

在面谈开始前，管理者需要很好地熟悉这些信息，以免因对相关材料不熟悉而影响与员工沟通的效果。一方面，提前阅读绩效反馈面谈材料可以确定面谈的重点，找出员工绩效不佳的原因并有针对性地提供指导；另一方面，当员工对绩效考核结果存有异议时，这些材料可以提供有力的证据。

另外，管理者还需要掌握有关员工个人性格特点的信息，特别是不同类别员工的心态（见表 6-1），以便在面谈过程中与员工建立信任感和认同感。

表 6-1　不同类别员工的心态分析

类别	心态分析
业绩良好的员工	1. 我的业绩这么好，应加薪、晋级或被表扬； 2. 我的那一点点不足，主管不应提出批评； 3. 要是主管挑我的毛病，我就不合作。

续表

类别	心态分析
业绩平平的员工	1. 个别事情我还是做得不错的； 2. 我还是想把事情做好的，也尽了力，没有功劳也有苦劳； 3. 目标没完成主要是环境条件及受他人的影响； 4. 我比某某做得要好，应比他得到的评价好才对。
无所谓者	1. 反正主管对我有成见，怎么评价都无所谓； 2. 反正老挨批评，主管批评我不听就是了。

（二）选择合适的面谈时间

绩效反馈面谈的时间选择对于最终的绩效反馈效果有很大影响，因此，管理者应当选择适当的时间进行面谈。

管理者应该根据工作安排确定一个面谈双方都有空闲的时间。绩效反馈面谈一般在一个绩效周期结束时进行，然而这段时间通常又是许多部门工作繁忙之际。如果员工在面谈的同时还要担心手上的工作，他们在面谈时往往很难集中注意力，而且会带有厌烦的心理，这样的面谈恐怕很难达到积极的效果。

尽量不要将绩效反馈面谈安排在临近上下班的时间。在刚上班的时间，面谈双方都很难进入状态；而在要下班的时间，员工又归家心切，可能比较反感，从而达不到应有的效果。另外，除非能够得到员工的充分认同，否则不要试图利用非工作时间进行绩效面谈。

确定的时间并不只是一个时间点，而应当是一个合适的时间段。时间段的长短要适宜，过长会导致疲倦、注意力不集中，从而增加信息交流误差的可能性；过短则会由于信息没有被充分、完全地传递而达不到沟通的目的。

管理者一定要在征得员工认可的情况下，对绩效反馈面谈的时间作出最终的决定。这一方面是对员工的尊重，另一方面便于员工安排好手头的工作。员工在接受了绩效反馈面谈的时间安排后，就要事先安排好面谈时间的工作，为面谈留出充足的时间。

（三）选择合适的面谈地点和环境

地点和环境是对反馈面谈效果起影响作用的另一个变量。一般来说，在办公环境下，主要的反馈地点有管理者的办公室、会议室、接待室等。其中小型会议室或接待室是比较理想的选择，因为这些地方一般都远离电话、传真，是不易被干扰的场所。当然，现实中由于条件所限，管理者的办公室往往成为最常见的选择。在办公室进行绩效反馈面谈，务必要确保面谈不被干扰或者中途打断。管理者最好能够拒绝接听任何电话，停止接待来访的客人，以避免面谈受到不必要的干扰。面谈的场所最好是封闭的，因为开放的办公区域比较容易受周围环境的影响。

管理者还应该注意安排好双方在面谈时的空间距离和位置。如图 6－1 所示，A 为圆桌会议的形式，管理者与员工坐在圆桌旁；B 为方桌形式，管理者与员工成一定的角度而坐；C 为方桌形式，管理者与员工相对而坐，距离较近；D 为方桌形式，管理者与员工相

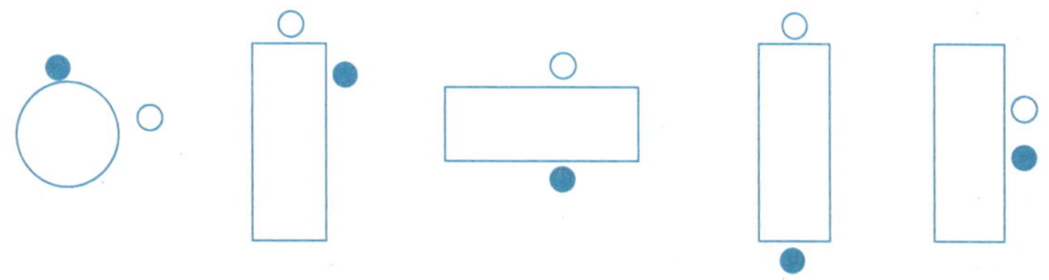

图 6-1 面谈的空间距离和位置

对而坐，距离较远；E 为方桌形式，管理者与员工坐在桌子的同一侧。究竟采用哪一种形式最好呢？

在绩效反馈面谈中，如果采用 C 的形式，管理者与员工面对面而坐，双方距离较近，目光直视，容易给对方造成心理压力，使员工感觉自己好像是在法庭上接受审判，以致紧张不安，无法充分表达出自己的想法。

如果采用 D 的形式，双方距离太远，不利于进行交流，同时，空间距离过远也增大了人们的心理距离，不利于双方更好地进行合作。

如果采用 E 的形式，管理者与员工坐在桌子的同一侧，心理距离较近，也不易造成心理压力，但对那些不够开放的员工来说，这样近的距离反而会使他们感觉到不自在、有压力，而且也不利于观察对方的表情。

采用 A 的形式，不会使人觉得心理压力太大，同时气氛也较为严肃。采用 B 的形式，管理者与员工成一定的角度而坐，避免目光直视，可以缓和心理紧张，避免心理冲突，同时也有利于观察对方的表情和非语言行为。因此，我们建议在通常情况下最好采用 A、B 这两种位置排列形式来进行绩效反馈面谈。

当然，绩效反馈面谈的地点也可以选择工作场所之外的地方，比如选择咖啡厅、茶楼等地点。这种非正式办公地点的选择可以有效地创造管理者与员工之间的亲近关系，使员工和管理者在轻松的环境中充分表达自己的真实感受。

（四）提前通知面谈对象

管理者在进行绩效反馈面谈准备工作时，还需要将面谈时间、地点、目的及参加人员等相关信息提前告知员工，以便员工提前做好面谈准备，提高绩效反馈面谈的效率，避免临时“抓人”收不到良好的面谈效果。

（五）员工准备相关材料

员工也需要准备相关的材料，包括绩效自评表、工作总结及思考改进等。同时，员工还可以提供个人下一步的发展计划，以期在面谈过程中获得上司的指导与支持。除了上述材料之外，员工也可以提前准备好自己所关心的问题，在面谈过程中尽量与上司沟通，共同协调解决这些问题。一切准备就绪之后，员工就可以安排好自己的工作，空出时间与上司进行绩效反馈沟通了。

实例分享

缺乏准备的绩效反馈面谈

W公司公布了本年度的绩效考核结果。员工小王的考核成绩不够理想，情绪有点低落，之后的工作状态也不好。这一切都被主管看在眼里，急在心里。一天，主管和小王在公司的洗手间里相遇，主管觉得应该抓住这个机会与小王谈一谈，激发其工作热情。于是，主管热情地对小王说："小王啊，你这次考核成绩不是很理想啊，今后可要多多努力啊！"听着这些语重心长的话语，小王心里并不高兴，他心想："什么意思嘛！值得这样抓住机会在洗手间谈吗？"

从效果上分析，这次绩效反馈面谈是失败的。缺乏妥善准备的绩效反馈面谈传递给被考核者的信号就是"企业根本不把我当回事，主管其实没有打算与我谈谈，只是碰见了顺便说说而已"。它不仅不能激发员工小王的工作热情、改善目前的工作状态，反而使小王对主管产生了误会。主管对于绩效反馈面谈的前期各项准备不足，草率行动，当然就会产生负面效果。

二、绩效反馈面谈实施

（一）绩效反馈面谈实施过程

事先设计合理的面谈过程是成功进行绩效反馈面谈的保证。一个完整的绩效反馈面谈过程应该包括开场阶段、正式面谈阶段和结束阶段。

1. 开场阶段

在绩效反馈面谈开始阶段，管理者应该努力营造出轻松、融洽的面谈氛围，使彼此更容易建立起信任关系，这样才能达到帮助员工提高绩效的目的。管理者可以从一个轻松的话题入手，帮助员工放松心情，以使员工在接下来的面谈中更好地阐明自己的看法。当然，如果员工已经非常了解面谈的目的，并已经为面谈做好了充分的准备，那么开门见山也许是最好的选择。

不同绩效反馈面谈气氛对照表

2. 正式面谈阶段

在绩效反馈面谈正式实施阶段，管理者和员工要就上一个绩效管理周期中的工作表现、绩效考核结果、绩效改进计划等进行深入沟通并达成共识。首先，管理者要通过恰当的提问引导员工就上一个考核周期内的绩效表现做一个总体的回顾。其次，管理者告知员工绩效考核结果，点评并鼓励其绩效较好的方面，分析并训导其绩效不佳的方面。再次，管理者用探寻式的问题询问员工对绩效考核结果的意见，并耐心倾听，就存在争议的问题及时给出满意的答复。最后，管理者和员工对绩效不佳的原因进行分析，找出

如何确定面谈顺序

问题所在并共同制订绩效改进计划和符合员工自身实际情况的个人发展计划。

3. 结束阶段

如何找出绩效差距的原因

在绩效反馈面谈结束阶段，管理者要对员工进行正面激励，让他感受到管理者对他的信心和期许，使员工以满怀斗志的状态开始下一个绩效周期的工作，以达到提高绩效的目的。

与此同时，管理者与员工还需要对面谈内容进行整理与确认，并填写相应的绩效反馈面谈记录表（见表 6－2），形成书面文件，由管理者自行存档管理。

表 6－2　绩效反馈面谈记录表

<table>
<tr><td>面谈对象</td><td colspan="3">姓名：
部门：</td><td colspan="2">工号：
职位：</td></tr>
<tr><td>面谈人</td><td colspan="3">姓名：
部门：</td><td colspan="2">工号：
职位：</td></tr>
<tr><td colspan="2">面谈时间</td><td colspan="2"></td><td>面谈地点</td><td></td></tr>
<tr><td colspan="6">面谈内容</td></tr>
<tr><td colspan="3">上个绩效周期工作总结（优点及不足）</td><td colspan="3"></td></tr>
<tr><td colspan="3">上个绩效周期绩效不佳原因</td><td colspan="3"></td></tr>
<tr><td colspan="3">下阶段绩效改进措施</td><td colspan="3"></td></tr>
<tr><td colspan="3">对考核结果的意见</td><td colspan="3"></td></tr>
<tr><td colspan="3">对公司、部门的意见</td><td colspan="3"></td></tr>
<tr><td colspan="3">需要公司提供的资源支持</td><td colspan="3"></td></tr>
<tr><td colspan="3">面谈对象签字：
年　月　日</td><td colspan="3">面谈人签字：
年　月　日</td></tr>
</table>

直通职场

绩效反馈面谈过程指导

面谈阶段	面谈步骤	面谈要点
开场阶段	营造轻松、融洽的面谈氛围	1. 感谢员工前期的工作贡献； 2. 关心员工近期的工作情况； 3. 说明本次面谈的目的和要点。

续表

面谈阶段	面谈步骤	面谈要点
正式面谈阶段	鼓励员工自我总结	1. 管理者鼓励员工自我总结； 2. 员工对上个绩效周期内的工作表现进行回顾； 3. 管理者通过启发式提问对员工加以引导。
	告知员工绩效考核结果	1. 管理者向员工反馈上个绩效周期的考核分数和考核等级； 2. 管理者向员工反馈上个绩效周期的整体绩效评价； 3. 管理者点评员工优秀的工作表现； 4. 管理者评价员工前期的不足之处； 5. 管理者肯定员工前期的工作努力。
	鼓励员工发表意见和想法	1. 管理者寻求员工对本次绩效考核结果的意见； 2. 管理者认真倾听员工的想法； 3. 管理者感知员工的情绪并适当给予建议； 4. 管理者与员工就本次考核结果达成共识。
	共同改进工作绩效	1. 管理者与员工探讨绩效不佳的原因； 2. 管理者鼓励员工主动寻求解决办法； 3. 管理者就员工的建议予以适当点评； 4. 管理者与员工初步制订下一阶段的工作目标。
结束阶段	总结与确认	1. 管理者与员工就面谈内容进行总结与确认； 2. 管理者给予员工肯定、鼓励和支持； 3. 管理者与员工填写绩效反馈面谈记录表。

管理者在绩效反馈面谈时采用不同的做法，结果会大相径庭。有比较，才有鉴别，我们来看一组对比鲜明的绩效反馈面谈案例。

实例分享

失败的绩效反馈面谈

（离下班还有五分钟，研发部经理郑火正在收拾整理文件，准备下班后去看望一个生病的朋友，郭总走了进来。）

郭总：郑火，你现在不忙吧？考核结果你也知道了，我想就这件事与你谈一谈。

郑火：郭总，我下班后还有点事……

郭总：没关系，我今天晚上也有个应酬，咱们抓紧点儿，去我办公室谈吧。

郑火（无奈地）：那我马上过去。

（总经理办公室，办公桌上文件堆积如山。郑火心神不宁地在郭总对面坐下。）

郭总：郑火，绩效考核结果你也看到了……

（电话铃响，郭总拿起了电话：“喂，谁？啊，曾总呀，几点开始？好，一定！……”通话用了五分钟。）

郭总（放下电话，笑容满面的脸重新变得严肃起来）：刚才我们谈到哪里了？

郑火：谈到我的绩效考核结果。

郭总：噢，你上一年的工作嘛，总的来说还过得去，有些成绩还是可以肯定的。不过成绩只能说明过去，我就不多说了。我们今天主要来谈谈不足。郑火，这可要引起你的充分重视啊！尽管你也完成了全年指标，但你在与同事共处和沟通方面还有些欠缺，以后得改进呀！

郑火：您说的“与同事共处和沟通方面还有些欠缺”具体指什么？

（电话铃再次响起，郭总接起电话：“啊，曾总呀，改成六点了？好好，没事儿，就这样。”）

郭总：郑火，员工应该为领导分忧，可你非但不如此，还给我添了不少麻烦！

郑火：我今年的工作指标都已经完成了，可考核结果……

郭总：考核结果怎么了？郑火，别看我们公司人多，谁平时工作怎样，为人处世如何，我心里可是明镜似的。

郑火（委屈地）：我觉得您可能对我有些误会，是不是因为在上次业务会议上我的提议与王部长发生冲突，弄得很不愉快……

郭总：你不要乱琢磨。你看看董明，人家是怎么处理同事关系的。

郑火（心想：难怪他的各项考核结果都比我好）：郭总，董明是个老好人，自然人缘好；但我是个业务型的人，比较踏实肯干，喜欢独立承担责任，自然会得罪一些人……

郭总：好了，曾总又该催我了，今天就这样吧。年轻人，要多学习，多领悟！

郑火（依然一头雾水）：……

郭总走了，留下郑火一个人愣在那里。

实例分享

成功的绩效反馈面谈

郭总：小郑，这两天我想就你近来的绩效考核结果和你聊一聊，你什么时候比较方便？

郑火：郭总，我下周三准备到外地出差，下周三之前事不多，您定吧。

郭总：我下周二也没有其他重要安排，那就下周二。上午九点怎么样？

郑火：没问题。

星期二之前，郭总认真准备了面谈可能用到的资料，他侧面向郑火的同事了解了郑火的个性，并对面谈中可能会遇到的情况做了准备。在这期间，郑火也对自己一年的工作情况对照考核结果进行了反思，并草拟了一份工作总结和未来发展计划。

（星期二上午九点，公司小会议室，郭总进来后顺手关上了门，在会议桌一端坐下，郑火侧坐在郭总右侧。）

郭总：小郑，今天我打算用大约一个半小时的时间对你在过去一年中的工作情况做一个回顾。在开始之前，我想还是先请你谈一谈你认为我们做绩效考核的目的是什么。

郑火：我觉得绩效考核有利于对优秀的员工进行奖励，特别是在年底作为发放奖金的依据。不知我说得对不对，郭总？

郭总：你的理解与我们做绩效考核的真正目的有些偏差，这可能主要是由于我们给大家解释得不够清楚。事实上，我们实行绩效考核，最终是希望在绩效考核后，能通过绩效反馈面谈，将员工的绩效表现——优点和差距反馈给员工，使员工了解在过去一年中工作上的得与失，以明确下一步改进的方向；同时也提供一个沟通的机会，使领导了解下属工作的实际情况或困难，以确定可以提供哪些帮助。

郑火（不好意思地）：郭总，看来我理解得有些狭隘了。

郭总（宽容地笑笑）：我们现在不又取得一致了吗？我们现在逐项讨论一下。你先做一下自我评价，看看我们的看法是否一致。

郑火：过去的一年中，我的主要工作是研发团队建设，这是我在这段时间花费精力比较多的一件事情，我觉得通过我的调整和组织，研发成果和效率都有所提高，但是还不是很令人满意。这一项我给自己“中”。

郭总：事实上我觉得你们的这项举措是很值得鼓励的。虽然结果不是很理想，但想法和方向都没有问题，我们可以逐步完善。这一项我给你“良”。

郑火：谢谢郭总鼓励，我一定努力。

郭总：下一个。

郑火：在为领导和相关人员提供数据方面，我觉得做得还是不错的。我们从未提供不正确的数据，别的部门想得到的数据我们都会送到。这一项我给自己“优”。

郭总：你们提供数据的准确性较高，这一点是值得肯定的。但我觉得还有一些有待改善的地方，比如，你们的信息有时滞后。我认为还达不到“优”的等级，可以给“良”。你认为呢？

郑火：谢谢，我一定会努力改进的。

郭总：下面我们来讨论你今后需要继续保持和需要改进的地方，对此你有什么看法？

郑火：我觉得我的主要优点是做事情比较认真、负责任，对待同事、下属都比较热情，跟人合作的能力比较强。我的弱势就是有时候做事计划性不够好、对他人的要求比较严格。我今后的发展方向是做一个优秀的部门经理，培养一个坚强有力的团队，为公司创造更好的业绩。

郭总：我觉得你还有一个长处，就是懂得如何有效授权，知人善任；但有待改进的是你在授权后缺乏有力和有效的控制。我相信，你是一个有领导潜力的年轻人，你今后一定会成为公司的中坚力量。

郑火：谢谢郭总。

两相对比，结果自明。两种截然不同的面谈，产生的效果有天壤之别。由此可见，掌握有效的绩效反馈面谈技巧是十分重要的。

（二）绩效反馈面谈实施技巧

绩效反馈面谈是一个双向沟通的过程。为了收到更好的面谈效果，管理者需要掌握一定的沟通技巧，以获得员工的认可与信任，进而与其达成共识，达到绩效反馈面谈的目的。

5W1H 面谈技巧

1. 针对不同类型员工采取不同的面谈策略

绩效反馈面谈有大致的流程，但没有固定的模式。每个员工的绩效表现、能力与性格都不相同，在面谈中会有不同的反应。因此，在绩效反馈面谈中，面对不同类型的员工，管理者可以选择不同的面谈策略，这往往有助于面谈取得良好的反馈效果。不同类型员工的面谈策略如表 6-3 所示。

表 6-3　不同类型员工的面谈策略

绩效水平	工作态度	员工特点	面谈策略
良好	良好	部门业绩的主力和标杆，是部门的核心人才	适当予以激励，并提出更高的目标和要求，刺激更高的绩效产出
	一般	个人能力较强，但比较有个性，对公司、部门认可度不高	经常与其沟通，建立信任，找出其对公司认可度不高的原因，转变其工作态度，并明确指出当前状态的不利影响
一般	良好	工作认真，对公司、部门较为满意，但绩效产出不高	协助其找出绩效不佳原因，“对症下药”，制订符合自身实际的绩效改进计划，督促其改进工作绩效
	一般	工作懈怠，不思进取，经常为绩效不佳找借口	有策略地批评其工作表现，耐心引导其自我反思

2. 遵循 SMART 原则

管理者在实施绩效反馈面谈时要遵循 SMART 原则，其具体内容如下：

(1) S (specific)：明确具体。面谈交流要明确具体，不能仅做泛泛的、抽象的、一般性的评价。对于管理者来说，无论是赞扬还是批评，都应有具体、客观的结果或事实来支撑，使员工明白哪些地方做得好、哪些地方存在不足、差距与缺点在哪里，既有说服力又让其明白管理者对自己的关注。

错误实例：“这次你的绩效考核排名整体还行，但和其他同事相比还有一定的差距。”

正确实例：“上个月你的销售业绩完成了 75%，比之前略有提高，但还需继续努力。”

(2) M (motivate)：互动。面谈是一种双向的沟通，为了获得对方的真实想法，管理者应当鼓励员工多说话，充分表达自己的观点。由于角色的差异，管理者往往处于发话、下指令的位置，而员工处于被动接受的位置。但是，在实际工作中，由于信息不对称，管理者获取的信息并不一定全部属实。因此，管理者应当允许员工进行询问，积极表达个人观点，并对其提出的好的建议予以充分肯定。

错误实例：“不要再为自己辩解了，多反省反省自己。你看看这个月你的销售业绩又是垫底，这你总不能否认吧？还是你自己不够努力。”

正确实例：“最近你的销售业绩稍有下滑，这样下去会影响你接下来的绩效考核结果。你认为该怎样改善目前的这种状况呢？你有没有什么好的想法？”

(3) A (action)：基于工作。绩效反馈面谈主要涉及的是员工的工作绩效，是工作的一些事实表现，即员工在工作中具体是怎么做的、采取了哪些行动与措施、效果如何等。因此，在面谈时，管理者应当在客观事实的基础上就事论事，而不应掺杂与工作无关的情况和个人因素。

错误实例："你的销售业绩也太差了，新来的人都比你干得好，一看你就不是做销售的这块儿料。照这样下去，你在公司绝对没有发展前途。"

正确实例："上个月你的销售业绩只完成了60%，客户流失率高于公司平均水平，新开发的客户也很少。这样一来，接下来的销售目标也很难完成了。你打算怎么解决这个问题呢？"

(4) R (reason)：分析原因。绩效反馈面谈需要指出员工的不足之处，但不需要批评，而应立足于帮助其改进不足之处，指出绩效未达成的原因。出于自卫心理，在面谈中面对批评，员工往往会马上做出抵抗反应，使得面谈无法深入下去。但如果管理者能帮助其分析绩效未达成的原因并给予辅导、建议和帮助，员工往往是能够接受管理者的意见甚至批评的。

错误实例："你最近的工作表现让我很不满意，公司对你也有意见。尤其是连续几次绩效考核结果不佳之后，我都怀疑你是否还能继续胜任此项工作。"

正确实例："你最近的客户流失率高于公司正常水平，你能解释一下原因吗？下一步你有什么打算呢？"

(5) T (trust)：相互信任。缺乏信任的面谈会使双方都感到紧张、烦躁，进而产生抵触情绪。管理者要想使绩效反馈面谈顺利进行，就应该与员工相互理解，营造互相信任的氛围。

3. 遵守BEST法则

BEST法则是与员工进行沟通面谈的重要技巧，它要求管理者在进行绩效反馈面谈时按照以下步骤进行：

(1) B (behavior description)，描述行为：描述与员工绩效有关的相关行为；

(2) E (express consequence)，表达后果：表达这种行为会带来哪些后果；

(3) S (solicit input)，征求意见：问员工觉得应该怎样改进，引导员工回答，由员工说怎么改进；

(4) T (talk about positive outcomes)，着眼未来：员工表达观点之后，管理者就以肯定和支持收场并鼓励他。

因此，在进行绩效反馈面谈时，管理者可以先描述与员工绩效有关的工作行为，然后客观、冷静、准确地指出这种行为会带来的后果。在把绩效考核结果反馈给员工之后，管理者应该耐心引导，以聆听者的姿态，听取员工的意见和想法，鼓励员工自己寻求解决办法。最后，管理者做点评总结即可。

4. 采用汉堡法

在向员工反馈考核结果时，管理者可以采取先表扬、后批评、再表扬的汉堡法。在批评之前，管理者先表扬员工特定的成就，给予真心的肯定，营造一种良好的面谈氛围。如果管理者一开始就直接批评员工，则员工会本能地产生防卫心态，即便批评与建议都是对的，员工也听不进去。在批评之后，管理者还应该给予员工鼓励、信任与支持，表达对员工的期望，让员工重新振作精神，得到继续努力向前的动力。

在绩效反馈面谈中采用汉堡法，既能够指出员工存在的问题，又顾及了员工的情绪，让其乐于接受批评并改正。汉堡法旨在提醒管理者，绩效反馈面谈的目的在于帮助员工改进绩效、提升自我，而不是抓住员工的错误和不足不放。因此，表扬优点，指出不足，然后鼓励和支持，才是最佳的绩效反馈面谈方式。

三、绩效反馈面谈评估

绩效反馈面谈结束后，管理者需要对面谈的整体情况进行评估，以便衡量绩效反馈的效果，明确后期改进的方向。一方面，管理者可以针对面谈过程进行评估，以期提高自己的绩效面谈能力；另一方面，管理者也可以通过观察员工的行为来了解绩效反馈面谈的效果。

（一）管理者自我评估

绩效反馈面谈结束后，管理者需要对自己在面谈中的表现进行自我评估，得到肯定回答的行为需要继续保持，得到否定回答的行为则需要改进，以便后期面谈取得更好的效果。管理者绩效反馈面谈自我评估要点如下：

（1）此次绩效反馈面谈是否达到了预期的目的？

（2）此次绩效反馈面谈是否对员工绩效改进产生了作用？

（3）此次绩效反馈面谈是否增加了双方的信任和理解？

（4）此次绩效反馈面谈是否注重了沟通的技巧？

（5）此次绩效反馈面谈是否认真倾听了员工的意见和想法？

（6）对于此次绩效反馈面谈，自己是否感到满意？

（7）下次进行绩效反馈面谈时，应当从哪些方面进行改进？

（二）观察员工的行为

绩效反馈面谈是为了将绩效考核结果及时反馈给员工，以便员工及时改进自己的工作行为，达到提高绩效的目的。因此，衡量绩效反馈面谈效果的最直接方式就是观察面谈后员工的行为。一般而言，绩效反馈面谈结束之后，员工的工作行为大致会有以下 4 种表现：

（1）更加积极、主动地工作；

（2）保持原来的工作态度；

（3）消极、被动地工作；

（4）懈怠、抵制工作。

任务三

制订绩效改进计划

案例导入

某公司要求部门主管每个月要及时将绩效考核结果反馈给员工，帮助员工制订绩效改进计划，以督促员工提高和改善工作绩效。按照惯例，每个月绩效考核结果出来之后，销售部杨经理就会主动与销售人员进行绩效反馈面谈，为绩效不佳的销售人员制订绩效改进计划。但是，经过一段时间之后，公司上级领导发现销售部门的整体工作绩效并没有得到提高和改善。经过调查发现，原来杨经理只是为销售人员制订了一个较为笼统的绩效改进计划，很多销售人员对此也并不认可。

问题：

杨经理在制订绩效改进计划方面存在什么问题？

管理者与员工在进行绩效反馈面谈并达成共识后，便可针对不佳绩效产生的原因，设计改进绩效的方案，即制订绩效改进计划。

一、绩效改进计划的制订原则

为了达到绩效改进的目的，在制订绩效改进计划时，管理者与员工应该把握以下 5 个基本原则。

（一）平等性原则

在制订绩效改进计划时，管理者与员工是一种相对平等的关系，都是为了工作绩效的改进与提升而努力。因此，管理者切忌使用高高在上的姿态与命令的口吻和员工沟通。

（二）指导性原则

绩效反馈的目的是帮助员工改进绩效而不是抓住员工的错误与不足不放。因此，在制订绩效改进计划时，管理者要根据企业及部门的整体目标，结合员工个人实际，对员工绩效的改进提出中肯的建议，实施辅导，并提供必要的资源和支持。

（三）主动性原则

员工是最了解自己工作岗位职责和工作内容的人。因此，在制订绩效改进计划时，管理者应该充分发挥员工的主动性，多听取员工的意见和想法。

（四）SMART 原则

绩效改进计划是指导绩效改进具体实施的标准。因此，在制订绩效改进计划时，管理者与员工应当遵循 SMART 原则，确保改进计划是具体的、可衡量的、可达到的、现实的以及有时限的。

（五）发展性原则

绩效改进计划应立足当下，着眼未来。因此，在制订绩效改进计划时，管理者与员工要有长远的、战略性的眼光，把员工个人绩效的改进与员工个人职业的发展、企业未来的发展紧密结合起来。

二、绩效改进计划的内容

绩效改进计划是根据员工现有的工作绩效结果所制订的在一定时期内完成的有关工作绩效改进和工作能力提高的系统计划。制订绩效改进计划实际上就是明确未来应该改进什么、改进到什么程度、怎么改进以及何时完成改进的过程。因此，绩效改进计划应该着重包括以下 4 个方面的内容。

（一）有待改进的项目

在制订绩效改进计划时，首先应该根据上一个绩效周期的绩效考核结果和绩效反馈面谈情况，确定今后在工作中有待改进的方面。一个人需要改进和提高的绩效表现可能有很多，想要在短时间内全面改善和提高不太现实，且需要付出大量的人力、物力和财力。因此，在制订绩效改进计划时，管理者与员工要有所取舍，设定优先级，优先选择那些最为迫切且最易改进的项目；而不易改进且不急需改进的项目可以暂时不列入计划之内。

（二）期望达到的水平

绩效改进计划应该有明确、清晰的目标。因此，在制订绩效改进计划时，管理者与员工要明确有待改进的项目目前的表现水平以及经过绩效改进之后要达到的目标水平。只有这样才能有效地激励员工不断提高自身绩效。

（三）改进的具体措施

在制订绩效改进计划时，管理者与员工提出的改进措施应当具有针对性，根据造成有待改进项目绩效差距的原因“对症下药”。对一个有待改进项目进行改善可以采取一种方式，也可以多种方式并行。在绩效改进计划中，应当对有待改进项目的具体改进措施做出明确的安排。

如何制定绩效改进措施

（四）达到目标的期限

任何目标的确定都必须有时限要求，否则设定的这个目标就毫无意义。因此，在制订绩效改进计划时，管理者与员工要设置一定的时间限制，确定需要多长时间才能将有待改进的项目从目前的绩效水平提升至期望达到的水平。

一份完整的绩效改进计划如表 6－4 所示。

表 6－4　绩效改进计划表

<table>
<tr><td colspan="4">被考核者</td><td rowspan="2">考核时间</td><td rowspan="2">考核分数</td><td rowspan="2">考核等级</td></tr>
<tr><td>姓名</td><td>工号</td><td>部门</td><td>职位</td></tr>
<tr><td></td><td></td><td></td><td></td><td></td><td></td><td></td></tr>
<tr><td colspan="7">上个绩效周期被考核者的整体绩效评价</td></tr>
<tr><td colspan="7"></td></tr>
<tr><td colspan="7">绩效改进计划</td></tr>
<tr><td>序号</td><td>待改进项目
（以优先顺序排序）</td><td>当前水平</td><td>期望水平</td><td colspan="2">改进措施</td><td>改进期限</td></tr>
<tr><td>1</td><td></td><td></td><td></td><td colspan="2"></td><td></td></tr>
<tr><td>2</td><td></td><td></td><td></td><td colspan="2"></td><td></td></tr>
<tr><td>3</td><td></td><td></td><td></td><td colspan="2"></td><td></td></tr>
<tr><td colspan="4">被考核者签字：
年　月　日</td><td colspan="3">考核者签字：
年　月　日</td></tr>
</table>

素养园地　管理者在绩效反馈面谈时应避免的两大心理误区

1. 晕轮效应

晕轮效应又称成见效应、光圈效应等，指人们在交往认知中，对方的某个特别突出的特点、品质会掩盖人们对对方的其他品质和特点的正确了解。晕轮效应意味着一个被考核者在某些特定方面具有优异的表现，管理者就会断定他别的方面一定也好，一好百好；反之，一个被考核者在某些特定方面具有不好的表现，管理者就会断定他别的方面一定也不好，而不作具体、客观的考察评价。实质上，晕轮效应是一种“以偏概全”的心理误区，当被考核者对考核者表现特别友好或特别不友好时，晕轮效应是最容易发生的。管理者应尽量避免晕轮效应的影响，在与员工进行绩效反馈面谈时，尽量保持客观、公正、实事求是的态度。

2. 首因效应

首因效应也叫首次效应、优先效应或第一印象效应，是指交往双方形成的第一次印象对今后交往关系的影响，即“先入为主”带来的效果。受首因效应的影响，管理者难免先入为主，戴着有色眼镜看人，在绩效反馈面谈时容易将面谈重点引至对员工性格、个性和行为的评价，不利于帮助员工找出不足并改善。因此，管理者在与员工进行沟通交流时，应保持良好的职业道德素养，做到对事不对人。

实训项目

1. 实训内容

进行角色扮演，绩效反馈面谈，并制订绩效改进计划。

2. 实训要求

掌握绩效反馈面谈的实施技巧。

3. 实训流程

第一步：进行分组，2 人为一组；

第二步：角色分工，一位同学扮演管理者，另一位同学扮演员工；

第三步：分角色模拟绩效反馈面谈过程；

第四步：填写绩效反馈面谈表；

第五步：绩效反馈面谈结束后，双方共同制订绩效改进计划；

第六步：填写绩效改进计划表。

4. 评价指标与标准

（1）面谈双方准备充足（20 分）；

（2）绩效反馈面谈实施过程完整（20 分）；

（3）管理者在面谈时注重话术，运用绩效反馈面谈沟通技巧（20 分）；

（4）制订的绩效改进计划合理、有效（20 分）；

（5）绩效反馈面谈记录表和绩效改进计划表填写规范（20 分）。

小　结

绩效反馈是绩效管理中必不可少的一环，认知绩效反馈、绩效反馈面谈和制订绩效反馈计划是实施绩效反馈必须掌握的工作任务和工作技能。本项目从认知绩效反馈出发，基于管理者和员工的角度介绍了绩效反馈的目的和原则；然后从准备工作、实施工作和评估工作这三个方面阐述了如何开展有效的绩效反馈面谈，并详细介绍了实施绩效反馈面谈时应注重的技巧；最后介绍了制订绩效改进计划的原则，以及有效的绩效改进计划应包含的内容，以达到改善和提高绩效的目的。

重点概念

绩效反馈　绩效反馈面谈　BEST 法则　绩效改进计划

复习思考题

1. 名词解释

绩效反馈面谈　BEST 法则　绩效改进计划

2. 思考题

（1）简述绩效反馈的目的。

（2）绩效反馈面谈有哪些实施技巧？

（3）制订绩效改进计划的原则是什么？

3. 案例分析题

小王在一家私营公司做基层主管已经有 3 年了，这家公司在以前不是很重视绩效考评。近几年公司的发展很快。去年，公司从外部引进了一名人力资源总监，至此，公司的绩效考评制度才开始建立起来，公司中的大多数员工也开始知道了一些有关员工绩效管理的具体要求。

在去年年终考评时，小王的上司要同他谈话，小王很是不安，虽然他对自己一年来的工作很满意，但是他不知道他的上司对此怎么看，小王是一个比较内向的人，除了工作上的问题，他不经常和他的上司来往。在谈话中，上司对小王的表现总体上是肯定的，同时指出了他在工作中需要改善的地方。小王也同意那些看法，他知道自己有一些缺点。整个谈话过程是令人愉快的，离开上司办公室时小王感觉不错。但是，当小王拿到上司给他的年终考评书面报告时，他感到非常震惊，并且难以置信。书面报告中写出了他很多问题、缺点等负面的东西，而他的成绩、优点等只有一点点。小王觉得这样的结果有点“不可理喻”，小王从公司公布的绩效考评规则中知道，书面考评报告是长期存档的，这对自己今后在公司的工作影响很大，他感到很是不安和苦恼。

请结合案例，思考以下问题：

（1）绩效面谈在绩效管理中有什么作用？人力资源部门应该围绕绩效面谈做哪些工作？

（2）经过绩效面谈后，小王感到不安和苦恼，导致这个结果的原因何在？怎样做才能避免这种问题的产生？

项目七

基于绩效应用的薪酬制度设计

你的工作效率，决定了你的薪资水平。

学习目标

知识目标

1. 了解薪酬的基本概念和薪酬要素；
2. 掌握薪酬管理体系模型；
3. 了解基于绩效的薪酬模式假设；
4. 掌握绩效薪酬模式实施的基础与关键环节；
5. 理解个人与团队绩效薪酬模式的特点。

能力目标

1. 能够根据绩效结果调整员工薪酬等级，完成基本薪酬制度设计；
2. 能够根据组织实际情况提出完善绩效薪酬制度的建议。

素养目标

1. 培养公平、竞争和效率意识；
2. 培养严谨、务实的工作态度。

知识导图

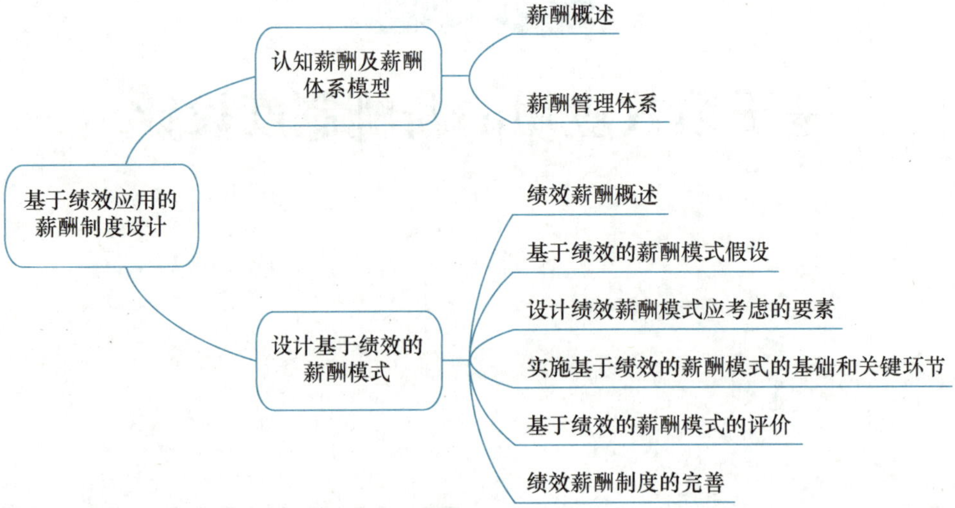

任务一

认知薪酬及薪酬体系模型

案例导入　理吉医院的薪酬问题

理吉医院位于某中等规模城市的市中心，它拥有296个住院床位的内科和外科医疗设备服务，除了传统的医疗服务项目外，医院还设有心脏监护、癌症治疗和急诊服务，医院共有806名支付全职工资的员工。

理吉医院十分注重员工薪酬体系的内部一致性问题，即保持内部职工薪酬的公平性。医院在对员工工作评估打分的基础上，把员工薪金分成25个薪金级别。每一个薪金级别在原来的基础上还有上下25%的浮动，没有经验或是经验很少的人，只能得到其所属级别中最低限的薪水。随着员工在工作中的不断进步，医院将支付员工的薪水与员工工作中表现出来的水平挂钩。

管理者认为，理吉医院的员工对医院的薪酬体系还是很满意的，因为很少听到员工抱怨什么。然而，当人力资源部经理马丁在回顾这些年来医院员工的离职人数时，发现实际上医院的医疗师的流动率异常高。马丁决定对此现象进行调查，找出原因。他发现本医院的薪酬体系的确存在一些问题。医疗师在医院薪酬体系的薪金等级中属于第八级，医院对第八级岗位的付薪范围是6 000～8 000元。显然医疗师的薪酬是存在问题的。

于是，马丁决定召开一次会议来讨论应对的办法。出席会议的有主管人力资源工作的副总裁杨森和其助手李克。李克建议医院将医疗师的工作级别升至第十级，以保证医院对医疗师的支付薪资水平能与竞争对手的医院付薪水平相当，但杨森对李克的提议表示怀疑，他认为这样的变动会破坏理吉医院工作评估的可信度，并可能导致员工士气受挫的问题，特别是对那些薪金在第八级以上岗位工作的员工们。

问题：

如何解决理吉医院的薪酬问题？

在现实生活中，同样的工作在不同的企业为何得到不同的报酬？而在同一企业的两人做同样的工作为何也有着不同的报酬？管理者是如何决定谁每小时该得 20 元，而谁每年又应该得到 20 万元呢？要解答这些问题，首先我们应明确的是不同的企业有着不同的薪酬理念，并在不同的薪酬理念基础上，设计出不同的薪酬制度，形成不同的薪酬体系。

根据激励理论，薪资总额的多少决定着员工的去留，而薪资结构决定着员工的工作努力程度。基于绩效的薪酬制度设计就是以员工绩效作为衡量和确定员工薪酬的主要标准，并将员工利益与企业利益结合在一起，鼓励员工为企业创造更大的价值，实现企业价值最大化的目标。因此，设计一个科学、合理、公平的薪酬制度成为企业人力资源管理中的一个重要内容。

我国薪酬管理的发展与变革

薪酬管理作为现代企业人力资源管理的核心，被认为是一项最敏感、最关键和政策性最强的工作。这不仅仅是因为薪酬是员工需求从企业获得相对满足的过程，也是维持生活、提高生活质量的重要前提。同时，薪酬分配也是企业与员工之间、员工与员工之间的利益冲突点。因此，设计一个科学、合理的薪酬体系和薪酬制度，激发员工的工作热情，充分发挥薪酬的激励功能，是现代薪酬管理的重要内容。企业薪酬管理的目的如图 7－1 所示。

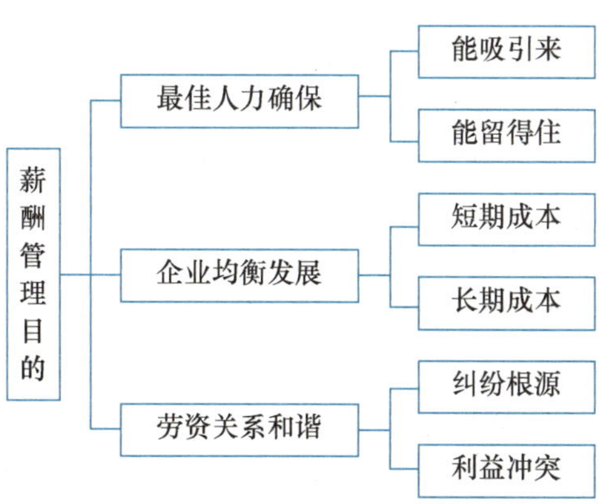

图 7－1　薪酬管理的目的

一、薪酬概述

（一）薪酬的概念

在人力资源管理中，薪酬是一个界定比较宽泛、内容十分丰富的概念，科学地界定薪酬的内涵是企业进行薪酬管理的基本前提。

根据对薪酬功能的不同认识，对薪酬的内涵有不同的界定。美国薪酬管理专家米尔科维奇从“把薪酬看作是雇主和雇员之间的一种价值交换”的角度，将薪酬界定为“雇员作为雇佣关系中的一方所得到的各种货币收入，以及各种具体的服务和福利之和”。而约瑟夫·J. 马尔托奇奥从“把薪酬作为企业奖励员工，从而提高对员工的吸引、保留和激励的一种手段和工具来看待”的角度，将薪酬界定为“雇员因完成工作而得到的内在和外在的奖励”，并将薪酬划分为外在薪酬和内在薪酬。① 内在薪酬是雇员由于完成工作而形成的心理形式，外在薪酬是货币奖励和非货币奖励。

人们在组织中所处的位置不同，对薪酬也有着不同的认识。组织中的员工认为，薪酬是劳动所得，是付出体力、知识、技能、时间、经验和创造力的相应薪酬回报；薪酬也是身份、社会地位和层次高低的象征；薪酬的差距，既有企业内不同职位的差距，也有企业外不同行业的差距；薪酬是动力，从中既会感到不平等，也会受到激励。投资者和经营者则认为，薪酬是人才市场上劳动力均衡时的价格；薪酬是成本；薪酬是固定支出（在企业没有效益时，也得支付给员工）；薪酬是资本，能产生更多的利润；薪酬是股东年底分配的企业红利。

随着管理理念的不断发展和进步，人们对薪酬又有了不同的认识。传统的薪酬管理认为，薪酬是指用人单位以货币形式支付给员工的劳动报酬；而现代薪酬管理认为，薪酬既包括经济性报酬（如工资、奖金），也包括非经济性报酬（如良好的企业文化、工作环境、休假等）。

现代管理体系中，人们通常认为，薪酬是一个系统，是企业战略目标和价值观转化为具体行动的系统方案，是体现管理哲学和管理思想的实施路线，是引导和约束员工行为的管理流程。简而言之，薪酬是推动工作成果达标的激励工具，是企业文化变革的催化剂。

薪酬的实质是一种公平的交易或交换关系，是员工在向单位让渡其劳动或劳务使用权后获得的报偿。薪酬不仅代表了员工为企业所做贡献所得，同时也体现了员工的人力资本价值，以及员工未来能为企业带来收益的一种折现。②

综上所述，所谓薪酬是指员工从事企业所需要的劳动而得到的经济性报酬和非经济性报酬的总和，是企业以货币形式和非货币形式支付给员工的补偿。从广义上看，薪酬作为一个系统，既有经济性薪酬，又有非经济性薪酬（见图 7－2）。经济性薪酬包括以货币支付的直接薪酬，即基本薪酬、绩效薪酬、津贴；也有以非货币形式支付的物质补偿，即间

---

① 杜晓力，屠庆忠．关于薪酬设计的几个基本问题．农业发展与金融，2006（1）．

② 朱虹．浅议确立绩效薪酬体系．管理科学，2005（6）．

接薪酬，如各种福利、红利、股权。非经济性薪酬包括企业给予员工的荣誉、奖励，提供的晋升、培训、发展机会，以及工作条件、工作氛围等。从狭义上看，薪酬是指员工因为雇佣关系的存在而从雇主那里获得的各种形式的经济性薪酬。影响薪酬的因素如图 7－3 所示。

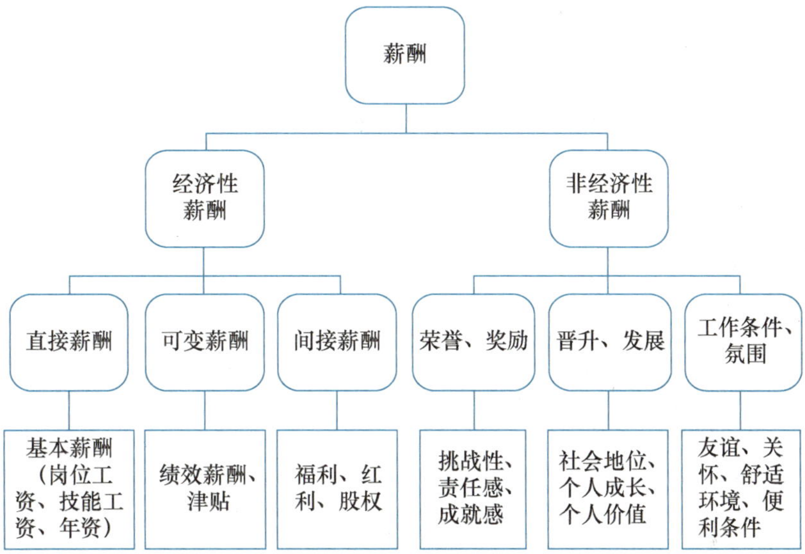

图 7－2　薪酬组成

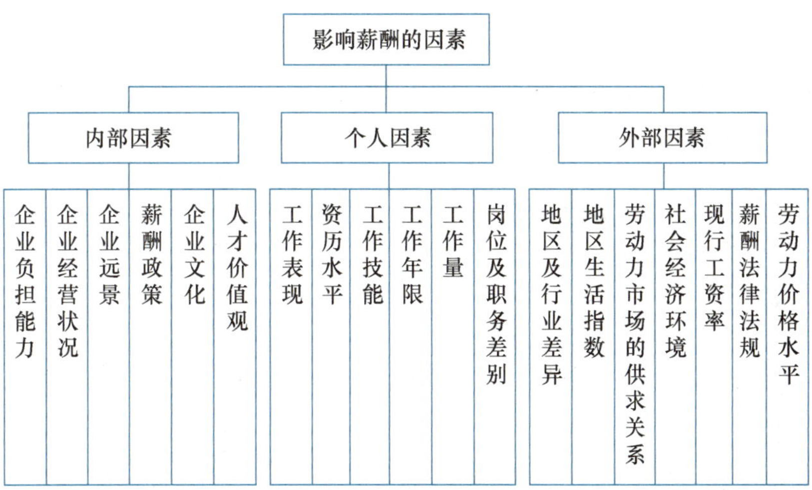

图 7－3　影响薪酬的因素

（二）薪酬的功能

史蒂芬·柯维博士在《高效人士的七个习惯》这本书中指出“薪资报酬必须反映现实和员工绩效产生密切关系，这样企业达到目标的机会才会大大提高”。因此，在员工心目中，薪酬不仅仅是自己的劳动所得，

高效人士的七个习惯

在一定程度上它也反映着员工自身的价值，代表着组织对员工工作的认同，甚至还代表着员工的个人能力和发展前景。从员工的角度出发，薪酬具有以下功能。

1. 补偿功能

在劳动的过程中，一方面，员工体力与脑力的消耗必须得到补偿，以保证劳动力的再生产；另一方面，员工为了提高劳动力素质，需要进行教育投资，其费用也需要得到补偿。因此，薪酬是保证劳动力消耗与劳动力生产费用支出的必要补偿。

2. 保障功能

从赫兹伯格的双因素理论可知，在引发员工“不满意”的因素中，薪酬排在首位，是最重要的保障因素。组织不仅需要有一定竞争力的薪酬吸引人才，还需要有一定保障力的薪酬留住人才。如果薪酬水平太低或者与外界的差异过大，员工必然会心生去意，尤其是那些能力和素质都比较高的员工。

3. 激励功能

权威机构近 20 年的研究资料显示，在所有的工作分类中，员工一直都将薪酬视为选择工作最重要的指标。[①] 由此可知，薪酬的激励功能已经得到广泛的认同，而其激励程度取决于一个组织的薪酬理念和薪酬制度设计。

需要指出的是，在现代社会发展中，人们在选择工作时考虑的是多元因素。经济性薪酬在体现员工基本劳动补偿的同时，已经成为员工个人价值实现的一种象征或标识，已超出了经济性薪酬本身的价值。因此，薪酬的激励功能的重要之处在于，薪酬对员工所起的作用已经与员工的其他需要紧密相关。

（三）薪酬的构成及其特点

每个企业对薪酬概念的理解不同，对薪酬构成的划分也不尽相同，不同的薪酬构成体现出不同企业对人才价值的不同取向。一般来说，企业的薪酬构成没有对错之分，只有优劣之分。

按照不同的分类标准，薪酬可以分为很多种。本书按照薪酬的不同功能，将薪酬分为基本薪酬、可变薪酬和间接薪酬三大组成部分。

1. 基本薪酬

基本薪酬（basic pay）也称基础薪酬、标准薪酬，是企业以员工的知识水平、技能的熟练程度、工作的复杂程度、责任大小以及劳动强度为基准，按照员工的劳动定额或工作时间而计付的劳动报酬。主要包括：岗位或职位工资、职务工资、技能工资、年功工资或资历工资。在企业实际管理中，根据不同的管理目标，员工的基本薪酬一般由一个或几个上述薪酬要素组合而成。基本薪酬具有以下特点：

（1）常规性。

基本薪酬是员工在正常条件下完成定额的劳动报酬。

（2）相对稳定性。

员工的基本薪酬数额以企业所确定的基本薪酬等级标准为依据，等级标准在一定时期

---

① 冉斌．薪酬设计与管理．深圳：海天出版社，2001：17-20.

内相对稳定，员工的基本薪酬数额也相对稳定。

（3）基准性。

一方面，基本薪酬是企业计算其他薪酬的数额、比例及其变动的基准；另一方面，为保证员工的基本生活需要，政府对企业基本薪酬的下限有强制性规定。从这种意义上讲，基本薪酬也称为标准薪酬。

（4）导向性。

基本薪酬能较全面地反映薪酬的各项职能，其他薪酬形式通常侧重于某一方面的职能。

2. 可变薪酬

可变薪酬（alterable salary）有时也称奖励薪酬、浮动薪酬、绩效薪酬，是对员工超额劳动部分或劳动绩效所支付的奖励性薪酬，旨在鼓励和激发员工提高劳动效率和工作质量。它着眼于正常劳动之外的超额劳动，随着绩效的变动而变动。可变薪酬可分为短期可变薪酬和长期可变薪酬两种。短期可变薪酬主要以短期的、具体的绩效目标实现为考评标准，如一次性奖金、月度浮动薪酬、季度浮动薪酬等；长期可变薪酬旨在激励员工实现长期目标，以各种形式的股票所有权计划为主。可变薪酬具有以下特点：

（1）激励性。

可变薪酬对于企业绩效目标的实现具有非常积极的作用。

（2）灵活性

可变薪酬的计酬依据是员工的超额劳动部分或劳动绩效。由于员工的绩效随着企业外部和内部环境的影响而变化，因此，可变薪酬本身是一个动态数值，具有很强的变通能力。

（3）战略性。

可变薪酬虽然灵活性强，但有一个根本的原则，就是与企业在不同时期的发展战略目标保持高度一致，它是帮助企业实现战略目标的重要策略和措施。

3. 间接薪酬

间接薪酬（indirect salary）是劳动的间接回报，即员工的福利与服务性薪酬。它通常并不与劳动者的劳动能力和提供的劳动量等个性特征相关，而是一种源自员工的企业成员身份的福利性薪酬。间接薪酬与基本薪酬相对应，包括带薪休假、各种保险及养老金、员工福利、津贴和补贴等。其中，员工福利，是指企业为员工提供的各种物质补偿和服务形式，包括员工法定福利、团队福利和个人福利。从支付形式看，福利以非货币形式为主，如住房、用车、带薪休假、节假日工资、工作午餐、医疗保健等。从本质上讲，福利是一种补充性薪酬。津贴和补贴是鉴于岗位和工作环境给员工造成体力和脑力的特殊付出而给予的补偿性薪酬，它们与岗位的工作性质和工作环境相关，与员工的工作绩效没有直接关系，且数额相对固定。间接薪酬具有以下特点：

（1）补充性。

间接薪酬对基本薪酬起补充作用，是团队激励的一种形式。

（2）多样性。

间接薪酬可以根据企业实际情况灵活多样设计。

（3）普遍性。

间接薪酬不以劳动者个人能力和劳动为标准，不分年龄、种族、性别等因素，为企业所有员工均享有的一项薪酬。

综上所述，企业薪酬的构成模式如图 7－4 所示。

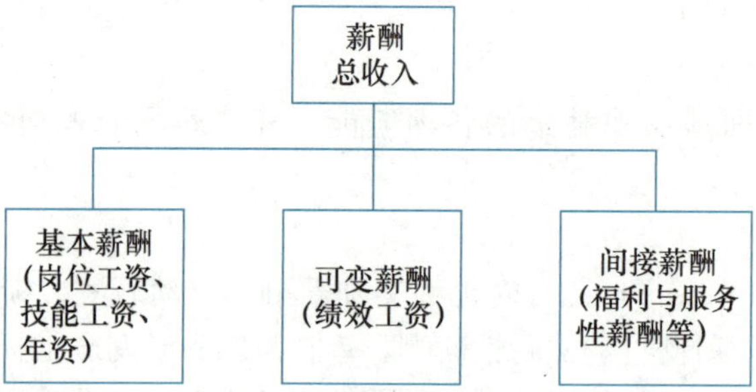

图 7－4　薪酬的构成模式

二、薪酬管理体系

薪酬管理体系是组织人力资源管理系统的一个子系统，是组织与社会的联系纽带。它涉及国家宏观政策和市场运作环境，是组织走向市场的重要环节之一。薪酬管理体系以组织的薪酬理念为基础，体现组织的价值取向，是组织向员工支付薪酬而建立起的薪酬政策和程序。

（一）薪酬管理体系的组成

一个设计良好的薪酬管理体系直接与组织的战略规划相联系，从而使员工能够把个人的努力和行为集中到帮助组织在市场中竞争和生存的方向上去。因此，薪酬管理的核心问题是：如何制定科学、合理、有效、公平、公正、公开的薪酬制度，以最大限度地激励员工去创造价值。严格地说，完整的薪酬管理体系包括薪酬理念、薪酬结构、薪酬制度，如图 7－5 所示。

1. 薪酬理念

在薪酬管理体系中，薪酬理念的确定至关重要。所谓薪酬理念是组织发放薪酬的指导思想，体现着组织对员工劳动和贡献认同的角度和方式，是组织薪酬价值体系构建的基础。薪酬理念的形式既可能是成文的，也可能是口头的；既可能是明示的，也可能是默许或约定俗成的。薪酬理念是组织价值取向的最现实和集中的体现与实践，它已经成为组织文化的重要组成部分。

在组织的人力资源管理活动中，对员工工作价值的认同通常从员工个人价值、员工所在岗位价值和员工绩效价值三个方向来确定。因此，薪酬理念通常有以下三类：

（1）以员工个人价值的认同为基础的薪酬理念。

组织承认员工个人价值即是肯定个人在过去所取得的成就，并相信这种成就将会对未

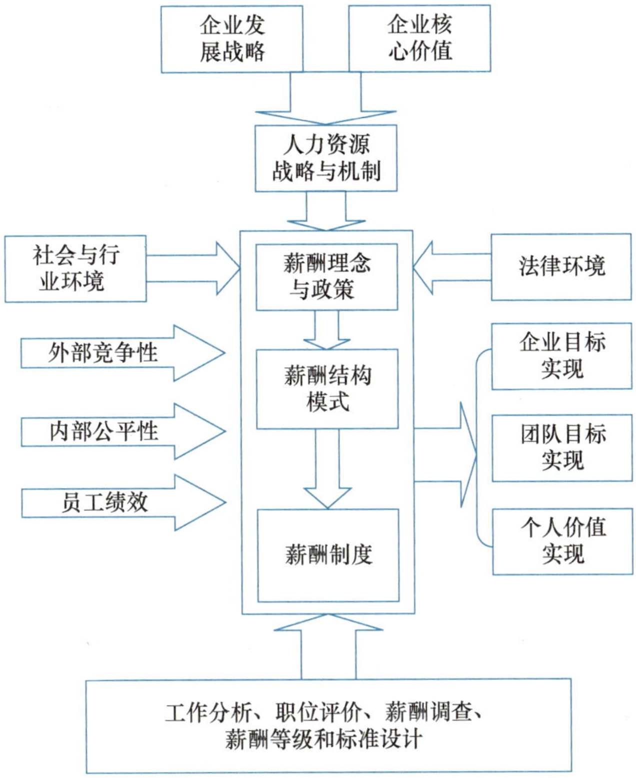

图 7－5 薪酬管理体系

来的工作产生积极的影响。在这种理念下，通常薪酬设计包括：为技能付酬（pay for skills）、为知识付酬（pay for knowledge）、为才能付酬（pay for competencies）等。薪酬制度常以员工的学历、专业、职称、素质等作为计算的主要依据，承认个人固有价值。其实，这种薪酬理念忽略了一个重要的问题，那就是员工拥有这些能力并不意味着就一定能够带来好的个人绩效，员工能力水平高低只是创造良好绩效的必要条件，而非充分条件。

（2）以员工所在岗位价值的认同为基础的薪酬理念。

组织把具有一定固有价值的员工安排在某一特定岗位上，该岗位的职责和特征是决定员工所能作出贡献大小（多少）的基础平台。从理论上讲，该岗位的价值是不会因为该岗位的责任者变化而变化，它是一个相对静态的价值系数。在这种理念下，通常薪酬设计包括：为岗位付酬（pay for job）、为等级付酬（pay for grade）等。员工的岗位与等级是其薪酬水平的决定因素。在这种薪酬理念下设计的薪酬体系和制度中，行政岗位级别以及工龄长短是确定薪酬级别、职位晋升的重要尺度，员工晋升按部就班。它过分强调员工的资历，缺乏对创新性、开拓性工作的激励。

（3）以员工绩效价值的认同为基础的薪酬理念。

组织把员工在某一特定岗位上的绩效作为付酬水平的决定因素。在这种理念下，通常薪酬设计是指为业绩付酬（pay for performance）。员工在工作期间所创造的绩效价值与组织的市场价值紧密相连，它是一个受市场、政策和环境等诸多因素影响的动态价值系数。虽然评价员工绩效的指标多种多样，不同组织的绩效衡量指标也可以有不同的选择，但该理念传递的是组织利益与员工利益的结合，鼓励员工为组织创造更多、更大的价值，体现了组织价值最大化的目标。詹森和墨菲在《激励——不是给多少的问题，而是怎么给的问题》一文中指出，薪酬制度应该重奖卓越业绩，严惩拙劣业绩，要将薪酬水平与业绩挂钩。①

显然，当员工个人价值大于岗位价值时，是组织人才的浪费；当员工个人价值小于岗位价值时，员工将无法全面履职，即使勉强胜任，工作绩效也不高。当员工绩效价值大于组织所付薪酬时，组织能不断赢利，可以持续发展；当员工绩效价值小于组织所付薪酬时，组织将无法赢利，最终会导致员工与组织的雇佣合作不能持续。因此，在确定的薪酬理念基础上设计薪酬制度时，就必须把组织的效益和员工的绩效关联起来，正确分析员工个人价值、岗位价值和绩效价值之间的关系，如图 7－6 所示。

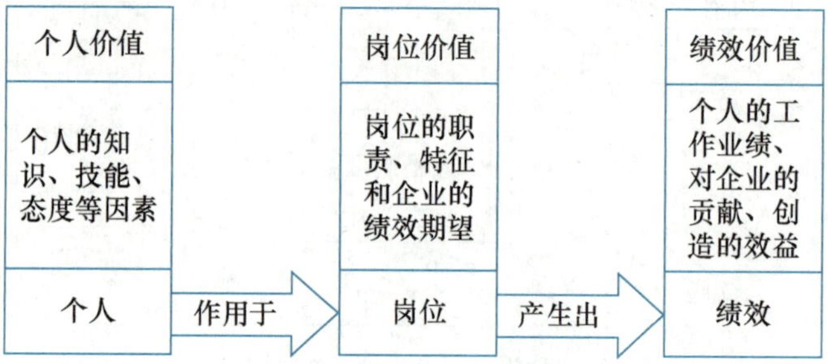

图 7－6　个人价值、岗位价值和绩效价值关系图

资料来源：胡八一．三三制薪酬设计案例精选．北京：北京大学出版社，2007：3.

2. 薪酬结构

薪酬结构是指薪酬构成部分及其比重设计。由于在不同的薪酬构成比例下，员工所感受到的风险、压力和动力是不同的，所以，合理的薪酬结构设计至关重要。企业的薪酬结构具体包含两个维度：

（1）横向结构维度。

横向结构维度是指在一个员工的薪酬总额中，不同薪酬形式结合的比例关系。包括：

1）薪酬类别之间组合方式及比例，即基本薪酬、可变薪酬和间接薪酬的组合方式及各自所占的比例。

2）各类别薪酬内部要素的组合及比例，如基本薪酬内部的职务薪酬、能力薪酬和技能薪酬的组合及比例，可变薪酬中的短期可变薪酬和长期可变薪酬的组合及比例。

（2）纵向结构维度。

纵向结构维度指组织中各种工作岗位、职位之间及不同技能等级之间薪酬水平的比例关系。薪酬水平是指组织中各岗位（职位）、各部门及整个组织的平均薪酬水平，它决定着组织薪酬的外部竞争性。如果组织薪酬水平较低，则缺乏对优秀员工的吸引力。因此，薪酬水平会对吸引和保留员工产生重大影响。纵向结构可分为不同层次工作之间薪酬差异的相对比值和不同层次工作之间薪酬差异的绝对水平。包括：

---

① 支小强，蒋顺才．企业激励制度．北京：中国人民大学出版社，2004：32-33.

1）组织内部以职位或等级区分的薪酬等级数量。

2）同一薪酬等级内部的薪酬变动范围（或称薪酬等级宽度、薪酬变动比率）。

3）相邻两个薪酬等级之间的交叉与重叠关系。

完整的薪酬结构模型如图 7－7 所示。

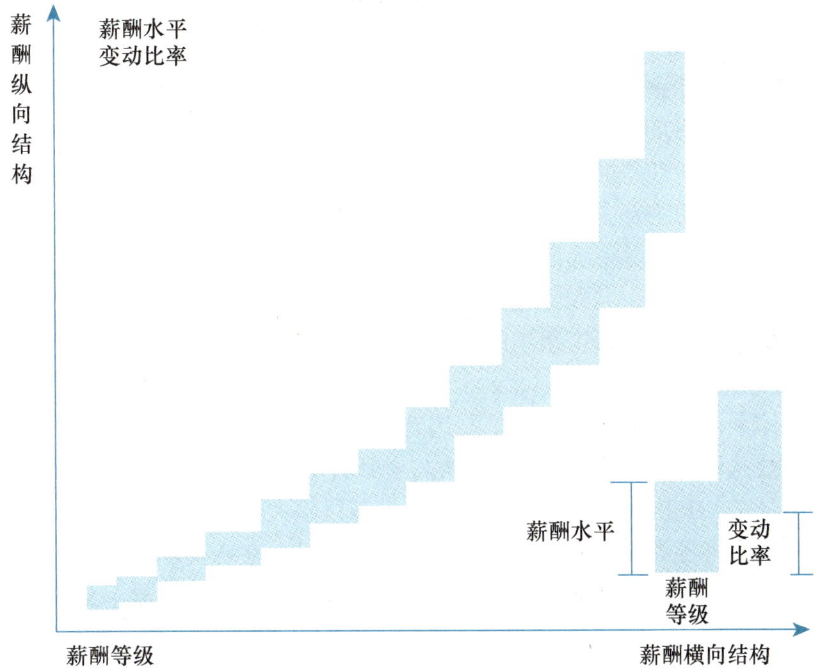

图 7－7 完整的薪酬结构模型

3. 薪酬制度

薪酬制度是管理者对组织薪酬运行的目标、任务和手段的选择与组合，是组织在员工薪酬上所采取的措施和策略。根据组织特定的发展战略和人力资源战略，确定组织薪酬成本投入政策、薪酬水平和标准以及薪酬支付方式等。

实例分享

小王是某企业人力资源部薪酬管理员。该企业虽然已是当地非常成功的一家大型民营企业，但还没有制定正式的薪酬制度。这使得小王经常受到员工们的抱怨或接到他们的咨询电话。这些电话的内容包括：

"我的工资是怎么计算出来的？"

"工资单上的'其他收入'表示什么意思？"

"为什么这个月的工资比上个月少了这么多？"

"工资单上的基本工资包括职务工资吗？"

"我感觉你好像把我的工资算错了。"

…………

职场中不宜公开讨论工资

（二）构建有效薪酬管理体系的原则

构建有效薪酬管理体系是组织人力资源管理的一项重大决策，对组织的未来发展极具影响力。因此，有效薪酬管理体系设计应有一套完整而又清晰的原则作为指导。构建薪酬管理体系应遵循如下基本原则：

1. 公平性原则

公平性原则是设计薪酬管理体系时必须遵循的首要原则。具体来说，要处理好三个领域的公平问题：外部市场公平、内部岗位间公平、员工与岗位的对应公平。外部市场公平，是指本组织员工所获得的薪酬接近市场上其他组织完成类似工作的员工的薪酬；内部岗位间公平是指在组织内部各个岗位价值比较的相对公平；员工与岗位的对应公平是指依据员工的业绩水平和资历等个人因素相对应的公平。上述三个方面的任何一个领域的不公平都会产生严重的后果。一旦员工感觉到自己被给予不公平的薪酬，他们将不会尽力工作，甚至离开组织，这都会损害组织的整体业绩。

2. 激励性原则

薪酬管理体系设计的主要目标就是要达到激励的效果。因此，薪酬管理体系设计首先要体现“与绩效挂钩原则”，这不仅涵盖从高层管理者到中层管理者的绩效考核情况，而且也包括全体员工。其次要体现不同岗位的责任与风险大小、能力高低以及岗位技术含量的要求等。企业要将各类岗位划分为一定的级别或等级，在各类职务的薪酬标准上适当拉开距离，重要岗位领取较高的薪酬，以真正体现人力资源要素的差异，打破“大锅饭”分配制度。

3. 有效性原则

有效性原则，是指薪酬管理体系在多大程度上能够帮助组织实现预定的经营目标。这种经营目标并不仅仅包括利润率、销售额等方面的财务指标，还包括客户服务水平、产品或服务质量、团队建设以及组织和员工的创新与学习能力等方面的一些定性指标的达成情况。

4. 竞争性原则

竞争性原则，是指薪酬管理体系的设计标准要有竞争力，要能够从人力资源市场上吸引到更多组织所需要的人才。

5. 合法性原则

法律法规是国家强制性的要求，薪酬管理必须符合政府的有关法律、法规、政策、制度，这其中包括国家劳动法、地方劳动法规、劳动行政部门颁布的管理规定等。薪酬体系的设计应于法律法规允许的范围内进行。

6. 经济性原则

薪酬是组织成本的重要组成部分。薪酬标准设计过高，虽然具有激励性和竞争性，但会不可避免地带来组织人工成本的增加，从而影响组织总的经济效益。因此，设计薪酬管理体系时，应该考虑在组织支付能力范围内薪酬方案的最优化。

综上所述，我们看到薪酬管理体系对于组织是一把双刃剑。当组织的薪酬水平过高时，会对组织形成较大的成本压力，对利润产生不利影响，从而在薪酬的公平性和有效性之间产生矛盾。此外，在薪酬管理体系的合法性和有效性之间有时也会产生类似的冲突。例如，在不合法的情况下有时会有利于增加组织短期收益（如不遵守国家最低工资标准的规定，向工人支付更低工资）。因此，企业在很多时候必须在薪酬的公平性、有效性以及合法性三大目标之间找到平衡。

（三）薪酬管理体系模式

通常情况下，薪酬管理体系可以归纳为下述三种模式：

1. 基于能力的薪酬管理体系

基于能力的薪酬管理体系，是指根据员工知识和技能的高低以及内在素质差异等来确定薪酬支付的水平。

这类薪酬管理体系设计主要针对两个问题：一是同一岗位上不同员工的能力差异需要在薪酬中得到体现；二是根据素质冰山模型（见图 7－8），员工有很大一部分能力是隐藏的，没有外显出来，特别是员工的价值观、态度、行为动机等是潜在的，员工的行为只是这些素质和潜能的外在表现。员工的素质评价通常需由专业的测评机构开发胜任能力素质模型来完成，因此基于能力的薪酬管理体系属于成本较高的模式。

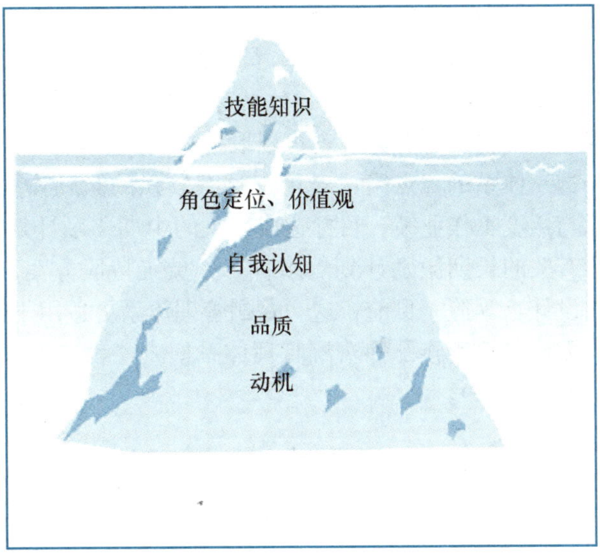

图 7－8 素质冰山模型

资料来源：http://wiki.mbalib.com/wiki/Image.

2. 基于职位的薪酬管理体系

基于职位的薪酬管理体系，是依据职位对组织战略目标实现的贡献程度大小和承担岗位所需要的知识、技能、经验等，以及工作的特性（应负责任、解决问题的难度等）来确定薪酬支付水平。

职位分析和职位评估是这种薪酬管理体系的基础和依据。通过职位评估的结果对各个职位、职种的战略价值进行排序，在企业内部建立一些连续的等级。我国从 20 世纪 90 年代初开始，在国有企业中大力提倡岗位技能工资制，基于职位的薪酬管理体系被诸多企业采用。由于采用的是统一的职位评估标准，使不同组织之间、不同职位之间在职位等级确定方面具有可比性。表 7－1 是一个典型的基于职位的薪酬管理体系模式的例子。

表 7－1 基于职位的薪酬管理体系模式

工资级别	职位举例	薪酬水平（元）
……	……	……
14	生产部主任	7 000
13	质检部、技术部主任	6 800
12	人力资源部主任	6 600
11	生产调度	6 200
10	薪酬主管	6 000
9	会计管理	5 600
……	……	……

3. 基于绩效的薪酬管理体系

基于绩效的薪酬管理体系是根据员工在特定岗位上产生的绩效水平和贡献额度来确定薪酬水平。本项目任务二将对此进行详细介绍。

该薪酬管理体系设计的理论前提是：第一，员工的工作绩效可以准确测量，绩效考核的结果必须令人信服。第二，员工对其工作绩效具有很高的可控性。即员工的工作独立性较强，只要付出了努力，就可以取得相应的成绩。

绩效与薪酬是撬动企业发展的杠杆

这一体系的优点是：对员工具有较强的激励作用。薪酬支付的形式包括与年度工作业绩、目标达成有关的中期奖励计划，与长期工作绩效、目标有关的长期激励计划等多种，如员工持股方案、股票期权计划、年薪制设计，等等。目前，这一薪酬管理体系更适用于经营性的人员。

无论组织实施哪种薪酬管理体系模式，都应形成良性的薪酬管理循环（见图 7－9）。

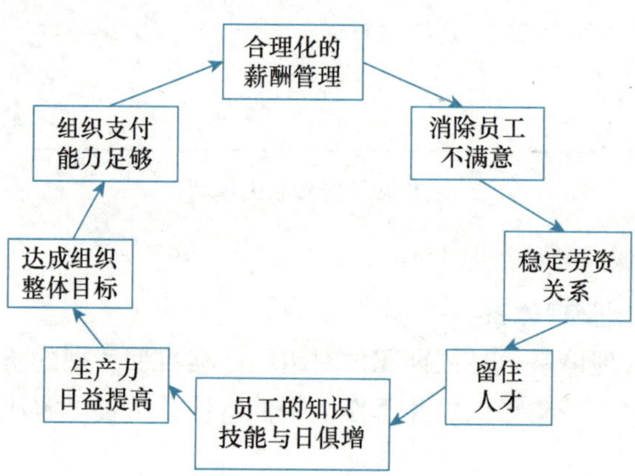

图 7－9 薪酬管理的良性循环

知识拓展 有效薪酬管理体系的评估

有效的薪酬管理体系需要具备四个特征：对外具有竞争性、对内具有公平性、对个人的激励性，以及薪酬决策本身的可操作性（易于管理）。所以，在对薪酬管理体系实施效果进行评估时，通常需要考虑下列六个因素：有效性、合法性、人工成本控制、满意度、公平感、变动率。其中前三个评估因素是从企业角度出发，后三个评估因素是从员工角度出发。

（四）典型薪酬模型

由于薪酬构成各不相同，所以不同构成的薪酬模型其特点也各不相同。典型的薪酬模型包括以下三种：高弹性的薪酬模型、高稳定性的薪酬模型、调和性的薪酬模型，如图 7-10 所示。

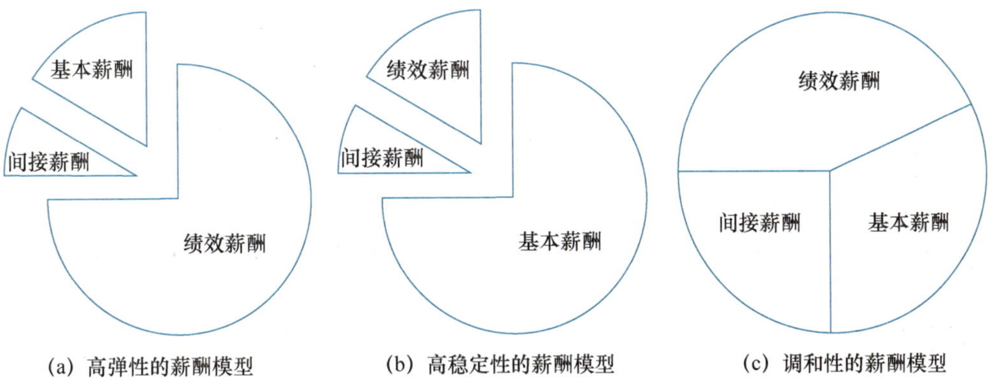

图 7-10 典型薪酬模型的示意图

1. 高弹性的薪酬模型

高弹性的薪酬模型是一种激励性很强的薪酬模型。绩效薪酬是这种薪酬结构的主要组成部分，基本薪酬等处于非常次要的地位（所占的比例非常低，有的甚至为零），如图 7-10（a）所示。在这种薪酬模型下，员工能获得多少薪酬完全依赖于工作绩效的好坏。当员工的绩效非常优秀时，薪酬非常高；当员工的绩效非常差时，薪酬非常低，甚至为零。

2. 高稳定性的薪酬模型

高稳定性的薪酬模型是一种稳定性很强的薪酬模型。基本薪酬是这种薪酬结构的主要组成部分，绩效薪酬等处于非常次要的地位（所占的比例非常低，有时甚至为零），如图 7-10（b）所示。在这种薪酬模型下，员工的收入非常稳定，几乎不用努力就能获得全额薪酬。

3. 调和性的薪酬模型

调和性的薪酬模型是一种既有激励性又有稳定性的薪酬模型。绩效薪酬和基本薪酬各占一定的比例，当二者比例不断调和变化时，这种薪酬模型可以演变为以激励为主的薪酬模型，也可以演变为以稳定为主的薪酬模型，如图 7-10（c）所示。这种薪酬模型在实际中的应用非常普遍，绩效薪酬和基本薪酬二者的比例调和是应用好这种模型的关键。

上述三种典型薪酬模型的比较情况见表 7－2。

表 7－2　三种典型薪酬模型的比较

薪酬模型	高弹性的薪酬模型	高稳定性的薪酬模型	调和性的薪酬模型
特点	绩效薪酬所占比例很高，基本薪酬所占比例很低	基本薪酬所占比例很高，绩效薪酬所占比例很低	绩效薪酬和基本薪酬各占一定的合适比例
优点	激励性很强，与员工绩效密切联系	员工收入波动很小，员工安全感很强	对员工有激励性，员工也有安全感
缺点	员工收入波动很大，员工缺乏安全感及保障	缺乏激励功能，容易导致员工懒惰	须设计科学合理的薪酬系统

知识拓展

薪酬的公平性

薪酬的公平性受限于政府规章制度的调整，还会受到特定地区的文化与风俗习惯等的影响。人们对薪酬的认识不同，对薪酬公平性的感觉也会不同。薪酬的公平取决于薪酬决定的基础以及人们的认可。对于薪酬的公平性，可将其进一步划分为内部公平、外部公平和个人公平。

内部公平的实现有赖于员工对组织内部不同职位价值排序的认可和感受；外部公平的实现取决于组织所处劳动力市场的供求状况；个人公平的实现取决于薪酬与个人业绩是否成正比。

任务二

设计基于绩效的薪酬模式

案例导入

“目前国内家电市场竞争激烈，怎样才能战胜对手，提高市场占有率呢？”总经理在不停地思索着，一个崭新的销售计划在他头脑中逐渐形成了。但是，谁能担任此重任呢？交给小李吧，他业务素质高、能力强，而且有开拓市场的丰富经验。

总经理走进办公室，突然发现办公桌上放着一份辞呈——小李交来的辞呈。怎么会这样？他到公司工作还不到 5 年，由于业绩突出，已经被提为销售部副经理，待遇不错，为什么辞职呢？

总经理找来人力资源部经理，人力资源部经理说："虽然小李的薪酬不低，但那是与咱们企业内部的其他员工相比较而言的，而与其他企业的销售经理相比要差很多，并且上月他超额完成了销售任务，却未获得任何奖励。我想，可能是这些原因导致他辞职的。"

总经理不禁恍然大悟……

问题：

小李辞职的原因是什么？

一、绩效薪酬概述

在20世纪90年代，尽管世界500强企业中有70%的企业主要采用以职位为中心的薪酬模式，但也有50%的企业至少在部分人员中实行了以能力为中心的薪酬政策，还有14.6%的企业实行了以业绩为中心的绩效工资制。① 近年来，大量的企业采用了以员工绩效为基础的收益分享薪酬体系，引导员工将关注重点放在企业发展经济效益的变动上，促进员工与企业的利益目标趋向一致。

（一）绩效薪酬的概念

绩效薪酬（pay-related performance，简称PRP）又称浮动薪酬、可变薪酬，是指随着个人、团队或者企业绩效的评价指标而变化的一种薪酬。它建立在对团队、员工进行有效绩效评估的基础上，关注的重点是工作行为过程和工作结果的"产出"，如销售量、产量、质量、利润额及实际工作效果等。

绩效薪酬从广义上理解，是个人、团队或公司的业绩与薪酬的明确联系，薪酬依据个人、团队和企业业绩的变化而具有灵活性；从狭义上理解，是员工个人的行为和业绩与薪酬的联系，薪酬根据员工的行为表现和业绩进行相应的变化。常见的绩效薪酬形式有佣金、团队奖励、收益分享等。

在传统的薪酬体系中，往往是工作评价、职务等级、年资的增长成为薪酬决定中的重要因素。现代薪酬管理强调对团体和个人的激励作用，在企业管理实践中，对员工采取以绩效为基础的收益分享和针对团队的奖励计划，通过对绩效薪酬长短期及比例设定，可以达到对员工进行不同激励的目的。绩效薪酬不仅有助于员工提高绩效，而且有助于强化员工的归属感和团队意识。

（二）绩效薪酬的特点

1. 激励导向性

绩效薪酬的设计是以企业期望的员工行为与结果为导向，并促使员工将个人努力投入

① 韦恩·蒙迪，罗伯特·诺埃. 人力资源管理. 6版. 葛新权，等译. 北京：经济科学出版社，1998：344-346.

到实现组织目标的活动中去，有助于吸引和留住成就导向型的员工。在各种薪酬形式中，绩效薪酬的激励作用最强、最直接。

2. 较强的公平性

绩效薪酬是根据员工的绩效进行支付的，准确有效地测量绩效是绩效薪酬激励的基础，同时，薪酬与其可量化的业绩挂钩，可以消除报酬内部的不公平性。

3. 较强的灵活性

绩效薪酬的指标设置可以根据企业不同的发展周期、企业薪酬战略、企业在某阶段的效益状况，以及企业生产技术变革等多维因素和员工技能与水平状况进行不同的组合调整。再者，绩效薪酬的变化幅度比较大，受到的制约因素相对较少，有多种形式，可以灵活使用。绩效薪酬的支付周期也具有灵活性，可以根据企业需要安排，常见的支付周期可以按小时、日、月、季、年来计算。

4. 较强的主观性

绩效薪酬受主观因素的影响比较大，不论是绩效考核的管理者，还是绩效薪酬的获得者，在实际操作过程中都会有很多的主观认识、理解和评价，从而影响绩效评价的客观性。

二、基于绩效的薪酬模式假设

（一）个人绩效薪酬模式

个人绩效薪酬即根据个体绩效水平给予劳动回报，它强调奖励个人的工作绩效，给予差别化的薪酬。其典型形式主要有计件奖励制、业绩提薪、奖金计划、月或季浮动薪酬和经营者年薪制等。

1. 计件奖励制

计件奖励制是按照员工的产量支付绩效奖励薪酬。薪酬按照超过基本薪酬的工作成果付结，因为要保持标准的科学性、合理性，所以需要动态的差异性制定，这就决定了该方法执行费用高昂。计件绩效薪酬计算公式为：

计件绩效薪酬＝完成产品的数量×每件产品的工资率

例如，某生产企业，每生产一个产品，员工可获得 2 元钱的报酬，A 员工当月生产了 190 个合格产品，B 员工当月生产了 230 个合格产品，那么 A 员工的计件绩效薪酬为 380 元，B 员工的计件绩效薪酬为 460 元。

采用计件奖励制需要对每件产品的劳动工资率（标准生产时间）进行事先测算，测算的精确程度对劳动工资率的确定非常重要，如果测算不够精确，必然会导致劳动工资率的偏离，所以推行计件奖励制的关键是要掌握产品的标准生产时间。这种方法明显的缺点，就是员工没有最低的工资保障，假设因原料供应不足而中断生产，员工的工资就会受到很大的影响。同时员工在追求绝对产量的时候容易忽视质量，必须在产品检验时加强控制。

另外，根据员工的工作绩效，可将员工分为三个等级，随着等级的变化，绩效工资递增 10%，中等员工得到标准的报酬，优秀员工得到额外的报酬，差等员工得到低于标准的报酬（见表 7-3）。

表 7-3 绩效分等薪酬计算表

类别	绩效评定	获得额定工资的比率
优秀员工	在标准产量的 100%以上	1.1
中等员工	在标准产量的 83%～100%	1.0
差等员工	在标准产量的 83%以下	0.9

2. 业绩提薪

业绩提薪又称为绩效加薪，是在绩效基础之上建立的基本薪酬增加的一种绩效奖励计划，是指在该年的年度绩效评价结束时，根据事先确定的加薪制度和对员工绩效评价的结果，决定员工在第二年的基本薪酬增长。业绩提薪有以下两种情况：

（1）早期以绩效评价为主体的绩效加薪。其计算公式为：

加薪的绝对值＝员工加薪前的基本薪酬×该员工的加薪比例

（2）以绩效和相对薪酬水平为基础的绩效加薪。如果简单地以绩效考核结果为依据加薪，给考核结果相同的员工以同样的加薪比例，就会出现基本薪酬越高，绝对加薪额度越高的现象，这可能导致企业内部薪酬差距过大，或企业薪酬成本增长失控。因此，需要企业在对员工薪酬与企业内部、外部平均薪酬水平间的关系进行判断后酌情降低加薪比例，以控制成本和维持薪酬体系的整体平衡。

3. 奖金计划

奖金是员工劳动报酬的一种分配形式，是对员工超过定额的劳动量支付的报酬。对员工个人绩效薪酬模式，通常是一次性奖金计划。广义上讲，它属于绩效加薪的范畴，对员工而言，一次性奖金的激励效果比绩效加薪要弱。

4. 月或季浮动薪酬

月或季浮动薪酬是介于一次性奖金和绩效加薪之间的一种折中奖励方式。它一般是根据月度或季度业绩支付的绩效薪酬，往往与基本薪酬保持一定的比例，同时又具有一次性奖金的灵活性。这种定期绩效认可计划能够强化绩效卓越的员工，强化员工表现出的理想行为或者对企业有益的活动等。

5. 经营者年薪制

经营者年薪制又称绩效年薪，是以年度为周期确定经营者的基本薪酬，并根据经营成果浮动发放风险收益的一种薪酬制度。该制度主要着眼于建立经营者的考核管理制度，通过激励与约束相互制衡的机制，把经营者的责任与利益、绩效薪酬与效益紧密结合起来，以促进企业的可持续发展。

（二）团队绩效薪酬模式

团队绩效薪酬计划作为支持团队合作工作方式的激励模式，严格地讲，它是指不以员工个人绩效为基础而实施的、旨在影响员工报酬的绩效薪酬方式。在实践中，企业一般根据团队层次或者整个企业层次来实施团队绩效薪酬模式。实际操作中，经常使用的形式是利润分享计划、增益分享计划、成功分享计划和团队奖励计划。

1. 利润分享计划

利润分享计划是指用盈利状况的变动来作为对团队或者整个企业的业绩的衡量，超过目标利润的部分则在整个企业的全部员工之间进行分配，每个员工都根据企业的经营状况获得红利，而不论个人的实际业绩水平如何。这与基于个人绩效的个人奖励计划有着根本的不同。利润分享计划的关键在于，以利润实体获得的总体利润为基数，在企业和员工之间分享总利润。一般利润分享制度有两种：一种是现金式利润分享，即将从利润中提取出来的利润分享金在当年就以现金方式支付给员工，政府对此不审批，也不给予减免税的待遇；另一种是递延式利润分享，即在监督委托管理的情形下，企业按预定比例将一部分利润分享金存入员工账户，在个人名下保留若干年后（例如到退休前），再以现金形式支付给个人。由于个人收入所得税的支付要延期到员工退休后，这种计划使员工可以享受税收优惠。

2. 增益分享计划

增益分享计划指的是将一个团队和整个企业在本期生产成本的节约或者人工成本的节约与上期的相同指标进行比较，然后把节约额度的某一个事先确定的比例在这个部门或者整个企业中的全体员工之间进行分配。这种收益虽然是额外收益，但它常常是与某一项经济活动效益相联系，而不是与企业的总体利润直接挂钩，其目的是使员工在满足企业生产经营的一般要求的基础上，尽可能地创造更好的绩效。

管理学中最重要的增益分享计划是著名的斯坎伦计划（Scanlan Plan）。斯坎伦计划最早是在20世纪30年代中期，由美国俄亥俄州的一个钢铁工厂的工会领袖约瑟夫·斯坎伦提出的一个团队绩效薪酬计划。该计划包括下列基本要素：合作理念（philosophy of co-operation）、认知（identity）、技能（competence）、融合系统（involvement system）和分享利润构成（sharing of benefits formula）等。其核心是设计一个促进合作、参与和利润分享的新型的劳资关系和企业管理系统。典型的斯坎伦计划按下列方式分配增益：75%发放下去；25%保留，用于没有增值收益的时候发放。在被发放的红利中，25%分给公司，75%在员工之间分配。在某些增值分享计划中，每位员工获得相等份额的红利；而在另一些计划中，这个红利有可能按员工总收入的百分比来分配。

利润分享计划与增益分享计划作为激励员工工作的手段，在本质上非常相似，但是从实施范围和最终的激励效果来看，还是存在差别的：

（1）利润分享计划通常是在整个公司的范围来实施的，而增益分享计划通常是在各个部门的范围内实施的。利润分享计划的衡量指标一般是企业利润，而增益分享计划的衡量指标除了利润，也可以是生产水平的提高状况。

（2）增益分享计划强调员工奖励与团队绩效的联系，所以员工的努力与个人收益之间的联系更容易被员工感受到，因此对员工的激励效果要好些。而利润分享计划中首先涉及目标利润的确定，管理阶层的决策质量以及经济周期等企业外部各种因素的影响。因此，员工对利润的增加或者减少是难以观察和控制的。结果，在利润分享计划中，员工的努力与个人收益之间的联系被削弱了，这就使得利润分享计划的激励效果减弱。

3. 成功分享计划

成功分享计划又称为目标分享计划，是运用平衡计分卡的方法来为某个经营单位制定目标，然后对超越目标的情况进行衡量，并根据衡量结构来对经营单位提供绩效奖励的一种方法。这里经营单位可以是整个组织，也可以是组织内的一个部门，还可以是某个员工群体。成功分享计划的薪酬支付基础是经营单位的实际工作绩效与预定的绩效目标之间的比较，即既定绩效目标的达成情况或绩效改善的程度。成功分享计划关注的是组织或部门更广泛的绩效结果，包括财务绩效、质量和客户满意度、学习与成长，以及流程等经营的各个方面。因此，也可以说，成功分享计划是平衡计分卡方法与薪酬管理体系的有机结合。

4. 团队奖励计划

团队奖励计划是群体绩效薪酬制度中最简单、最接近个人奖励制度的一种。在这种绩效奖励计划中，只有团队目标实现后，每个成员才能得到奖励，即个人努力要在群体成功后才能得到奖励。团队目标可以是会计利润、客户满意度、质量指数、安全记录和生产记录等。至于团队奖励在团队成员之间的分配一般有三种方式：一是平均分配，可以加强团队成员的合作，但是同样会存在团队“大锅饭”的问题；二是采取个人绩效薪酬模式进行分配，但可能出现团队成员之间的恶性竞争；三是根据成员不同的基本薪酬占团队基本薪酬总额的比例进行分配，但激励效果也受到影响。

以团队为对象的绩效奖励的激励效果，在很大程度上还取决于团队规模的大小。当团队规模较小时，可以在一定程度上避免团队绩效薪酬制度的缺陷；如果团队规模过大，员工就会认为个人的努力对团队的影响微不足道，因而作为结果的最终奖励的作用也必定微乎其微。

（三）长期绩效激励模式

长期绩效激励制度是指绩效衡量周期在一年以上的，对既定绩效目标达成提供奖励的计划。这种计划的主要实施对象是那些对企业发展起着重要作用的人员（如高级管理人员），它在决策时更注重长期观念，促进企业的可持续发展。这类计划也叫资本积累方案。该计划以经济目标为导向，但随着员工绩效评价的改进，开始延伸到其他绩效要素指标，比如客户满意度指标、服务质量指标等。

长期绩效激励模式通常有股票期权计划、福利性期权计划、报酬性期权计划、核心员工期权计划、员工持股计划等种类和方式（见表 7-4）。

表 7-4 各种长期绩效激励模式比较表

种类和方式	激励对象	主要方式	实质或特点	功能	设计要点
股票期权计划	管理人员	管理人员获得一份标的为本企业股票的看涨期权	一种延迟或有价性报酬	能抑制经营者的短期行为，吸引和优选管理人才	期权的执行价格分低于、高于和等于现值，期权价值授予数量，一般每年一次

续表

种类和方式	激励对象	主要方式	实质或特点	功能	设计要点
福利性期权计划	所有员工	不论一个员工处于何种薪酬等级和职务等级都能获得相同数量的期权	个人绩效不能直接影响所获得的期权数量；这种期权规模在总的期权方案中只占几个百分点	加强企业文化，体现团队精神	期权授予量通过一个简单公式计算（如薪酬的一定比例）或直接采用统一数量
报酬性期权计划	对象广泛	授予数量在很大程度上取决于员工的实际绩效	高层次与低层次员工之间要充分拉开差距；要充分体现员工个人绩效对获得的期权数量的影响	鼓励员工努力提升绩效	员工绩效指标的设置；绩效指标与薪酬对应比值的转换；各种层次的绩效差距
核心员工期权计划	核心员工	给核心员工大量的期权，授予期一般超过一年甚至更长的时间	既作为一种绩效薪酬形式，向核心员工表明他们对企业的核心价值，也作为一种沟通工具，表明企业对他们的认同、重视	留住这些在整个期权持续期内能为企业带来最大价值的员工	员工潜力提升的空间和该员工未来绩效与贡献的确定
员工持股计划	普通员工	员工个人出资，享受优惠价认购本企业的部分股份，并委托企业员工持股会在一段时间内集中管理	公司与员工达成协议，自愿将部分股权转让给员工；员工账户中的股份由托管机构保管；员工退休或不再工作时，可以选择把股票出售给本企业或者在股市中转让	促使员工关注企业长期绩效和经营结果	确定员工持股比例

三、设计绩效薪酬模式应考虑的要素

设计绩效薪酬制度的目的在于建立有效的激励机制，无论采用何种绩效薪酬模式，都必须与经营需求挂钩。薪酬方案不仅考虑员工的需求以及支持这些需求的企业内外环境因素，还应注意下列要素。

（一）匹配

该模式能否支持关键的经营目标？若不奖励那些能够促成企业经营目标的行为，该模式将无法使公司从中受益。为确保绩效薪酬方案的设计工作合理地与这些目标相匹配，必须进行仔细的分析。

（二）定位

该模式针对哪些人？确定适用对象的范围有助于公司将人力、物力集中于那些最能影响企业经营结果的员工身上。

（三）风险承受力

进行绩效薪酬设计时应考虑一些至关重要的企业文化因素，不同的员工队伍可能有不同的风险承受力（如销售员与生产人员）。企业应在充分了解员工的风险承受力之基础上，设计制定出更好的决策。

（四）绩效管理

必须有效地将薪酬与不同层次（个人、团队或公司）的业绩相联系。该程序必须清晰、明确，便于员工和管理者操作。

四、实施基于绩效的薪酬模式的基础和关键环节

（一）实施基于绩效的薪酬模式的基础

1. 企业必须首先建立起有效、公平的绩效管理体系

如果没有公平合理、准确完善的绩效评价系统，绩效薪酬奖励就成了无源之水、无本之木。企业不仅要明确所要实现的目标是什么、什么样的员工行为有利于这种成果的实现，同时还要明确，企业将如何来对这些成果进行衡量、监督以及管理。建立有效的绩效管理体系，做好绩效管理循环（如图 7－11 所示），要使以绩效为导向的薪酬制度发挥作用，在企业内形成有效的激励机制。

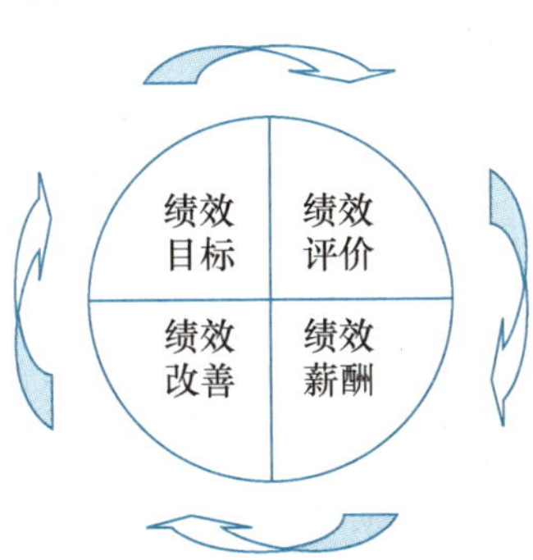

图 7－11 绩效管理循环

2. 必须在绩效和奖励之间建立起紧密的联系

绩效薪酬的根本目的在于提高员工在工作中的努力程度，而报酬与努力程度之间的关系可以用期望理论来解释。弗洛姆的期望理论认为，个人的努力程度取决于绩效目标的难

度、预期的目标效价大小以及任务成功所带来的报酬与个人需要的满足程度。该理论揭示出一个基本原理，就是员工获得的报酬与其工作绩效紧密相关时，将提高努力程度，这是构成绩效薪酬概念的理论基础。

实际上，任何一个员工的绩效都与其工作业绩、工作态度和工作能力这三个维度紧密相关。业绩考核是对行为的结果进行考核和评价，反映了考核的根本目的在于完成事先设定的任务和目标。态度考核是对被考核者的工作态度，包括责任心、积极性、协作性、纪律性等进行考核评价。能力考核的目的在于对被考核者适应本职工作的能力素质状况进行考核评价。业绩、态度、能力这三个维度的考核有着下面的逻辑关系：

工作能力(能做什么)＋工作态度(愿意做)＝工作业绩

业绩、态度、能力这三个维度构成了绩效薪酬的三个变量。其中，能力是基础变量，态度是行为变量，而业绩是结果变量。由于薪酬在绩效反馈中主要表现为绩效薪酬的高低和薪酬水平的调整，即调薪，因此，构建绩效-薪酬函数如下①：

$$Sx=f(c,a,p)$$
$$Sy=f(c,a,p)$$

其中，Sx——绩效薪酬；

Sy——调整薪酬；

c——能力；

a——态度；

p——业绩。

绩效-薪酬函数反映了在通过绩效反馈决定薪酬和调薪时，薪酬与各个绩效参数之间的关系。通过明确的业绩导向，可以有效地促进组织目标的传递与分解，强化员工的直接贡献和不断改进绩效。在绩效-薪酬函数中，业绩变量的权重一般不低于60%，以表达绩效薪酬与业绩因素之间的直接联系。工作态度、价值观、道德等因素在一定程度上反映了达成业绩目标的方式，适当安排态度变量，可以在重视结果的同时，也给予实现结果的过程一定的关注。同时，对于业绩指标难以量化和评估的岗位，增加对态度的考核，可以通过对行为过程的监控保证行为的结果。此外，对于一些特殊行业，设定对态度的考核可以体现行业的特征与导向作用。如对安全性要求较高的化工、军工等行业，工作态度往往是非常重要的考核因素，但权重一般不超过40%。

一般来说，确定绩效-薪酬函数应遵循以下基本原则：

(1) 相关性。决定绩效薪酬的变量应当是与薪酬高低、调薪幅度密切相关的因素，可以清晰地反映薪酬与绩效因素间的联系。

(2) 导向性。应当充分利用不同的绩效变量体现薪酬的价值导向，突出岗位的特征和行业的特点，并以权重加以体现。

(3) 操作性。构建的绩效-薪酬函数应当是易于理解、方便计算的，而且评估的结果可以在主观与客观之间达到平衡。

---

① 陈明．构建合理的绩效-薪酬函数实现有效的绩效反馈．管理科学文摘，2006 (6)．

3. 必须保持绩效薪酬的动态性

绩效薪酬制度是围绕企业经营周期、企业发展目标、企业外部的经营环境，以及员工的工作内容、工作方式等情况而不断发生变化的。因此，过去曾经取得成功的绩效薪酬计划并不一定到现在依然成功，而是需要经常重新设计新的绩效薪酬计划，或者需要对原有的绩效薪酬方案进行较大的修改和补充。

（1）通过不同的绩效薪酬系数进行设计和调控。如表 7－5 与表 7－6 所示。

表 7－5　部门绩效分配系数

部门绩效考核结果	优秀	良好	一般	较差	差
绩效工资系数 $K_{部门}$	100%	80%	60%	40%	0

表 7－6　个人绩效分配系数

个人绩效考核结果	优秀	良好	一般	较差	差
绩效工资系数 $K_{个人}$	100%	80%	60%	40%	0

（2）确定合适的绩效薪酬的增加量。合适的绩效薪酬的增加量的确定应考虑：增加量必须真实地反映员工以前的工作绩效；增加量必须客观反映员工工作绩效的差异；增加量必须在除去通货膨胀因素和扣除各种款项后，仍能激励员工尽最大努力提高工作绩效。实质就是，绩效薪酬的增加量在最低程度上要让员工觉得加薪有意义。

绩效增加量应根据员工的绩效评价分数和其在工资结构中的位置确定。假设员工的绩效考核分数可从优秀到差分为五档，员工在工资结构中的位置可由四分位数来表示，见表 7－7。

表 7－7　绩效薪酬增加量

等级	薪酬（元）	优秀	较好	一般	较差	差
第四级	7 500	5%	3%	1%	0	0
第三级	5 000	7%	5%	3%	0	0
第二级	3 500	9%	7%	5%	2%	0
第一级	2 500	12%	10%	5%	4%	0

表 7－7 中企业的某岗位工资分为四个等级：第一级月工资在 2 500 元以下；第二级为 2 500～3 500 元；第三级为 3 500～5 000 元；第四级为 5 000～7 500 元。与员工在工资结构中的位置相对应的百分数，是相应绩效水平员工的绩效薪酬增长幅度。

（二）实施基于绩效的薪酬模式的关键环节

1. 建立以绩效为导向的企业文化

重视业绩、关注能力的企业文化和价值观，可以为企业顺利推行绩效薪酬提供良好的运作环境，减少由于在薪酬上拉开差距带来的阻力。这就需要企业在绩效考核的过程中不断积累经验、提高技能，保持公平和公正，并给予员工申诉和反馈的渠道，重视上下级之间在绩效方面的沟通与交流等，同时，加强对员工的价值观教育和培训。因为任何一种企业文化要为员工所接受，都必须通过对员工进行持续不断的教育。绩效薪酬制度的实施，首要问题是让员工在思想观念上发生改变，认同绩效薪酬理念，推进绩效薪酬实施。

2. 制定确定关键绩效指标的体系

只有得到充分认同的考核指标设置才能真正激发员工努力达成绩效的积极性，否则激励就失去了前提和依据。这就需要以组织战略为导向，以工作分析为基础，综合业务流程制定关键绩效指标体系。以某银行绩效考核指标为例，其关键绩效指标评价表见表 7-8。

表 7-8 某银行关键绩效指标评价表

关键绩效指标	权重（%）	最差		预算计划			目标				优秀	得分（分）
		50	60	70	80	90	100	110	120	130	140	
客户满意度	10						√					10
服务次数	15				√							12
存款额增长率	15								√			18
工作效率	30							√				33
初始投入回报	30									√		39
总计	100											112

3. 准确实施绩效考核

绩效薪酬制度发挥作用需要考核的准确性、公正性。然而在实际操作中，绩效考核比较难以准确执行。在现代企业中，员工很少能单独完成某项任务，按诺贝尔经济学奖获得者赫伯特·西蒙的话说，组织中的人是相互依赖的。组织的成果常常是一个团队的行为表现的结果。在这种情况下，企业能准确测量和评价的是一个团队的绩效，而对团队成员绩效的评估却非常困难，甚至不可能量化，这是绩效薪酬实施的一个难点，也是绩效薪酬制度实施的关键。

五、基于绩效的薪酬模式的评价

（一）个人绩效薪酬模式的优点和不足

1. 个人绩效薪酬模式的优点

（1）在适宜的环境下可以起到良好的激励效果。

这一方面是指整个社会宏观环境较为稳定；另一方面是指企业内部工作任务独立性强，易于独立完成。工作结构性强，易于分解和测量；工作结果的可测性强，易于量化处理。在此条件下，员工的个人努力与工作绩效紧密联系，使员工能明显知觉到，他们自身适当的行为确实能为其带来令人满意的工作结果，从而对员工产生极大的激励作用。

（2）有利于吸引和留住优秀人才。

组织中绩效优秀的员工的努力得到回报，有利于倡导并形成注重绩效的企业文化，有利于企业吸引和留住优秀人才。

（3）有助于给员工带来强烈的个人公平和成就感。

员工通过自己的劳动，获得有价值的奖励，这样，使员工感觉到企业对自己劳动的尊重，产生“劳者得，不劳者不得”的公平感和成就感。

2. 个人绩效薪酬模式的不足

（1）对团队精神的挑战。

因为个人绩效薪酬模式重视个体的业绩，强调奖励有利于团队和组织的行为，经常是导致竞争行为，而不是合作行为，从而在整体上有损企业的竞争优势。

（2）实施的狭隘性。

个人绩效薪酬模式十分强调个人绩效与薪酬的紧密联系，但是在实际的操作中，个体绩效的绝对量化非常困难甚至是不可能的。一方面，员工对自己的工作绩效很难拥有独立的控制能力；另一方面，企业要明确究竟是谁具体负责了多少生产量或销售额是很困难的，个体绩效的绝对值量化受到阻碍，这成为个人绩效薪酬模式实施的难点。

（二）团队绩效薪酬模式的实践意义与现实挑战

1. 团队绩效薪酬模式的实践意义

个人绩效薪酬模式在实践中体现出对团队精神的挑战性和本身实施的狭隘性，而以团队或整个企业为基础的绩效薪酬模式则有其自身的优点和长处，毫无疑问地成为个人绩效薪酬模式的补充和完善。

（1）促进合作。

在团队绩效薪酬模式下，个人对自身需求的实现缺少足够的独立控制能力，相反因为团队绩效薪酬制度的理论和实践原则是强调奖励团队而非个人的绩效，个人绩效与奖励有赖于团队和整个企业的成功，所以在这种工作环境中，员工更倾向于共享资源，以帮助他人与团队获得成功，从而满足自我需求。

（2）个人绩效与组织使命密切联系。

一个设计良好的团队绩效薪酬方案会因为企业整体生产率的提高而奖励员工，实现个人绩效与组织使命的密切联系。例如，实施斯坎伦计划的企业中的员工就会因为精简生产工序，以提高生产效率而获得有价值的奖励。

（3）实现双赢。

实施团队绩效薪酬计划的企业中，因为个体收益与组织的财务收益是紧密联系而且高度一致的，所以员工在尽可能创造合作绩效的同时，也创造了良好的个人绩效，个人和团队就会因此达成和谐的双赢。

2. 团队绩效薪酬模式在实践中面临的挑战

（1）仅从边缘上强调了努力-绩效-奖励的联系。

因为企业利润容易受到诸如经济周期、外币兑换等市场环境的影响，而员工的努力比起这些市场因素对利润的影响明显弱得多。这样，就有可能因为市场经济环境不佳，即使员工创造了很高的绩效，但是由于合作绩效不理想，从而导致员工的个人奖励不理想。这样，员工就不能清晰地知觉到努力-绩效-奖励的联系，导致利润分享计划的无效性。

（2）利润分享计划不总是有效的。

正如以上所述，企业利润水平依赖很多与员工行为无关的且重大的因素。因此有人认为，如果那些利润不是员工们努力的结果而是某些其他情况的结果，那么与员工分享利润便是无效的。

（三）绩效薪酬制度在实践中的不足

1. 与团队精神的矛盾性

在绩效薪酬制度下，制度的着力点是员工之间的竞争性，员工之间的合作被放到了次要的位置。在企业内部整体合作水平处于低层次的情况下，对员工之间在工作上的有益经验的相互学习都是不利的，员工也许会拒绝提供可能促进其他员工绩效提高的帮助。严重的情况下会导致同一工种的员工之间，以及有利害冲突的员工之间强烈的对立。这就造成了企业资源的内耗，使得企业虽作为一个整体但其各部分功能之和却小于整体功能，最终损害了企业的竞争力。

2. 难以实现奖励的公正性

员工的绩效不完全是由员工个人控制的，也会受到外部环境因素的影响。在很多情况下，由于外部条件的改变，即使员工付出了极大的努力，个人绩效也未必能达到以前的水平，从而导致员工薪酬下降。按照亚当斯的公平理论，员工会感到不公平，并产生不满情绪，以致减少个人在工作上的投入。另外，企业内部因素也会影响制度的公正运行。

3. 激励作用的有限性

绩效薪酬的激励是在员工认可以薪酬的方式能够回报他们的努力的情况下起作用的，高额薪酬作为杠杆可以激发员工的积极性。然而，金钱像任何因素一样，在投入使用时也存在“边际报酬递减”的规律。员工的收入水平随资历、能力而提高，薪酬的激励作用就会递减。根据马斯洛的需要层次理论，高层次的需要往往是薪酬所无法满足的。根据美国学者迪桑·詹克斯的调查，如果将各种激励因素指数化，那么教育培训、个人发展和晋升机会、自主时间安排、心理收入等因素的指数之和便是薪酬因素的两倍。

绩效薪酬的常见问题

六、绩效薪酬制度的完善

基于个人绩效制定薪酬的制度在实践中已经暴露出了种种弊端，而以团队和组织为基础的薪酬制度则可以其自身的优点，有针对性地补充完善个人绩效薪酬模式。团队绩效薪酬制度在保证员工个人激励的基础上，促进合作，实现团队和个人的“双赢”。除采用团队绩效薪酬制度完善绩效薪酬制度外，还可以建立多元化激励体系。在绩效激励机制的设计中，不能单纯采用和完全依赖薪酬激励这一种方式，应当使激励性因素的结构多元化，注重非薪酬性激励，充分发挥教育培训、职业发展和晋升机会、尊重员工的企业文化、心理收入等多种非薪酬因素的综合作用。在给予员工回报的时候，对一些绩效不与员工努力相关联，但对企业而言又必不可少的岗位，设计“补偿性”薪酬，以激励这类岗位上的员工。

素养园地

和谐社会应当是一个既能激发全社会的创造活力，又能维护公平正义的社会。促进公平和正义的基本前提是正确处理公平与效率的关系。首先，坚持“效率优先、兼顾公平”是一个长期的方针，公平要建立在效率的基础上，效率也要以公平为前提才得以持续。当前，在促进效率和维护公平上出现的一些问题，并不是这个方针本身存在什么问题，而是没有真正让效率得到充分发挥，使公平得以兼顾。

——习近平

实训项目

1. 实训内容

模拟设计一个绩效薪酬制度。选择某企业（行业不限）进行薪酬调研，可选择该企业的一些岗位作为重点调研对象，并进行相应的分析。通过调查分析，对该企业的薪酬制度提出建议和意见。

2. 实训要求

掌握绩效薪酬制度的设计方法。

3. 实训流程

第一步：描述该企业的薪酬制度基本情况。其中重点关注企业的薪酬理念和策略、企业发展战略、企业激励的导向及薪酬制度设计思路。

第二步：分析该企业的薪酬制度的主要特点及存在的问题。应涵盖的内容包括：薪酬制度与绩效的相关程度如何？对员工的激励是长期效应还是短期效应？如果要完善该企业的薪酬制度，应重点抓好哪些环节以及需要哪些基础条件的支撑？

第三步：通过调研获得的信息，提出对该企业薪酬制度改进的对策和措施。

4. 评价指标与标准

(1) 能准确了解企业定位和该行业的市场薪酬平均水平（30分）；

(2) 能准确分析该企业的薪酬制度与企业定位、企业目标的匹配度（40分）；

(3) 提出合理化建议（30分）。

小　结

本项目对薪酬的含义进行了分析和界定，分析了薪酬、薪酬管理体系、薪酬的构成、绩效薪酬等基本概念。在薪酬管理中，薪酬理念是企业薪酬制度模型设计的基础，在不同的薪酬理念基础上，通常有能力薪酬模式、职位薪酬模式和绩效薪酬模式。本项目着重介绍了绩效薪酬的各种模式，即个人绩效薪酬模式和团队绩效薪酬模式，并对各种绩效薪酬模式的特点进行了分析。最后对进一步完善绩效薪酬制度提出了一些建议。

重点概念

薪酬　薪酬管理　绩效薪酬　薪酬设计

复习思考题

1. 名词解释

薪酬　薪酬管理体系　绩效薪酬　个人绩效薪酬设计　团队绩效薪酬设计

2. 思考题

（1）怎样理解薪酬的含义？

（2）如何理解薪酬在人力资源管理中的双重作用（激励和保健）？

（3）简述团队绩效薪酬制度的特点和适用条件。

（4）根据管理实际，你认为基于绩效的薪酬制度在实施中要重点抓好哪些环节？

3. 案例分析题

某培训公司对员工实施与绩效挂钩的薪酬方案。最早实施的第一种方案是“基薪＋奖励”模式。具体而言，基薪为1 500～2 000元，员工每月招商数指标为30家客户；超过指标，就按每家客户奖励50元的标准发放奖励；如果达不到30家，则无奖励，也不扣薪。为激发员工的积极性，该公司管理层随后又推出第二种绩效薪酬方案，即“低基薪＋高提成”模式。具体而言，基薪一律降为500元，员工每招商1家客户奖励100元，上不封顶。

问题：

上述两种薪酬方案孰优孰劣？

参考文献

[1] 胡华成. 绩效管理与考核全案. 北京：清华大学出版社，2019.

[2] 孙季勤. 绩效管理必备制度与表格范例. 北京：中国友谊出版公司，2019.

[3] 王明，洪千武. OKR 管理法则——阿里巴巴、华为绩效管理实战技巧. 北京：中信出版社，2020.

[4] 赫尔曼·阿吉斯. 绩效管理. 4 版. 刘昕，朱冰妍，严会，译. 北京：中国人民大学出版社，2021.

[5] 陈雨点. 华为绩效管理. 北京：电子工业出版社，2021.

[6] 方振邦，刘琪. 绩效管理——理论、方法与案例. 北京：人民邮电出版社，2018.

[7] 胡华成. 绩效管理与考核全案. 北京：清华大学出版社，2019.

[8] 高毅蓉，崔沪. 绩效管理. 2 版. 大连：东北财经大学出版社，2019.

[9] 白睿. 绩效管理全流程实战方案. 北京：中国法制出版社，2019.

[10] 赵国军. 薪酬设计与绩效考核全案. 3 版. 北京：化学工业出版社，2020.

[11] 孙波. 绩效管理：本源与趋势. 上海：复旦大学出版社，2020.

[12] 萧鸣政. 绩效考评与管理方法. 北京：北京大学出版社，2017.

[13] 贺清君. 绩效考核与薪酬激励整体解决方案. 3 版. 北京：中国法制出版社，2018.

[14] 周晓飞. 薪酬设计与绩效考核案例实操指南. 北京：中国铁道出版社，2017.

[15] 戴维·帕门特. 关键绩效指标：KPI 的开发、实施和应用. 3 版. 张丹，商国印，张风都，等译. 北京：机械工业出版社，2017.

[16] 王文萍，李喆. 名企绩效考核最佳管理实践. 北京：中国法制出版社，2017.

[17] 任康磊. 绩效管理与量化考核从入门到精通. 2 版. 北京：人民邮电出版社，2020.

[18] 任康磊. 绩效管理工具：OKR、KPI、KSF、MBO、BSC 应用方法与实战案例. 北京：人民邮电出版社，2021.

[19] 胡劲松. 绩效管理从入门到精通. 北京：清华大学出版社，2015.

[20] 江乐兴. OKR工作法：高绩效管理秘籍. 石家庄：河北教育出版社，2017.

[21] 黄麒瑾. 探讨大数据背景下人力资源绩效管理创新策略. 中国集体经济，2021 (13).

[22] 袁斌. 基于平衡计分卡的战略性绩效管理体系构建分析. 中国市场，2021 (12).

[23] 张志辉. 绩效考核在人力资源管理中的应用. 中国集体经济，2021 (12).

[24] 李敏杰. 基于工作流程的高职“绩效管理”课程项目化教学改革探究. 才智，2020 (1).

[25] 张微. 绩效管理课程实践教学改革探讨. 知识文库，2019 (6).

[26] 沐浴晖.《绩效管理》课程教学改革——基于实际教学的研究. 课程教育研究，2018 (7).

[27] 夏徽. 营销讲堂：《绩效管理》课程教学改革的探索. 营销界，2019 (30).

[28] 阮欢.《绩效管理》课程课堂教学方法探析. 农家参谋，2020 (18).

[29] 苏志霞，卢越. “金课”背景下的《绩效管理》课程教学模式创新. 教育现代化，2020，7 (24).